音楽文化 戦時・戦後

ナショナリズムとデモクラシーの学校教育

河口 道朗
Kawaguchi Michiro

社会評論社

目次

『愛国行進曲』表紙（39 頁）

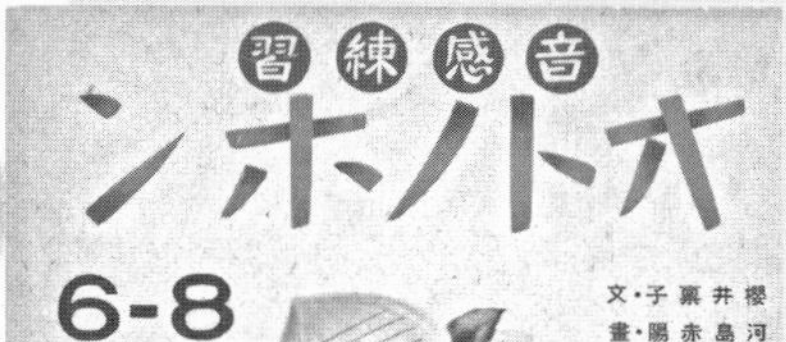

『音感練習オトノホン』表紙（97 頁）

『リンゴの歌』表紙（102 頁）

児童唱歌コンクール

（本文76頁参照）

上「第四回児童唱歌コンクールに優勝した熊本市硯台尋常高等小学校（男子）」下「おなじく仙台市南材木町尋常小学校（女子）」

音楽週間

（本文24頁参照）

「昭和十一年十一月一日女子連合音楽体育大会（三万人の大合唱）に於ける神宮外苑競技場スタンドの壮観（音楽週間）」

「十一月八日全国二十余団体の吹奏楽行進　宮城二重橋の萬歳三唱に感激の情景（音楽週間）」

愛国行進曲（本文 39 頁参照）

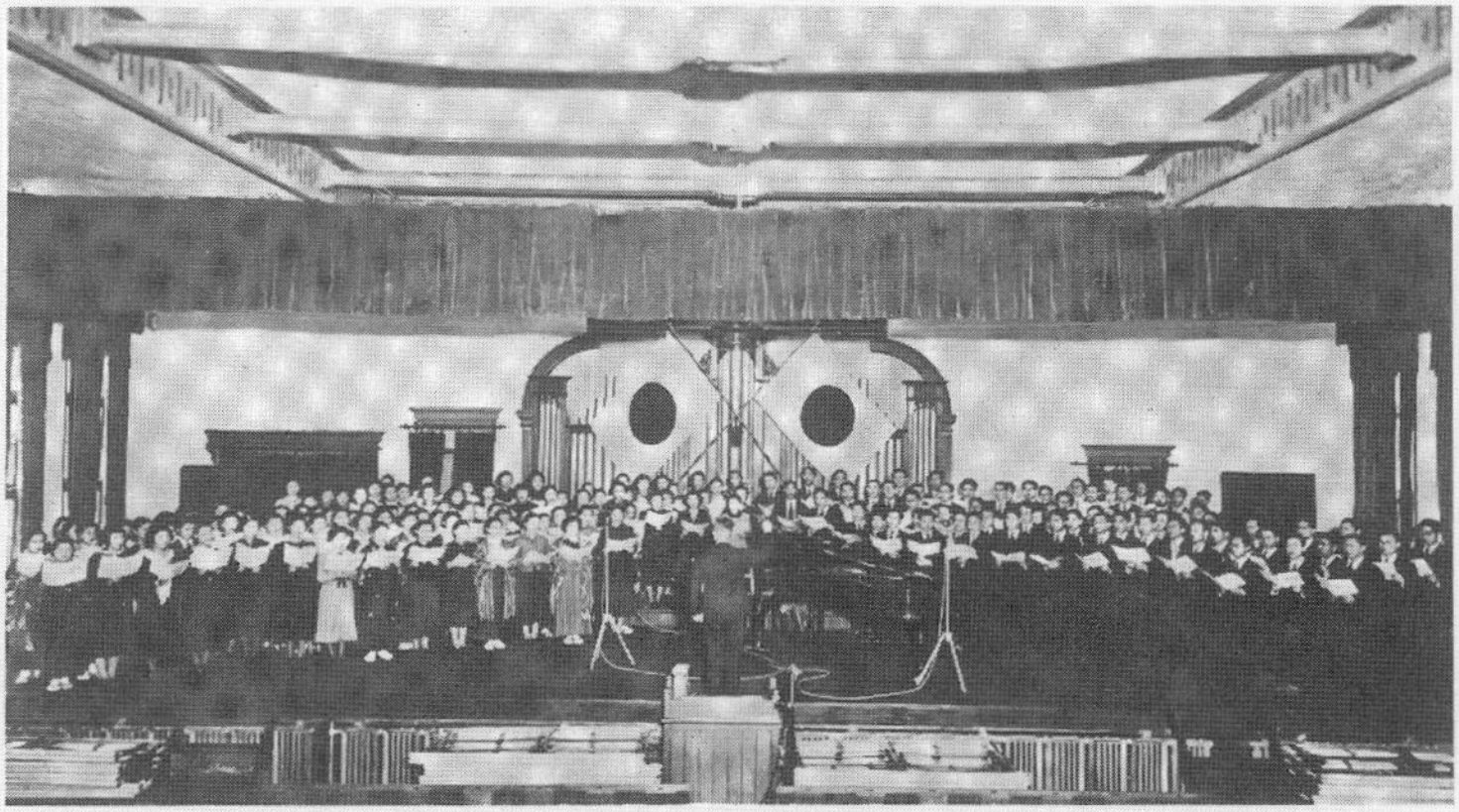

「愛国行進曲吹込中の東京音楽学校生徒。指揮は澤崎定之教授」

ヒットラー・ユーゲント （本文 44 頁参照）

「杉校長とヒットラー・ユーゲント一行」

「ヒットラー・ユーゲント歓迎音楽会　於東京音楽学校　国歌君ヶ代奉唱奏」

銃後奉仕コンサート

「銃後奉仕演奏会　東京音楽学校・上野児童音楽学園出演（共立講堂）」

※写真、説明文いずれも日本教育音楽協会編『教育音楽』より。

まえがき

音は人類発達の源泉であり、音楽は人類が創造した文化である。

音楽のあるところ、つねに教育がはたらいている。音楽と教育は不離一体であり、真実の美、美の真実をもとめる。音楽と教育は、行事（学校）や競技（コンクール）、まして国際間の競争（戦争）、つまり競争の手段、道具にされては決してならない。

日本は、かつて、どうして、あのまったく無謀な侵略戦争を引き起こし、ファシズムの方向をつきすすみ、そのために、いかに音楽と教育を手段にし、その健全な展開をはばみ、不毛にしたか。そして国民の大多数と近隣諸国民の計り知れない犠牲による敗戦ののちにやっと経験される民主主義の世の中、音楽と教育はどのようにして復興し、展開したのか。

戦前・戦中のナショナリズム、ミリタリズムとウルトラ・ナショナリズム、そしてファシズムの音楽と教育の展開から、敗戦を契機にして、戦後の民主的、文化的なあり方と方向へと転換する。このほぼ二〇年間の音楽と教育の歴史についてその文脈と真実をどのように把握し判断するか、いいかえれば、戦時下と敗戦後の連続と不連続をどのように認識するか、これが戦後史の原点だからである。

ところが今日、憲法改悪、『教育勅語』の復活が国会で取沙汰される状況にあって、あらためて、戦時と戦後の連続と不連続という歴史認識はいったいいずこへ、といった思いを強くする。

この論考は、四八年前、一年六ヶ月にわたって、月刊『音楽教育史研究』（音楽之友社刊）に連載した「戦後の音楽と音楽教育」に一部補充し、加筆してまとめたものである。論考執筆の当時の力不足、限られた

文献と資料にもかかわらず、ここにあらためて公表するのは、敗戦の年、国民学校の三年生であったことをふりかえって、過去の歴史に盲目であってはならない、という自分史に対する修正主義への戒めにほかならない。

歴史は人間がつくる事実だからである。

本書の上梓にあたっては、平井健二氏（元福岡教育大学副学長・同名誉教授）から貴重なご意見とアドバイスをいただき、文章は細部にわたって小笠原吉秀氏（指揮者・日本大学高等学校講師）がまとめてくださった。そして書籍の出版が思わしくない状況において、社会評論社の松田健二社長並びに編集担当の板垣誠一郎氏は拙稿の公刊を引き受けられ、面倒をみていただいた。

ここに記して、衷心より、感謝の微意を表したいと思う。尚、拙著は、自費出版である。

二〇一九年十二月八日

著　者

第一部

ナショナリズムの音楽と教育

第一章　音楽教育の再編

1　流行歌と学校音楽

宵闇せまれば　悩みは涯なし
みだるる心に　うつるは誰が影
君恋し　唇あせねど
涙はあふれて　今宵も更けゆく

一九二八（昭和三）年に流行し、戦後一九六〇（昭和三五）年にふたたびフランク永井（一九三二〜二〇〇八年）のリバイバルでヒットし、レコード大賞を受賞した『君恋し』（時雨音羽作詞・佐々紅華作曲）である。

切なく、遣るせない恋のメロディ、当時、社会変動のもたらす人々の精神的に不安なムードにもマッチしたのであろうか、ヒットした。昭和期流行歌ヒットのはしりであった。「外国曲の旋律型を日本音階と調和しせしめた点に特色がある。」（『世界音楽全集』第一九巻　昭和六年）という。もっとも同年、『波浮の港』が日本ビクター創立第一回新譜として発売され、ヒットしたし（『日本流行歌史』昭和四五年）、翌年には『東京行進曲』が「流行歌として新しく作られ、ヒットした」（同前書）のであった。

ところが、このような流行歌にたいしては、詩人や文学者から痛烈な批判がなされたのであった。たとえば、詩人の白鳥省吾（一八九〇～七三年）は「ナンセンスとエロチシズムに終始している。しかもこの技巧、用認《ママ》は稚拙である」。

したがって、「これらの唄は必ずしも民衆への良き唄ではなく、ただ、唄うべき唄なき故に口ずさむに過ぎないのである。その作曲もジャズ風なものである。」（『教育研究』一九三〇年）、と批判していた。だが、この流行歌のヒット状況にもっとも注目し、その対策をも考えなければならなかったのは、ほかならぬ音楽教育の関係者であった。

一九二九（昭和四）年一一月二九、三〇日、一二月二日の三日間にわたり、東京音楽学校（現、東京芸術大学音楽学部）において、同校の創立五〇周年記念の一環として音楽教育研究大会が開催された。この大会の主題は、「近来のいわゆる民謡小唄に対して学校音楽唱歌科は反省考慮すべき処なきか」であった。協議の結果、

一、常に雅正なる歌詞、純美なる旋律を謡う習慣を養い、音楽に対する批判力を得しむること。

二、学校音楽の教材に今いっそう生活に則する歌曲または上品にして教育的価値ある諧謔的歌曲を交え、卑俗なる民謡小唄の侵入を防止すること。

三、学校における音楽唱歌科においては往々困難なる歌曲を授け、過度の基本練習を強い、歌唱教授をして徒に繁瑣ならしむ弊あるが故に、教授の方法を大いに考慮研究して学校唱歌に興味を感ぜしめ、卑俗なる民謡小唄の侵入を防止すること。

四、邦楽民謡を調査し、国民性並びに国語の関係を研究し、国民音楽の出現を可能ならしむるよう、東

京音楽学校において特別の機関を設けられたきこと。[1]

という四項目からなる対策案を、文部大臣に建議したのである。

こうした動きに即応したと考えられるのは、当時の文部大臣をはじめ、次官、局長級をふくめ、また東京音楽学校長および当代の著名な作詩家と作曲家、たとえば土井晩翠、北原白秋、野口雨情、山田耕筰、成田為三、信時潔などを顧問賛助員として設立された「日本国民音楽教育連盟」と、その編纂による『現代国民音楽教育』のための曲集の刊行である。その綱領は、

一、尊皇愛国ノ誠ヲ竭《ツク》シ敬神崇祖ノ念ヲ養フベシ
一、博愛共存ノ誼《ヨシミ》ヲ篤クシ自治協(ママ)同ノ風ヲ興スベシ
一、攻学遷善ノ志ヲ旺《サカン》ニシ実践躬行ノ実ヲ挙クベシ　　（振り仮名・筆者。以下、同）

とうたわれ、ついで趣意書には、「俗謡ノ民衆思想ニ及ボス影響ハ勝《ア》ゲテ言ウベカラズ故ニ」「徳性ヲ傷《ソコナ》イ、教化ヲ破ル俗悪ナル歌謡ヲ廃シ純正高尚ナル民衆芸術ヲ普及セシムコト」が緊要であって、そのために教材を刊行して、「敦朴醇厚ノ民風ヲ作興」する、という取り組みの主旨が明記されている。では、どんな曲が教材として選ばれているか。

つぎの譜例1は、「紅き雲」という曲である。これはヴェルディのオペラ『トロヴァトーレ』の第三幕第二場でエンリーコ（テノール）が歌うカバレッタ「燃える災」を四度下げたもので、歌詞も意味がまったく違った内容にされてしまっている。

またつぎは、よく知られたドヴォルザークの交響曲第九番ホ短調「新世界より」第二楽章の主旋律を利用して、『秋の姿』という歌に改作し、教材に選定している。メロディのイメージを季節の秋に喩えた歌詞によって歌唱させよう、という教材である。

秋来ぬ涼しく葉は濡れ輝く
朝露玉なす薄靄ただよふ
清き星眠り更けし夜ぞ今静か
虫鳴く庭の面青く光り空澄む。

譜例１　紅き雲

G. Verdi

だがこの歌詞は、一見して明らかなように、格調が高いとはいえ、ことばそのものが一般的にきわめて難しいだけでなく、アクセントとイントネーションがメロディの進行とはとても不自然で、スムーズではない。むしろ牽強付会の感じさえする。この歌曲集の序にいう、まさしく「俗を排し」た「優雅豊麗」な歌詞で「情操陶冶」するための教材として編曲されたからであろうか。

さらにシチリアの「祈りの歌」(〝O sanctissima,O purissima〟)は、すでに『小学唱歌集』初編（一八八一年）に『雨露』（アメツユヌニー　オホミヤバ　アレハテニケリ　カークテコソ　イマノヨモ　クーマードーノーケブリ）の曲名で、また讃美歌集では一〇八番（いざうたえ　いざいわえ　うれしきこのよい。かみのみ子　あらわれぬ　いざほめたたえよ。）として集録されていたが、ここでは『春の夜』（月池にかげくだけ　雲薄く飛べば　庭の花落ちて散る　開け静かに琴を）の題名でこれまた難解な文語調の歌詞がつけられている。歌詞の意味内容とメロディの展開に違和感を覚えざるをえない。

いずれの教材も、原曲の特徴を十分に検討して作詩を試みたものとは到底考えられない。当時の文部大臣をはじめ、教育界と音楽界を代表する人たちの編纂による教材集とはいえ、まことにいい加減な、その場逃れの流行歌対策にほかならない。では、流行歌対策はそもそもどういう方向で実践されようとしたのであろうか。

「民謡小唄」は「西洋音楽と日本音楽の中間をとっているもの」あるいは「日本音楽に依っているもの」で、ただし音律は「西洋ピアノ」によるものとみられ、これらが「社会に勢力を持ち、多くの人々に歌われ」、したがって「学校音楽は唄われない。」（東京音楽学校同声会編『中学校に於ける音楽教育の研究』一九三〇年）として、その対策の必要性が指摘されていた。

だが、こうした流行歌対策をよそに、やがて、後年「古賀メロディ」（『日本流行歌史』）とよばれる歌がつぎつぎに生まれ、レコードの普及と相俟って、ヒットが続いた。『酒は涙か溜息か』（一九三一年）『丘を越えて』（同）『影を慕いて』（一九三二年）などである。

そして一九三二（昭和七）年の春には、東京丸の内界隈の銭湯で盆踊りを盛り上げよう、という話し合いがあり『丸の内音頭』ができあがった。これに目をつけたビクターが西条八十に書きなおさせたのが、翌年にヒットした『東京音頭』である。

ハアー踊り踊るならチョイト
東京音頭　ヨイヨイ
花の都の花の都の真中で
サテ　ヤートナソレ　ヨイヨイヨイ

狂熱的に流行（『日本史年表』）し、「お花見やお盆の踊りに全国で風靡した」（『日本流行歌史』）という。翌年には、『赤城の子守唄』が発売され（当時、ポリドール・レコード）当時、「四十万枚を売る大ヒットとなった。」と伝えられている（瀬上敏雄「こころの詩」『東京新聞』二〇〇九年一一月七日付）。

泣くなよしよし　ねんねしな
山の鴉《からす》が　啼《な》いたとて
啼いちゃいけない　ねんねしな
泣けば鴉が　又さわぐ

そして、一九三六（昭和一一）年には、日活映画「うちの女房にゃ髭《ひげ》がある」の主題歌『あゝそれなのに』が日中戦争勃発の前年末に発表され「どこへ行ってもどんな小さな子供でも歌っていた。」（『日本流行歌と世相』）という。

空にや今日もアドバルン　さぞかし会社で今頃は
おいそがしい思うたに
あゝそれなのに　それなのに　ねえ　おこるのは　おこるのは
あたりまえでしょう

そして翌一二年（一九三七）上半期だけで売り上げが五十万枚に達した」とつたえられている（金子龍司「流行歌　検閲した『民意』」『東京新聞』二〇〇九年九月七日付）。

さらに一九四一（昭和一六）年二月、李紅蘭（山口淑子）は日本劇場で『支那の夜』を歌ったが、多くの群衆が幾重にも取りまいた。」（宗左近「昭和を読む」『読売新聞』一九六三年）と伝えられている。民衆の心をとらえた流行歌のいわば音楽のエモーションの力であろう。

「民謡小唄」ならぬ流行歌は、多くのひとびとにとって慰め、癒し、あるいは励ましとなり、よろこびと楽しみを与える歌謡であったに違いない。とすれば、音楽教育関係者の流行歌対策はほとんどが無力であったというにほかならない。音楽と教育の主体の脆弱性である。

ところで、前述建議の第一項目は、明治以来の唱歌の基本的性格であり、独特の特徴ともいえる上品で高尚な趣を持った歌詞と、土俗的でなく、しかもつくり飾りのない旋律の音楽、いわば、ある一種の気品を備えた子どもむけの音楽―歌が必要であること、同時に、そうした音楽のとらえ方にもとづいて、子どももみずからそのほかの音楽―歌に対して批判できる力量を育成すること、を第一義とする現状改革の主旨を明確にしている。協議にいう「民謡小唄の侵入防止」対策の項目にふさわしい提言といえよう。

だがその反面、第二および第三の項目についてみると、生活に即していること、上品でユーモアがあることを教材の条件にしていること、同時に、技術的にむずかしい歌は避ける一方、技能訓練に対しても厳格にならないように配慮することを提言している。今日的には、子どもの側に立った音楽学習の内容（教材）と方法の創意工夫の視点である。

しかし、これは前者の第一項にいう、「常に雅正なる歌詞、純美なる旋律」（傍点筆者）とは理論的に統一されている視点とはいいがたい。というのも、歴史的には、「雅正なる歌詞、純美なる旋律」という唱

歌の伝統をふまえ、明治三〇年代の「言文一致唱歌」、大正期の童謡運動に端的に現れた唱歌批判への対応策がここにいたって提示されていると考えられるからである。

そして、ここでもっとも注目されることは、これらに加えて、音楽取調掛（東京芸術大学音楽学部の前身）以来の一大事業である国楽の創成、そのための「内外音律ノ異同研究ノ事」が、「邦楽民謡」の調査および「国民性並びに国語」の研究、というように、民族的視点から国楽創成を目ざすための音楽の研究と教育の機関を設置するよう建議している点である。すなわち、音楽取調掛の「内外音律ノ異同研究ノ事」という方法に基づいて設定された「国楽」創成のための方法論―和洋折衷論（拙著『近代音楽教育成立史研究』参照）が、この時点に至っては、調査の対象が「邦楽民謡」に限定されると同時に、「国民性並びに国語の関係」の研究にも取り組むように指示されることによって、方法論そのものの根本的な変更を暗示しているわけである。

しかし、ここには、在来の音楽と教育の成果をどのようにとらえ、理解し、そしてどのように展望するかという、科学的で革新的な歴史認識の視点が欠落している。しかも国際的視点を抜きにした音楽文化のとらえ方がなされている点が特に着目される。これはいったい何を意味するのであろうか。

第一に、文部大臣への建議の根本理由とされている「民謡小唄の侵入を防止すること」が問題となる。この点について、すでに述べたように、「今の流行小唄はブルジョア文学、もしくは大衆文芸がそうであるように、ナンセンスとエロチシズムに終結している。しかもその技巧、用法は拙劣である[2]」という、当時の大衆音楽に対する論評は問題の発端を暗示しており、学校音楽関係者にとっては相当に意識され、取り組まざるを得なかったほどの状況であったことを示唆している。

②　学校音楽の改革

一九三〇年代、世界恐慌の影響、つづく金融恐慌と農業危機の内部矛盾の激化による、資本主義の危機という社会の変動は、国民大衆に社会不安の意識がうまれ、退廃的な気分を醸成し、エロ・グロ・ナンセンスの思想をもたらした。そしてすでに述べたように、そうした思想的状況の音楽による反映が白鳥の批判した「流行小唄」の出現であった、とみられる。なかでも、「波浮の港」（一九二八年）や「君恋し」（同）、「東京行進曲」（一九二九年）、「浪花小唄」（同）などは民衆のこころをとらえた。しかも、当時はすでにラジオやレコードのマス・メディアが徐々に普及し始めていたから、こうした伝統的な民謡の要素を取り入れた流行歌は国民大衆と子どもたちにとってはかっこうの娯楽となり、社会不安、生活不安の瞬時的・せつな的な解消の役割を果たしたといえよう。つまり、このような民謡調の小唄―流行歌は国民大衆はいうまでもなく、子どもたちに対する感化と影響において社会的に無視できない状態にあったのであり、在来の唱歌教育の本質と意義をあらためて問いただす事態であった。

要するに、音楽教育の関係者はこれらの流行歌を「卑俗なる」音楽として退け、学校の音楽には「雅正なる歌詞、純美なる旋律」の唱歌の作成をもって、こうした状況を打開する方策をたてたのである。だが、「建議」に先立つ協議の段階では、出席者の外山国彦（一八八五～一九六〇年）が「民謡小唄」と民謡の研究およびその教材化は区別すべきであると指摘したこと、また福井直秋（一八七七～一九六三年）は学校音楽が子どもの日常生活から遊離している事実を指摘したこともあり、(3)「建議」の第三および第四項目に見られるように、従来の唱歌教育の方法の改善とともに、国楽創成のための邦楽および民謡の研究が追加されているのである。では、こうした学校音楽の改革の動向において、あらためて国楽創成の取り組み

はどうであったか、これが第二の問題となる。

「所謂西洋人の音楽で、我々の之を学び之を研究するのも、結局猿の物真似であって、其音楽の用いられる内容即ち国語夫自体は勿論、作曲等に伴う思想感情の表現形式は、我々の有する国体並に其永い歴史なり風俗習慣等に於て、全く之を同化し得ざるものであって、我等の思想、我等の風俗習の表現中の一材料として、我等自体の音楽を建設せんとする為の学問なり研究(4)」

この文章は、当時、東京音楽学校校長であった乗杉嘉壽（一八七八〜一九四七年）の論稿「我邦音楽教育進展の意義」の一部である。国立（旧官立）唯一の音楽専門学校の校長をして、西洋音楽中心主義の音楽家（教育者）に対する歴史的、現実的な批判的見解の表明として注目される。一八七九（明治一二）年以来、制度的な洋楽の導入から脈々と続いてきたその専門的訓練、そしてその普及と展開は、近代史における音楽文化の史的展開の主要をなしていたと見られるのだが、しかしその方向は、要するに、「猿の物真似」であり、日本固有の伝統の中に「同化」することは不可能であって、いわば、国楽創成のための研究手段にすぎないとまで言わしめているのである。

たしかに、史的に問題をとらえるなら、明治以降、音楽文化の方向は、国楽の創成と学校音楽の生成・発展であったが、両者はその過程において軌を一にして展開していくところに、音楽文化の革新という国民的課題の設定を看取することができる。だが、その方法論は、「和洋折衷」を基本として、伝統的な音楽文化と主として西ヨーロッパの音楽文化の妥協的な共有、という現象形態をとって展開していったのである。そしてついに、この時期に、より明確な方向性をも国楽論が追求されることとなったわけである。

乗杉校長はこの根本課題に対して、「我等の肉体を通して、我等の国語を通して、我等の思想感情を通して、我等自身のものとすることに心掛けなければならぬ(5)」というきわめて民族主義的イデオロギーの色濃い思想を根底にして、この方向性にこたえる「科学的音楽研究機関」の創設を提言したのであった。

これは、先述の音楽教育研究大会における協議主題とそれに基づく「建議」に呼応する、国楽論の提唱とその具体的・現実的な方策の提言であった、といってよい。

「民謡小唄」の学校音楽への侵入防止に端を発したその改革は、「雅正なる歌詞、純美なる旋律」の唱歌の性格とともに、国楽創成世をめざした民謡や邦楽の調査・研究とその育成・訓練、ならびに教育機関の創設によって具体化されていったが、これらのことは、そうした動向の背景に洋楽と伝統音楽の折衷か融合か、調和か結合か、といった方法原理の設定が常にナショナルな課題として意識されざるをえない状況にあったことを物語る歴史的事実である。そしてこの国民的課題は、一九三三（昭和八）年に開始された「音楽週間」という音楽運動によって客観化されていった。

すなわち、同年六月一七〜一九日の三日間にわたって東京音楽学校で開催された高等女学校音楽教員協議会において、協議課題の一つに、「全国的ニ音楽週間ヲ興行スル必要ナキカ」が日本教育音楽協会より提出されたが、「音楽ノ社会的普及及ビ教育的振向上大衆ガ音楽ニ関心ヲ持ツ機会ヲ作ル文化運動トシテ極メテ有効適切ナリト信ズ連ニ之ヲ実施スル必要アリ」という理由のもとに、挙行されることになったのであった。

だが、この「音楽週間」は音楽の社会的普及と教育的振興をめざした文化運動でありながら、本来の目的は、乗杉嘉壽をして、「特に我国現下の所謂非常時に於ける国民の覚醒と奮起とを促すべく、正に一つの愛国運動なのである(6)」と言明させているように、一九三一（昭和六）年九月一八日の「満州事変」勃発

によって国民の前に明確な姿を現してきたミリタリズムの台頭のもとで、「思想善導」「精神作興(7)」のための音楽文化の手段化であり、非常時の音楽運動であって、国民の、国民のための、国民による建設的で健全な音楽の普及活動でも教育的振興でもなかった。

つまり、本来的な意味での国楽創成をめざす運動ではなかった。むしろ、国際関係から孤立していく日本の政治的方向において、第一次世界大戦後、史上初めて設立された平和維持機構の「国際連盟」から、その常任理事国でありながら、満州国承認の問題が原因で脱退すると言う事態であった。「思想善導」「精神作興」に歩調を合わせた音楽文化と音楽教育の手段化、矮小化であり、その方向性における「国楽」の新たなる提唱とその運動であった。

譜例２　非常時日本の歌

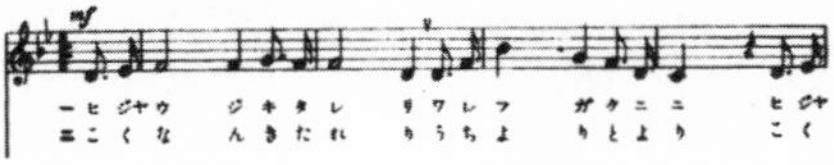

そして、その端的な実例（譜例2『非常時日本の歌』）を見いだすとき、いうところの「国楽」なるものの実体が浮かび上がってくるのだが、この勇壮な行進曲風の旋律は、乗杉のいう「国民の血を湧かし、熱情を煽ふるに足る力なる音楽(8)」、つまり「新国楽(9)」の一つの理念型だったと考えられる。後年、このような特徴を持った歌――「国民歌」が簇生《そうせい》し、やがて軍歌一色の音楽状況が現出する契機ともなったからである。

たとえば、「東亜の政局容易に安定を見ず、邦家の将来は全国民の覚悟如何にかかっている。強靭なる心を涵養し、正義の力を培養することは、帝国の将来を双肩にになって起つ我が青少年国家の緊急時でなければならぬ。この秋《とき》に当たりて、本書は日本精神の作興を扶《たす》け、特に青少年の情操教育に資せんがため編まれたものである。」とし、さらに、「実に本書は、青少年のみならず、老幼子女一般国民の唱謡すべき国民愛唱歌謡の宝典をなすものである。」（ふり仮名、傍点筆者）と銘打って、『われ等の軍歌』が刊行されている。これには、「君が代」、「海ゆかば」

は言うまでもなく、諸国の「国歌」も含めて、「戦友」、「ここは御国を何百理」、「東郷元帥」、「肉弾三勇士の歌」、「広瀬中佐」など、一五三曲の軍歌が収録されている。なお、ここで注目されるのは、『蛍の光』が、一・二番の歌詞のほかに三〜四番の歌詞が追記され、軍歌として収録されていることである。もっとも、日本最初の音楽教科書「小学唱歌集」の初編にも同じように『蛍の光』の曲名で収められている。だが本書では、とりわけ四番の歌詞が以下のように、

千島の奥も沖縄も
八島の家の守りなり
いたらん国にいさおしく
つとも よ我がせ恙なく

軍歌としてうたわされるとき、沖縄が今日もなおそうであるように、日本の属国とみなされてきている歴史があらためて追認される。

「音楽週間」は、表向きは、学校音楽の改革と国楽創成を二大契機にした音楽の文化運動として展開されたが、しかしその内実は、非常時という認識の支配者的論理にもとづくナショナリズムに裏打ちされた、偏狭な民族主義的な音楽運動であった。それゆえに、やがて、「音楽週間」は「音楽報国週間」とその文化運動の呼称と方向性を変更して、一九三八（昭和一三）年四月に成立した「国家総動員法」を先取りする方向において、「国民精神総動員運動」の一環に位置づけられていったのである。そして、日本近代音楽史の基本的課題、すなわち、西洋音楽の導入と展開を主要にして、ヨーロッパの音楽文化の摂取とその

理解という教育の課題と目的、いいかえると、西洋の音楽における、音楽とともに、そして音楽による国際的な理解の視点は極度に制限されていく方向をたどったといえよう。

むしろ、注目される事実は西洋音楽の矮小化であり、手段化である。しかもそれは、既述の学校音楽の改革期に現れていた。たとえば、ロシア民謡「ステンカ・ラージン」は「進め我が艦」と改名されて三部合唱曲に編曲されているし、「楽しき農夫」の曲名で知られるロベルト・シューマンの作品も、三部合唱曲「空を護《まも》れ」に改名、編曲されている。特にこの曲の場合、前奏には「ラッパの如《ごと》く」と指示されてあり、軍隊における「集団行動」の合図（たとえば「起床ラッパ」）を暗示していることは明らかである。

そして、一九三七（昭和一二）年一一月七〜一四日に挙行された「音楽報国週間」においては、洋楽の矮小化、手段化は平然となされるに至る。例をあげると、ベートーヴェンの作品「ゲレルトの詩による六つの歌曲」の中の第四曲「自然における神の栄光」（Die Ehre Gottes aus der Natur）を「君は神」に改名し、天皇を賛美する内容の歌詞に改作して、混声四部の合唱曲に編曲したものであり、ほかにハイドンの「天地創造」からの改作もあり、天皇制賛美、「国体明徴」を合唱という音楽の表現形成を手段にして象徴化するために、原曲の内容と形式を矮小化し、さらには歪曲して、集団の表象を方向づけ、イデオロギー的関係に取り込もう、というきわめて巧妙な音楽の行事が展開されたわけである。

つぎの文章は、この「音楽報国週間」における女子連合音楽体育大会に出席した文部大臣木戸幸一の祝辞の一部であるが、非常時に当たり挙国一致して国民を総動員させるべく、「純正剛健なる音楽」によって士気を鼓舞し、「国民精神」を発揚しようという、まさしく、音楽によって国家に報いるための音楽の思想が端的に表明されている。

昔から音楽は心の鏡世の姿として礼儀と並び尊ばれ徳行はれて人心安定し、国の良く治りたる時代には必ず良き音楽が作られたのであります。今日社会風教上は素より国民士気の上に及ぼす音楽の影響に重大関心を持つに至ったことは当然の事でありまして音楽愛好の機運夜々強く滔々として特に音楽時代を現出せるの観ある今日此問題は益々重大性を加へたのであります。

今や国家非常の時局に直面し、奉公の大義を致し今や君を惟ひ憶ふの熱誠は澎湃《ほうはい》として海内赤子の至情を湧かせ、正義の士気正に四海を圧せむとするの概を示して居ります。此の秋に当り純正剛健なる音楽を通じて国民の意気を鼓舞し精神力の発揚強化に資せむが為茲に連合女子音楽体育大会を開催せらるるの意義弥々大なるものあるを痛感するのであります。(10)


ここには、国際的視野をまったく放棄した、排外主義の思想とそれに基づく音楽文化の手段化が如実に表明されている。軍国主義の音楽文化が現出する前兆を知らせる「祝辞」であった、と言えよう。しかもこうした音楽文化の動向の中で、注目されるのは、一九三六（昭和一一）年、東京音楽学校にようやく邦楽科が設置されるに至ったことである。これはまさに象徴的である。「国楽」創成のために、選科にすぎなかった伝統音楽の位置づけがこのファシズム体制下の「ナショナリズム」の音楽文化運動を動力として、音楽の専門学校に一つの独立した専攻学科に格上げされた、という意味において、伝統音楽のあり方と方向、思想と方法が新たな装いのもとに浮き彫りにされるからである。

そしてもう一つには、「音楽に於ける日本的国民主義（欧米諸国の国民主義と日本のそれとは趣を異にして居る）に対する私の意見は、日本音楽の旋律をその儘用ひて和洋合奏式のものを作ることではなく、日本的な雰囲気や情緒を現はす為に日本音楽の旋律を利用することが、真の日本の国民主義の音楽であると思

ぶ[11]」といった論調にもこうした状況の背景が洞察されるのであり、新しい「国楽」が伝統音楽を基礎にする方法を示唆している。この「画期」における「国民音楽」を目ざした創作への呼びかけとして見逃せない見解であろう。「民族主義」的な思想の音楽観が見て取れるからである。

3　音感教育の提唱

「音楽週間」に代表されるように、音楽文化と音楽教育の国民的運動が画策・策動されている時期にあって、音楽家養成の方法をその根本において問い直すべく、園田清秀（一九〇三～一九三五年）によって「天才を凌ぐ音楽教育[12]」と題して、音感教育が提唱された。これは雑誌社の記者の質問に答える形式の論稿である。要約するならば、以下の三点になろう。

第一は、音楽教育の時期の問題である。それは、子どもが言葉を覚える場合に、声の聞き分けから複雑な音を解し、また一方で視覚も発達し、それらが統一されて聞いたり、見たりしたことを覚える働きが発達し、そして言葉を習得していくように、たとえば、レコードの歌を覚えて確かな音程で歌えるような段階では、音楽を記憶する働きが発達の方向へ向かっているのであるから、この時期をねらって始める。つまり、言葉を覚える時期に、それとまったく同じように、正しい音を覚えさせよう、ということである。

第二は、絶対音感の問題である。正しい音を覚えさせるというのは絶対音を覚えさせることである。絶対音は、生理的・心理的になんらかの障害を持っている子どもは別として、言葉を普通に話す能力のある子どもならばだれでも覚えられる。それゆえに、人々はこのような訓練を音楽の早教育だと言うけれども、聴覚の発達によって音の認知が可能になり、視覚が発達すれば楽譜が読めるようになり、記憶力が発達し

てくると絶対音を覚えさせることができるのであるから、これは特別の教育ではなく、むしろ普通教育のうちに入る。

第三は、音楽教育の改革に対する考え方の問題である。すなわち、絶対音感によって音がいわば自己の血や肉となっている子どもにとっては、音というものは言葉によって自己を表現するようなものであるから、日本の音楽の将来に対してはこのように音楽教育の方法を変えていかなければならない。

もっとも、「日本的」という考え方が強調されているけれども、「日本的」と感ずるためにはまず音を自分のものにしなければならないのであって、音にする表現の自由を獲得すれば、西洋音楽とか日本音楽とかの区別はなくなり、それこそ日本音楽になる。

園田の提唱した絶対音感の教育は、以上のように、記憶力が発達しはじめるときに、言葉を覚えるように絶対音を覚えさせること、その絶対音によって自己の意思を自由に表現できるようにすることを基礎とし出発点にしている点において特徴的であり、先駆的な提唱であったと言えよう。

しかも、この考え方によって音楽教育の方法を革新していくことが緊要事であること、そしてそのような音楽教育の改善によってこそ将来の国際的水準における日本音楽の可能性があること、を標榜している点においても注目される提唱であったし、またこの文脈において「日本的」というナショナリズムが在来のそれと一線を画されていることも明らかであろう。

しかし、この考え方と方法はあくまでも西洋音楽の音感と技法の習得が基本であり、中心をなしているのであって、「日本的」という見地も洋楽のいわば日本化を意味していることは自明であろう。

つぎに、このころすでに音感教育を独自の方法で実践していた笈田光吉（一九〇二～一九六四年）は、その成果を「絶対音感を基調とする音楽教育」という観点から体系化し公表していた（『絶対音感及和音感教

育法』上・中・下巻、一九三五年発行、大空社、一九九二年復刻)。笈田によると、音感は「音を聞いて、その音から何らかの感じを受ける現象、及びそれを判別する能力」であり、この音感こそ「音楽上最も重要な素質」であって、それは、次のように分類されるという。

A　和音感を伴った絶対音感
B　和音感を伴い、かつ特定数個の絶対音感を有する関係音感
C　和音感を伴った関係音感
D　和音感を伴わない絶対音感
E　和音感を伴わない、しかも特定数個の絶対音感を有する関係音感
F　和音感を伴わない関係音感

そしてこれらのうちでもっとも重要な音感はAであり、音楽的素質としてももっとも価値のあるものとされている。ついでB、C、Dの順となり、Eは無価値、Fはまったく意味のないものだという。ところが、日本人はそのほとんどがこのFしか持っておらず、欧米人と比較して音感は著しく劣っているという。そしてその要因は、日本人が長い間旋律とリズムを主とした邦楽に慣れてきているからであって、今や、和音感という文明人に与えられた新しい感覚を身に付けなければ、「音楽上欧米人と匹敵できない」(同書・上、四頁)と考えていた。

笈田の提唱する音感教育は和音感の訓練であり、それが音楽教育の原型であり基礎とされている。そしてその上に旋律とリズムの訓練が組み立てられなければならない、という考え方をしていたのである。もっ

とも、音は言語と同じであって、「言語が意志の直接発表機関であるとすれば、音は感情の間接発表機関」（同書・上、一九頁）であるとし、言葉を習得するのと同じように一つひとつの意味を持った和音を覚えるように訓練することが音楽教育の基礎であり原理である、という点では園田と共通する面も察知することができよう。

いずれにしても、音感教育の発想は欧米の音楽的水準に到達するために、幼少の時期から音とその関係を自由自在に駆使できる能力の育成を目ざしたところにあり、その方法の原理と訓練の仕方の案出が主要な課題であったと見られる。いいかえると、音感教育の動機と目的の主要は音楽の国際的水準への到達であり、今日的に解釈すれば、音楽文化の国際化への新たな取り組みであったともいえよう。したがって、園田や笈田によって音感教育の考え方とその方法が提唱、提示されると、音感教育についてのさまざまな論調や研究成果が公表されるに至る。たとえば、酒田冨次の「絶対音感について」（『教育音楽』一九三七年二～七月号）、草川宣雄の「絶対音感教育の研究」（同誌同年四～五月号）、小泉治の「聴覚の研究」（同誌同年四～八月号）などがあげられるのだが、総じて、音感の訓練ないし聴覚の陶冶について論述し、音楽教育の現状を打開するための方法論を積極的に提示したのであった。

特に酒田は、「未だに日本人の耳が外人の耳に匹敵し得ぬ遺憾な現状にあるという事も、要するにその原因とする最も大いなるものは単に絶対音感の有無のみではなく、実にこの和音感の欠如という点にある」として、笈田と同じ見解を表明していたのである。

このように、音感教育は、国際的水準を目ざす音楽文化の方向における、教育的創意とその具体化の方法原理として構想され、提唱されたのであった。だがそれは、音の感じ方、とらえ方に限定されていた。音楽と密接不可分の関係にある言葉（外国語）、動き（ダンス）、そして表象やイメージといった音楽

の側面と水準、さらには音楽の思想と方法にまで及ぶ音楽の認識に基づく方法論、というわけにはいかなかった。とはいえ、音感教育の提唱と試行は西洋音楽の技術的基礎のとらえ直しとその理解、習得において、従前の音楽教育をその根本から革新しようとした点を評価しなければなるまい。ところが、音感教育は、やがて、「芸能科音楽」の教科内容に組み込まれていく中で、これまた矮小化され手段化されていったのである。それは、国防上および産業上、つまり「国策」の一環としての「音感」の訓練とそれに伴う「音名唱法」である。

発音及聴音ノ練習ヲ重ンジ自然ノ発声ニ依ル正シキ発音ヲ為サシメ且音ノ高低、強弱、音色、律動、和音等ニ対シ鋭敏ナル聴覚ノ育成ニ力ムベシ

この条文は、一九四一年の「国民学校令」の施行規則第一四条第六項である。

この点に関しては、勅令の「国民学校令」が公布される以前に、文部省（当時）の松久義平督学官によって、「元来芸能科の重要性を認めたこと自体の中に既に国策的意義の存在する」こと、そのために、「音楽に於いて聴音の基礎練習を課し」たことが明らかにされるとともに、上の条文については、「特に聴音の基礎練習に意を用い、音の高低、強弱、音色、律動及び和音等に関し、練習効果の著しい低学年より適切なる指導をなし、鋭敏なる聴覚の育成に力めることとしたのである。これ啻に音楽の基礎として必要なるのみならず、国防上特に緊要なること」として、音感訓練の原則的視点と国防上の意義をも鮮明にされていた。

しかも、このような方向において音感教育を推進するにあたっては、「いわゆる絶対音感教育と称して

巷間種々の試みが為されてきたのであるが、文部省においてはこれら研究の結果を参照し云々」という解説から明らかなように[13]、既述の園田や笈田をはじめ当時の音感教育の提唱とその成果を参考にしていることは明白であり、文部行政官の国策推進の意気込みと政治的姿勢がうかがわれよう。そして、こうした文部省の行政上の指示と指導に対して、学校音楽関係者は積極的な協力をしていったのである。

一九四一（昭和一六）年四月、国民学校が発足して間もなく、「聴覚訓練」に関する関係者出席の座談会が行われた。これはその端的な現れである。

出席者の一人、当時、東京音楽学校教授の城多又兵衛（一九〇四～一九七九年）は、「要するに聴覚訓練というと音感教育と考える向きもありますが、今度の国民学校はそういう意味でなく、鋭敏なる聴覚を養うことが主なる目的なんです」として、園田、笈田などの考え方とは一線を画し、教育行政の意向を真正面から受け止め、さらに、「一番皇国民が背負わなければならない大きなものは国防と産業、そういう方面に順応して役に立つような耳を作って行かなければならない」と言って、まさに学校音楽の行政のエピゴーネンらしく、きわめて明確な見解を表明している[14]。

そしてこうした見解を積極的に受ける形で、当時、東京・日本橋の城東国民学校訓導であった三島は水雷学校で和音訓練を行い、それが非常に役に立っているとの報告を基に、「今度国民学校で和音訓練ということをやるようになったということは非常にいいことだ」と言い、「鋭敏なる聴覚」の文言に隠された文部行政とそのエピゴーネン連の意図に何ら疑問を持つこともなく、軍需関係と学校教育との連携を合理化していたのである。

だが、この点では、当時、玉川学園園長の小原国芳（一八八七～一九七七年）の見解はもっとも積極性を帯びていた。すなわち、「ホントニもっと勝って貰う為に…国防上より特に音楽教育を一層高唱いたし

ます」との考え方から、「近代戦は著しく音響の支配を受けます。プロペラーの音、機械のさまざまの噪音、弾丸のさまざま…考え来れば音楽の重大性をもっともっと、教育者はもとより一般国民がさとらなければなりませぬ」と呼びかけるとともに、「私は日本の兵隊さんが、特に機械化部隊、特に、航空関係の方々が、合唱教育を盛んに受けられたら、とても、国防上、大変な向上が実現されると思います」とまで書いて、「鋭敏なる聴覚」に対する基本的な考え方はもとより、その範中を航空機や弾丸の音、連関する機械音などに対して「鋭敏なる聴覚」の訓練を合理化し、さらには、兵士の聴覚を鋭敏にするために合唱教育の導入をも手段化するという、まさしく「国防と音楽」の思想をあらわにしていたのであった(15)。

また、当時、東京女子高等師範学校（現、お茶の水女子大学）の教授で作曲家であり、日本教育音楽協会の重鎮でもあった小松耕輔（一八八四〜一九六六年）は、「軍事に於いては、飛行機、潜水艦等の発達と共に、鋭敏なる聴覚の育成が絶対的に必要となり、産業に於いては、その仕事が機械化するにつれて、是れまた鋭敏なる聴覚の訓育が必要となった」として、音楽教育の重要性を指摘し、「芸能科音楽」に和音感の訓練が取り入れられた点を評価していた(16)。

さらに実践的には、たとえば、「防空演習に依る和音感訓練」という題材で幼児を対象にして、味方の飛行機―ハホト（音名）・八名、敵の飛行機―ロニト（同）・八名に分け、汽車遊びを手段にして和音の聴き分けを訓練する方法(17)、あるいは、音響と色彩感を結合させる仕方でたとえば音名ホトハは紅色で勝闘、戦場の印象を持たせる、といった訓練の方法(18)も案出されたのである。

ここで、当時の実践の一例をとりあげておくことにしたい。熊本師範学校附属国民学校（現熊本大学教育学部附属校）の著作『国民学校授業案の研究』からの引用である（次頁より）。まず、この著作には刊行の日付が記されていない。ただし、冒頭に「大東亜戦争の様相は北方アッツ島に於ける皇軍全将兵…云々」

と書かれていることから、一九三三（昭和十八）年と考えられる。

　このように、音感教育はもともと音の感じ方、とらえ方の基礎という、それ自体が音楽能力の国際的水準への到達を意味し、それをめざしていたにもかかわらず、その実際は国際関係の軋轢、矛盾対立の顕在化の社会過程における偏狭な「ナショナリズム」の思想と教育に組み込まれていき、その本来的な方向と展開は見失われていったのである。いや、たとえば音感教育、特に和音感教育の推進者であった佐藤吉五郎自身「音楽教育は音より入る世界共通語教育なのであります」と書き(19)、国際的な感覚と視野を持ち合わせているように見えながら、既述の実践例によって明らかなように、現実には手段化の本質を見抜くことはできない立場にあったといえよう。

　こうして、一方において、伝統音楽を基礎にした「国楽」の創成、他方において、音感の国際的水準への向上、という音楽文化と音楽教育の根本課題は、時代の思想によって歪曲されて解決されるほかなかったといえよう。

初等科第一学年芸能科音楽授業案

訓導　板井志美子

教材　ウタノホン　上　十三　コモリウタ

目的　我が国固有の民族的な童謡である「コモリウタ」を歌はせて、素直な童心を培ひ、国民的情操を醇化する。

努力点

一、一点ハ音から二点ハ音迄の音域で、八小節から成る一部分形式の曲である。二音を主とするところの、我が国固有の陽音階であるが、同じ歌詞を陰音階によってもよく歌ふから、正しく陽音階で歌はせる様に注意する

二、四分の四拍子で、律動は、殆ど四分音符の並列からなる単純なものである。四分音符の取扱ひを徹底

的に行ひ、児童自身の力により律動を正しく表現させる様に導く。

三、子守歌は、幼い頃から児童がよく聞いた歌であり、歌詞は「ヨミカタ」に於いて学びよく親しんでゐる。又、弟妹その他の赤ちゃんのお守り等に、児童はこの種の歌をよくうたっている。その親しみを活かして、優しく、軽く、愛情を籠めて歌はせ、流れる様な旋律の美しさを十分に会得させる様に努める。

時間配当

時間	内容	重点	準備
第一次	第一節の歌唱及び律動訓練	♪♪♪の律動訓練に重きを置き第一節の歌唱指導を行ふ。	歌曲のうつし。ミハルス。笛。音盤　和音票
第二次	第二、三節の歌唱及び音盤鑑賞	旋律の美しさを、十分に会得させることに重きを置く。	歌曲のうつし　音盤　メトロノーム　和音票
第三次	音名唱への発展及び総括練習	音高記憶と音名視唱の基礎訓練に重きを置く。	歌曲のうつし　ミハルス　音盤　和音票
場所　初一教室			

第一時過程

一、既習教材「タネマキ」の練習……歌唱。音名唱。
四拍子であることに留意して行ふ。

二、基礎練習

(一)、和音聴音……ハホト　ハヘイ　ロニトに就いて行ふ。

(二)、分散和音唱

(三)、単音抽出唱……ハホトに就き練習する。

三、歌詞の取扱ひ

(一)、今迄の児童が歌ってゐた子守歌を、そのまゝ歌はせてみる。

(二)、発音に注意して歌詞をよく読ませ、歌ふ気持を理会させる。

四、歌唱指導

(一)、歌唱、範奏をよく聴かせる。軽く拍子をとらせ、花音でつけさせる。

(二)、第一節を歌はせる

1、優しく軽く赤ちゃんがよく眠る様に、愛情を籠めて歌はせる。

2、ネンネンのンの歌ひ方に気をつけ、軽く余韻をつけて歌はせる。

五、律動訓練

(一)四分音符の読み方、拍ち方、歌ひ方の練習を徹底的に行ふ。

(二)ミハルスでたゝいたり、自然の観察の時間に作った笛で律動のみを吹いてみたりして、面白く練習させる。

六、更に第一箇練習……律動に留意して組別唱、独唱

等により十分練習し、発想が自然につく迄歌はせ、お互ひに聴きあはせ鑑賞させる。

七、生活への発展……ヨイコドモ「オテツダヒ」と関連し、進んで赤ちゃんのお守りをすることと、お守りをする時はこの歌を立派に歌ふことを約束する。

(注)

(1) 東京音楽学校同声会編『中等学校に於ける音楽教育の研究』一九三〇年、一七一～一七二頁。

(2) 白鳥省吾「流行歌に就いて語る」『教育研究』一九三〇年八月号、九八頁。

(3) 前掲書（1）。

(4)『教育音楽』一九三一年一月号、三頁、傍点筆者

(5) 同誌、五頁。

(6)『教育音楽』一九三四年一月号、五頁、傍点筆者

(7)『教育音楽』一九三三年一月号。このような思想的な言辞は、興味深いことに、学校音楽関係の研究会において文部省の督学官から言明されており、当時の思想状況における音楽と教育の方向性が浮き彫りにされる表現である。

(8) 前掲書（6）、一三頁。

(9) 同誌、一二頁。

(10)『教育音楽』一九三八年一月号、二頁、傍点筆者

(11) 大橋光一「『新音楽派第一回作品発表会』に就いて」『音楽新潮』一九三四年八月号、傍点筆者。

(12)『婦人の友』一九三五年四～六月号

(13) 日本放送協会編『文部省国民学校教則案説明要領及解説』一九四〇年、八一～八四頁。傍点筆者

(14)『音楽倶楽部』一九四一年八月号、傍点筆者。

(15)『教育音楽会報』第二一九号、一九四二年一月

(16)『音楽教育』一九四二年四月号、傍点筆者。小松は戦後になって当時の「音感教育」に反対した旨書き残している(『わが思い出の楽壇』一九六一年)が、これは疑わしく、言いわけにすぎない。

(17) 佐藤吉五郎『和音感教育』一九四〇年、翌年改訂版、一六七～一六八頁。

(18) 古武善松『村の音楽教育』一九四二年、一六七頁。

(19) 前掲書（17）、七〇頁、傍点筆者。

第二章　国民統合の音楽と教育

1　国民音楽の興隆

『愛国行進曲』『海ゆかば』『露営の歌』

見《み》よ　東海《とうかい》の　空明《そらあ》けて
旭日《きょくじつ》　高《たか》く輝《かがや》けば
天地《てんち》の正気《せいき》　溌剌《はつらつ》と
希望《きぼう》は躍《おど》る　大八洲《おおやしま》

おお　清朗《せいろう》の　朝雲《あさぐも》に
聳《そび》ゆる　富士《ふじ》の姿《すがた》こそ
金甌無欠《きんおうむけつ》　揺《ゆる》ぎなき
我《わ》が日本《にっぽん》の　誇《ほこ》りなれ

文部省は、一九三五（昭和一〇）年三月、『教育勅語』（一八九〇・明治二三年）の精神にもとづいて、天皇への絶対随順を説いた『国体の本義』を全国の学校や官庁に三〇万部配布し、天皇制国家の永久の存続と意義を規定した。そして日中戦争を契機に一九三七（昭和一二）年九月、内閣の情報委員を昇格させて内閣情報局とし、国民を戦争協力に動員する官制の運動を展開することになった。そのデモンストレーションの一つが「国民歌」の公募であった。ここに掲げた歌詞はその一等当選の『愛国行進曲』の一部である。

募集規定によると、歌詞については次のような内容と形式が基準であった。

（イ）美しく明るく勇ましき行進曲風のもの。
（ロ）内容は日本の真の姿を讃え、帝国永遠の生命と理想とを象徴し国民精神作興に資するに足るもの。
（ハ）章節は三節以上とし、一節の行数は四行以上とすること、尚反唱部を別に添うるも差支なし。
（ニ）平戦両時を通じ国民が老幼男女を問わず常に和唱し得るもの。
（ホ）歌詞中の漢字には必ず振仮名を明記すること。

同年一〇月二〇日の締め切りまでに五万七五七八首の応募があったというから、公募に対する国民の反響はかなり大きかったわけで、当選者は鳥取県の森川幸雄という当時二三歳の青年であった。つづいて、この歌詞にたいする曲の公募がおこなわれ、締め切りの同年一一月三〇日までの応募曲数は九五五五曲にのぼった。その中から、元海軍軍楽隊長で『軍艦行進曲』の作曲者、瀬戸口藤吉（一八六八〜一九四一年）のものが一等に選ばれたのであった。そして、同年一二月二六日の日比谷公会堂での発表会以後、レコードが六社から発売され、百万枚という空前のヒットを記録したという。(1) では、この要因はどこにもとめられるだろうか。少なくとも、つぎの二点は指摘できよう。

第一は、「音楽報国週間」が促進的にはたらいた、という点である。すでに述べたように、一九三二（昭和七）年、「音楽を社会的に普及し教育的に振興する為の文化運動として大衆が音楽に関心を持つ機会を作り音楽文化の向上」をめざし、文部陸海軍各省の後援のもとに発足した「音楽週間」は、唱歌（音楽）会、連合唱歌（音楽）会、学芸会、唱歌（音楽）コンクール、音楽講演会、唱歌（音楽）講習会、音楽鑑賞会、

音楽行進などを挙行していた。そして同一二年からは、「現下時局の重大性に鑑み特に音楽報国週間を全国的に挙行致し、純正剛健な音楽を通して国民の士気を鼓舞し、精神の発揚を企図し、以て国民精神総動員の国家的大計画に参加」し「愛国文化運動」をおこなう、という性格のものに変わっていった。『愛国行進曲』は、このいわば「愛国文化運動」で、「全国的に唱和し、合同体操行進遊戯を励行し心身鍛練の向上に資す」べく取り上げられていたからである。(2)

つまりそれは、「国民精神総動員」の一環であった。「『愛国行進曲』は全国津々浦々まで徹底し（小川近五郎『流行歌と世相』（昭和一六年、八五頁）」、「内閣情報部は待望の国民か『愛国行進曲』を公にして、事変下に多大な功績を残した」（同書一六九頁）という。

そして当時学校では、「例えば音楽において軍歌を教えることによって、『国民的情操』を醇化するのである。愛国行進曲はそのよい例であったと伝えている（鈴木源輔『国民学校錬成教育の携帯』一二八頁、一九四〇・昭和一五年、一二八頁。なお本書は同年七月一日印刷、同五日には五版を出している。）」

第二点は、この曲自体の音楽性である。その特徴は、次頁譜例1および2のように、大きく二つに分けてみることができる。まず前者についてみると、経過音としての半音をのぞけば、無半音進行のメロディ・パターンと行進のリズム・パターンで構成され、そして後者はまったく無半音で、かつ大まかな動きをもったメロディ、リズム・パターンで構成されている。

これは明治以降の唱歌、軍歌、そして流行歌に固有の音楽構造であって、当時、すでにかなりの大衆性をもっていた、いわゆる「唱歌調」(3)の一つのパターンと考えられる。とりわけこの点が、当時審査員の一人であった堀内敬三（一八九七〜一九八三年）をして、「審査員のだれが聞いても瀬戸口さんの曲が一番だった」し、「明朗快活のうえにうるおいがあるし、力強くもあり親しみやすくて変化に富んでいる」したがっ

て、これは「第二の国歌」である』[4]、とまで言わしめたのであろう。

　また、内務省警報保局のレコード検閲室主任小川近五郎によって、「この『愛国行進曲』は我が国の代表的な『国民歌』であり、『新時代の公的民謡（或は又公的流行歌）』である」、と評価されたのであった。[5]

　そして、このパターンはその後の「国民歌」の一つの系統をつくることになった。たとえば『兵隊さんよありがとう』（譜例3）、『愛馬進軍歌』（譜例4）、『太平洋行進曲』（譜例5）、などがあげられる。とくに、『兵隊さんよありがとう』は「子どもたちばかりでなく、大人たちも皆よく歌った。歌詞とすなおな曲の色調が心を強く打った。」（『日本流行歌史』傍点筆者）といわれ、『愛馬進軍歌』は「詩曲両者がすぐれているためか、この歌を通して馬ばかりでなく、兵士への思いが強く盛り上げられ」たという（同書）。

　他面、ちょうどこのころ、「皇軍将士の忠誠を事変の報道から如実に知って感激のあまり作曲し」たといわれる[6]、信時潔（一八八七～一九五四年）作曲の『海ゆかば』が放送によって普及しつつあった。この歌は、その後、儀式や祈念の場合に奏せられるようになったが、その音楽性にも『愛国行進曲』とはまたちがった特徴がみられる。

　譜例6は曲の一部であるが、一つには二小節第二拍に経過的に半

譜例1　愛国行進曲

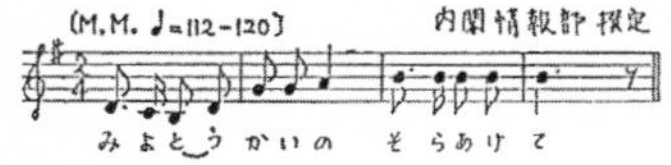
(M.M. ♩=112-120)
内閣情報部撰定
みよとうかいの　そらあけて

譜例2

おお　せいらうのあ
さ　ぐも　に　ー

譜例3　兵隊さんよ・ありがとう

(M.M. ♩=116)
橋本善三郎作詞
佐々木すぐる作曲
(1)カ　タヲ　ナラベテ　ニイサン　ト

譜例4　愛馬進軍歌

歩調ニ併セテ(♩=112-120)
陸軍省撰定
1.クーニヲ　デテカラ　イクツーキゾ

譜例5　太平洋行進曲

基準速度 ♩=114
海軍省
大阪毎日新聞社
東京日日新聞社
撰定
(1)ウミノ　タミーナ　ラ　ヲトコナ　ラ

譜例6　海ゆかば

力強く ♩=72-80
大伴氏言立
信時潔作曲
うみゆかば　みーづくかばねや

音があらわれるものの、全体を通じて無半音で進行するメロディ・パターンときわめておおまかな動きをするリズム・パターンで構成されている、という点である。もう一つには、全体を強いて分けてみると最初の四小節に対して次の四小節が対し、つづく四小節は後続の四小節と相補の関係で中間部となり、そしてアウフ・タクトでしかもフォルテではじまる最後の二小節は高音が持続して、そこに一瞬の弛緩をもゆるさず、フォルティッシモで終わるコーダあたり、内容が凝縮された形で表現されている、といえよう。

この音楽性は、一九四〇（昭和一五）年、この年が「日本書紀」にある神武天皇即位の紀元元年にあたるとして、大々的な祭典が催されたが、その一環である「皇紀二千六百年奉祝芸能祭」のために作曲された、同じ信時潔の作品、交声曲『海道東征』（作詞・北原白秋）のなかの最初の「高千穂」の合唱の部分にもみうけられる。譜例7がその一部である。この曲については、風巻景次郎（当時・東京音楽学校教授）によると、「日本文化中央連盟の嘱に依り、特に作られたもので、一九四〇（昭和一五）年一一月二〇日東京音楽学校奏楽堂において初演、つづいて二六日東京市日比谷公会堂において公演され、ともに多大の感銘を与えた」という[7]。

『愛国行進曲』にしろ、『海ゆかば』にしろ、「国民精神総動員運動」あるいは「皇紀二千六百年奉祝芸能祭」といった、ある一定の思想統一をめざす、いってみれば上からのデモンストレーションのもので生まれた歌であり、その文脈において、近代日本の「国民音楽」として捉えなければなるまい。しかし、この問題については、国民の側の意識や見方も考慮されねばならない。

ところがこの点については、一九三八（昭和一三）年一〇月から同一一

譜例7

月頃までの約一ヵ月間にわたっておこなった、高野瀏の「国民歌の好悪に関する調査」の結果とその検討が一つの示唆をあたる。

高野は、民衆の歌として当時もっともよくうたわれた歌、『征けよますらを』、『日の丸行進曲』、『海ゆかば』、『愛国行進曲』、『萬歳ヒットラーユーゲント』（一九三八年八月一六日、日独防共協定のもとに、日独交歓の一環として、ヒトラーユーゲント（ヒトラー総統下の青少年親衛隊）が来日した。その時の歓迎の歌が『万歳ヒットラーユーゲント』である。これは『国民歌謡』としても公刊された（上掲）。なお、これに先立ち、同年五月二七日、日本青少年ドイツ派遣団が出発している（『近代日本総合年表』）の五曲を選び、これらをレコードで聞かせてその中の好きな曲二つを選ばせる、という手続きによって「国民歌」に対する意識調査をおこなっている。対象は小学校（二校）、高等女学校（二校）、男子中等学校、女子専門学校、男子専門学校の計七校。男子一二四五人、女子一三四七人、計二五九二人の八歳から二〇歳までの児童・生徒・学生で、調査の結果は表1および表2の通りであった（次頁）。

譜例　万歳ヒットラーユーゲント

北原白秋作詞
高階哲夫作曲

そして、この表から、高野は「国民歌」に対する好悪の順序を、一『海ゆかば』、二『愛国行進曲』、三『日の丸行進曲』、四『萬歳ヒットラーユーゲント』、五『征けよますらを』、と判定し、「先づ吾々は『海ゆかば』のごとき高尚にして、謹厳な、而も優雅にして、荘重なる国民歌を一方に於て作ると同時に、他面『愛国行進曲』の如き、明朗なる国民歌がもっと多く作られねばならない(8)」という見解をだしていた。

高野の調査は対象がかぎられており、これをもって国民音楽と断定することはできないだろう。

表1

男子（1245人）

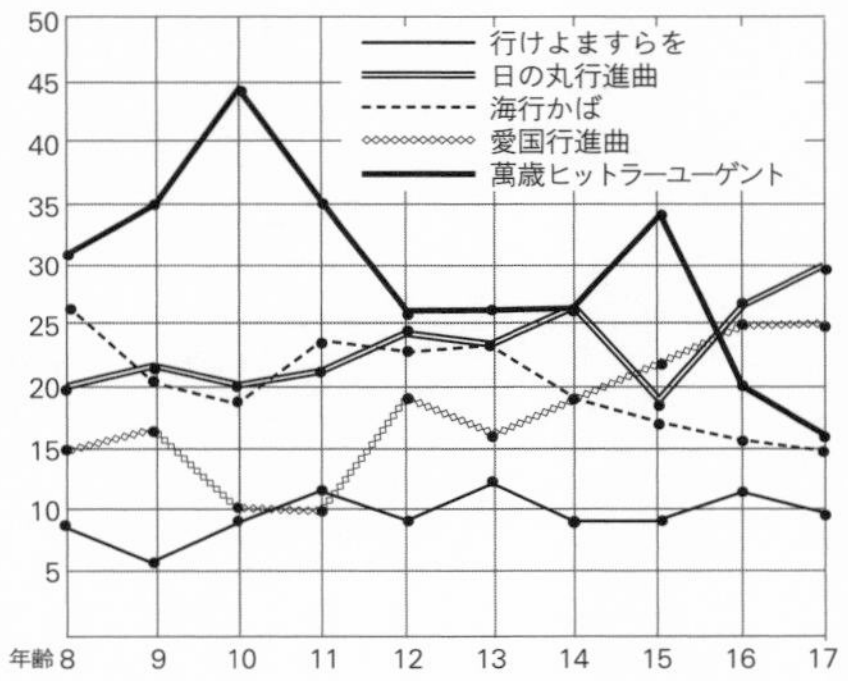

表2

女子（1347人）

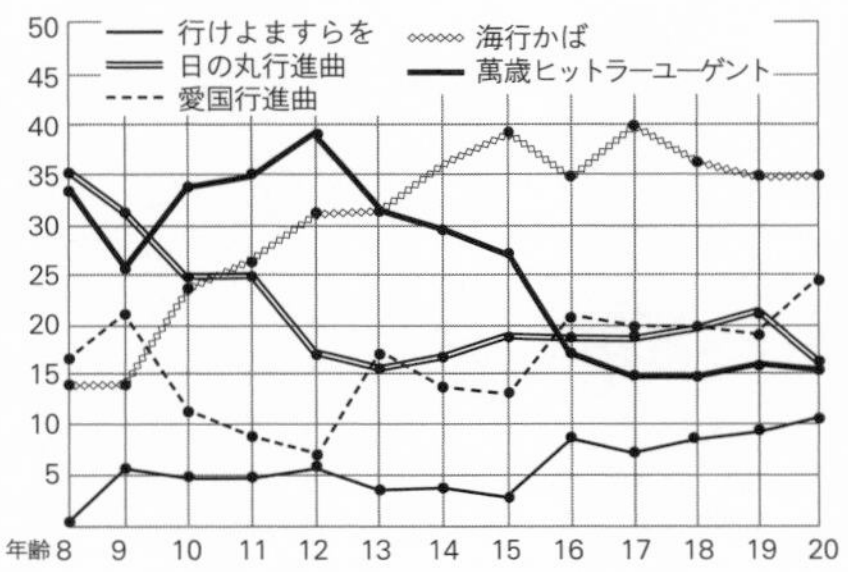

なお、ここで関連して指摘しておかねばならない事実は、社団法人大日本作曲家協会がすでに述べた国民精神総動員運動の一環として、「運国愈々多事の秋に際し、歌曲報国の至誠を披瀝すべく、軍国唱歌を募集」し、『国民精神総動員軍国唱歌集』を刊行していることである（傍点筆者）。しかもその第一曲は当時の音楽教育界の重鎮青柳善吾の作歌『軍国の母』であった。

ところが、「国民音楽」の形態としては、反面、『愛国行進曲』や『海ゆかば』とは対照的な音楽性をもった歌もうまれているのである。『露営の歌』（譜例9）はその代表的なものであろう。

この類のメロディ・パターンは、『愛国行進曲』や『愛馬進軍歌』などの軍歌、あるいは唱歌のようなおおむね無半音進行のメロディ・パターンに対し有半音のそれで、相対的な性格をあらわしている。したがって、歌詞の意味内容もそれぞれ相対的な場合が多い。「愛国行進曲」と「露営の歌」を比較してみれば相互の性格のちがいは明白である。もちろん、ここでは問題をはっきりさせるために、かなり割り切った観方をしていることはいうまでもないが、この時期におけるこの類の歌は、ほかには、『麦と兵隊』（譜例10）、『暁に祈る』（譜例11）などがあげられる。

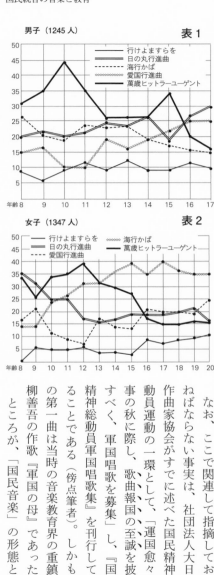

とくに、「暁に祈る」は「しみじみと歌っていて、心のふるさとを感じ、しかも勇気を持つ」。そして、それが愛国心に愬え、敵愾心と戦意を昂揚させるというとらえ方があったくらいで(9)、小川によると「私的流行歌」でありながら(10)、現実にはむしろ「国民歌」の一形態とみなされたのであった。

もちろん、この「私的流行歌」にはこの頃流行した『旅の夜風』、さらに『誰か故郷を想わざる』などがあげられるけれども、いうまでもなく、当時の政治・思想的情況はこの類の歌が主流となって、力強い、民衆性に富んだ、本来的な国民音楽へと成長していくことを阻んだのであった。

譜例9　露営の歌
薮内喜一郎作詞
古関裕而作曲

譜例10　麦と兵隊
藤田まさと作詞
大村能章作曲

譜例11　暁に祈る
野村俊夫作詞
古関裕而作曲

Marcia Moderato
あ　あー　あのかおで　あのーこえ　で

『隣組』と『紀元二千六百年』

とんとん　とんからりと　隣組※
格子を開ければ　顔なじみ
回して頂だい　回覧板
知らせられたり　知らせたり　（以下略）

※隣組　国は五～一〇世帯を組とする「隣組」を全国につくらせた。回覧板は戦争についての国の考え方や、生活に必要な情報をすみずみまで知らせる、最も確実な方法だった。「戦時中は、隣組というのが

あって組長がファシストみたいに威張りまくって町内を統制していた。」（作家 五木寛之談 二〇一五年六月二八日付『東京新聞』）という。

一九四〇（昭和一五）年、国民精神総動員運動の末端組織として全国的に編成された住民組織隣組のプロパガンダの歌である。

ラジオの「国民歌謡」という番組で放送され、大ヒットした。「カラリとしたほほえましい軽いやさしい詞・曲」で、「大人もこどもも楽しげに歌いまくった。」（『日本流行歌史』三三四頁 一九七〇年）という。「国民歌謡」は流行歌に対抗する「健全歌謡」として企画され、放送された番組であったから（上山敬三『日本の流行歌』一九六五年）、その効果は絶大であった。

この歌は明るいメロディであるが、実際は戦争のために仕組まれた曲だったのである。とりわけ、戦争で物が不足し、食料や衣料など国が一人当たりの分量を決めて分配する「分配給制」になってからは、この隣組の制度はその組織力を発揮し、特に、その組長はファシストみたいに威張りまくって町内を統制していた。」（作家 五木寛之談 二〇一五年六月二八日付『東京新聞』）と言うから、『隣組』も国民のエモーションに訴えて、その効用は抜群であり、一大ヒットとなったといえよう。

ついで、国民をふるいたたせ、「戦時下の重苦しい気分を転換して、戦争協力への機運をもりあげる狙いもあっ」て（『日本史広辞苑』）挙行された「紀元二千六百年祭」では、音楽は一大キャンペーンの威力を発揮した。

今や我国を盟主として、東亜の天地に新秩序の建設を見つつあるとき、神武天皇の聖業を扶翼し奉り

し忠誠なる臣民を祖先と仰ぐ我々は、皇国国運の一段の進展に寄し、紀元二千六百年を奉祝したる国民として、国体尊崇の範を後代に示すに遺憾なきを期したいと翼望して止まぬ。　紀元二千六百年奉祝会

これは、一九四〇（昭和一五）年一一月一〇日、この年が『日本書紀』にある神武天皇即位の紀元元年から二千六百年にあたるとして挙行された、記念式典の祝言の一部抜粋である。国民にたいして、まさしく、皇国史観にもとづく歴史認識の根幹を教示した、いわばウルトラ・ナショナリズムの文言そのものといってよい。そしてこの趣旨に沿って奉祝会が制定し、放送されたのが、以下の奉祝『紀元二千六百年』である。（上掲）

譜例　紀元二千六百年

紀元二千六百年奉祝會 日本放送協會 制定
M.M. ♩ = 112
1. キ ン シ カ ガ ヤ ク ニ ッ ポ ン ノ ハ エ ア ル ヒ カ リ

一　金鵄輝《きんしかがや》く　日本《にっぽん》の
栄《はえ》ある光《ひかり》　身《み》にうけて
いまこそ祝《いわ》え　この朝《あした》
紀元《きげん》は　二千六百年《にせんろっぴゃくねん》
あゝ一億《いちおく》の　胸《むね》はなる
（二　以下　省略）

一九四〇（昭和一五）年二月一一日が神武天皇即位の時からかぞえて、ちょうど二千六百年にあたる、という触れ込みのもとに、国民をふるいたたせるために、詩・曲ともに国民から募集して、奉祝会が制定し、放送した国民歌である。「曲も美しく爽快であるし、歌詞も颯爽として力強かったので、晴れやかさに焦《こが》がれていた国民は、大いに歌った」（『日本流行歌史』）、

という。

ところが、このころすでに、奉祝会は、東京音楽学校が師範学校・中学校・高等女子校・実践学校音楽科・尋常小学校高等小学校唱歌科教師用及児童用として作詩作曲した『紀元二千六百年頌歌』を発行していた。歌詞は以下の通りである。

一　遠《とお》すめろぎの　かしこくも
　はじめのたまいし　おお大和《やまと》
　天《あま》つ日嗣《ひつぎ》の　つぎつぎに
　御代《みよ》しろしめす　とうとさよ
　仰《あお》げば　遠《とお》く　皇国《こうこく》の
　紀元《きげん》は　二千六百年《にせんろっぴゃくねん》

そしてさらに、この「奉祝祭」において、すでに述べたように、東京音楽学校（現東京芸術大学音楽学部）が総力を結集して取り組んだのが、北原白秋作詩・信時潔作曲の交声曲『海道東征』であった。

神坐《かみま》しき、蒼空《あおぞら》と共《とも》に高《たか》く、
み身坐《みま》しき、皇祖《すめらみおや》。
遙《はる》かなり我《わ》が中空《なかぞら》、
窮《きは》み無《な》し皇産靈《すめらむすび》

いざ仰《あお》げ世《よ》のことごと、
天《あめ》なるや崇《たか》きみ生《あれ》を

神武天皇が軍勢を率いて、高千穂（現在の宮崎県北部）を出発し、大和（現在の奈良県）に至る平定の海路、つまり「海道東征」をカンタータの形式でまとめた作品、その第一章『高千穂』である。日本の古謡と思われるメロディがバリトン・ソロで歌われ、それをひきつぐ形で独自のハーモニーがオーケストラでうたわれる。これは最後の第八章『天業恢弘』でも全体の締めくくりとして、歌詞を書いて歌われる。

作曲者の信時潔は、「曲に日本的性格を持たせる一手段として、しばしば古い朗誦や俚謡に旋律の骨子をもとめたが、…旋法世紀の動きを固守せず相当自由な取り扱いをし」、「日本的な旋律の和声化については、此詩の時代的調子にそぐように単純明確をモットーとし複雑煩瑣な和声進行は努めてこれを避けた。」、という考え方を明らかにしている（『文化日本』昭和一六年四月）。

またこの曲について風巻景次郎（当時、東京音楽学校教授）は、「日本文化中央連盟の嘱に依り、特に作られたもので、一九四〇（昭和一五）年一一月二〇日、東京音楽学校奏楽堂において初演、つづいて二六日東京市日比谷公会堂において公演され、ともに多大の感銘を与えた。」（『海道東征註』）と記している。

一方、「尨大な編成を使っていきながら各部分間の対照を欠き、頗る冗漫だ。全体として小学唱歌或は国民歌謡の連続のようで、大曲にふさわしい堂々たる感銘は得られなかった。」（『批評から見た音楽二十年』昭和二三年一二月）、という批評は、長袖を代表するものの批判として、手厳しい。だが、この山根銀二の批評はあまりに表層的で、音楽の分析には極めて幼稚な感がある。

むしろ、この曲の大阪での演奏を聴いた、当時一五歳（旧制中学三年生）であった、作家阪田寛夫が「若々

しい合唱団を含めて日本の声楽が、いまここで花ひらいたと言う感動を受けていた。」（オーケストラ・ニッポニカ設立演奏会―『海道東征』別刷資料―二〇〇三年二月二三日）、と書いているのが新鮮である。

なお、「皇紀二千六百年芸能祭」にはドイツからリヒャルト・シュトラウス作曲の「紀元二千六百年奉祝楽曲」―「祝典音楽」（FESTMUSIK）―、フランスからジャック・イベール作曲同―「祝典序曲」（OUVERTURE DE FETE）、ハンガリーからヴェレッシュ・シャンドール作曲同―「交響曲」（SZIMFONIA）―、そしてイタリアからイルデブランド・ピツェッティ作曲同―「交響曲イ長調」（SINFONIA IN LA）―などの祝典楽曲が寄せられていた。なかでも、リヒャルト・シュトラウスの「祝典音楽」は、譜例8に示したように、鐘の効果が意図されている点に特徴がある。

ところが、このシュトラウスの『祝典音楽』に対しては、山根銀二は「さすがに独逸浪漫派の巨匠にふさわしく、多音的な構成の中に現代管弦楽法の一切の技術を駆使して、聴衆を興奮の中に誘い込んだ。」（同前書）として、手放しの評価であった。なおここで、「多音的」と書いているのは「ポリフォニー」の意味であろう。もっとも戦時下、外国語の使用に限界があったとも想像される。

なお、シュトラウスの『祝典音楽』は、ＮＨＫ交響楽団の第一七八回定期演奏会（二〇一四年四月二三、二四日）で再現されている（『フィルハーモニー』）。また、当時、声楽家島田龍之助（イタリア・ローマ・アカデミア・サンタ・チェチリア高等

譜例8　FESTMUSIK

音楽学校出身）は、ビンチェンツォ・チマッケ博士が紀元二千六百年をたたえて作曲した『国の肇を讃えて』を紹介、公刊（「別府日伊文化会」）していて興味深い。

『大陸の黎明』『英靈讃歌』

紀元二千六百年芸能祭の翌年一九四一（昭和一六）年七月七日、明治神宮外苑競技場において、日中戦争の聖戦四周年として、『海道東征』につづいて、これまた北原白秋作詩、山田耕筰作曲の交声曲『大陸の黎明』の大演奏会が楽壇総動員体制で開催された。

『大陸の黎明』
天地《あめつち》の開《ひら》けしはじめ、成《な》りませる神々神々《かみがみかみがみ》を、（讃《たた》えまつれ、いざや。）
天照《あまて》らす御神《みかみ》、皇祖《すめらあみおや》、皇祖《すめらみおや》かくぞ（讃《たた》えまつれ、いざや。）
言依《ことよ》さす中《なか》の国《くに》、大八州《おおやしゃ》この国土《くにつち》、（讃《たた》えまつれ、いざや。）

この曲について、武田謙二（当時、陸軍省報道部陸軍中尉）は、「音楽を高度の国家目的に適合せしむるために、東亜の指導者として国民精神を高揚する音楽、つまり民族の戦いを決意する音楽」であったと述べている（『レコード文化』昭和一六年一二月）。

すでに述べたように、国民歌は流行歌に対する健全歌謡として企画され、放送されてきた。だが「戦時様相の進展とともに、戦争完勝の一翼としての文化、その一分野たる『国民音楽』の樹立」に向かって、「いっそう真剣な努力と深い考察が払われるべきである」（藤井夏人「『英靈讃歌』録音後日記」傍点筆者）、という

方向において、一九四三（昭和一八）年六月六日には、日比谷公会堂において、大政翼賛会制定の国民合唱『みたみわれ』（傍点筆者）が発表されたのである。そしてその日の午後からは『英靈讃歌―山本元帥に捧ぐ―』の「猛烈な総練習」が東京音楽学校奏楽堂でおこなわれ、翌七日には半日がかりで、独唱、合唱、管弦楽、指揮、生徒職員の総動員体制による演奏、および録音がおこなわれたという（前出『日記』）。

なお、この曲について、『日記』では、以下のように記されている。

「荘重な管絃の前奏に始まり、続いて四節から成る歌詞（独唱及び合唱）がうたわれるが、総体としての感銘は、先ず全篇を通じて次々と盛り上げる旋律の清新さにある。同時に各節とも特に後半に入ってからの合唱部の美しさ、壮快さには、思わず何人も名状し難い内心の躍動を余儀なくされるであろう。」

カンタータの形式をとった独特の『海道東征』『大陸の黎明』『英靈讃歌』だが、いずれも民族意識を覚醒し、戦意を昂揚する楽曲、つまり「国民音楽」の樹立を標榜する音楽であった。そしてついに、十五年戦争の最終段階に至って、国民は次のような事態に直面するのである。

学徒出陣と「国民歌」

「音楽は、あの日もあった。

軍楽隊の吹奏で「君が代」が奏せられ、「海ゆかば」「国の鎮め」のメロディが、外苑の森を煙らして流れた。しかし、色彩をまったく無かった。私たちは泣きながら征く人々の行進に添って走った。…お

譜例　国の鎮め　　古矢弘政曲

さない、純な感動に燃えきってしまったのである。」（上掲『国の鎮め』）

一九四三（昭和一八）年一〇月二一日、神宮外苑競技場で七万人の学徒出陣壮行会が挙行された（『文部省映画学徒出陣』）。

この文章は、その壮行会に立ち会った作家の杉本苑子（一九二五〜二〇一七年）が二一年後の東京五輪の開会式を見て、「出陣学徒壮行会の日の記憶が、いやおうなくよみがえって」、当時、共同通信に寄稿した「あすへの祈念」の一部である（『東京新聞』「東京五倫平和感じたい」二〇一七年八月一四日付夕刊）。

太平洋戦争の悪化による兵力補充に、生徒・学生も勅令で徴集する特例法の公布をもって、「学徒出陣」が強行された。そして七万人規模の壮行会が挙行されたのであった。そこでは、『君が代』『海行かば』『国の鎮め』の七万人唱によって、人々の戦争へのエモーションをいやおうなしに掻き立てた。だが杉本の手記でいうように、「色彩はまったく無かった。」のであり、ただ、胸の張り裂ける思いとともに、むなしさだけが残ったに違いない。

もう少し戦争が長引いていたなら、筆者もこうした事態に直面していたに違いない。ましてこのきわめて無謀な戦争にくっついているのが音楽であり、そのエピゴーネンである。そのエモーションが最大限に利用され、利用する。音楽の楽しみとよろこび、だが人のインフェリオリティと悲しみである。

このように、昭和一〇年代前半において、ある一定の政治・思想的、文化的情況のもとで、新たな傾向性をもった音楽文化の創造をみることができる。そして、それは国民音楽として位置づけられてしかるべき歴史的役割をになっていた。このことは、いいかえれば、ここにいたって、音楽の社会的機能に対する

認識がたかまっていたことを意味する。一〇年代後半はその歴史的推移である。

2　音楽の軍需品化と厚生音楽運動

この時代の音楽に対する国民的認識のたかまりは、現実の政治・思想的情況を反映して、音楽文化独自の発展をめざすというよりむしろ、手段化され、体制への従属度をたかめていく過程であった。そして、その端的なあらわれは音楽の「軍需品」化である。それは具体的には二つの側面にわけられる。

一つは実戦での音楽の効用であり、もう一つは国民大衆の思想的統一のために音楽をつかう面である。当時の海軍大佐平出英夫によれば、まず第一の側面についてはつぎのように把握されていた。すなわち、これまでの戦争は、「成るべく遠くをはっきり見る眼、敵に見つからないうちに敵を見つける眼、これの優れたもののほうが戦争は勝つのだという」わけで、眼鏡の戦争といったが、これからは「空の向う、又水の中の向うを知る」ことが重要で、その点がすぐれているかいないかが戦争のわかれ目になる、だから「半音違っても一向気がつかない耳」ではだめである。

「それで正確な耳を持つ、正確に敵のいどころが解るという風なことが、これからの戦争に勝つ負けるということを決定づけることで、非常に大事なことになって居ります。そこで国民学校になりましてから、音楽教育ということを入れて戴くことになったのであります」というわけで、「音楽は全く今の日本人に必要な品物であり」、「音楽は軍需品である」という理由はこの点にあるという。(11)

第二の側面については、「音楽は申すまでもなく言葉を持たない演説であります。そうして反対の起こらない演説であります。言葉なくして大衆の気持ちを同じ方向に導くということに於きまして非常に力を

持って居ります」。したがって、「いい音楽は国民の憂鬱にならんとする時期に於て、これを明朗化する、元気をつけるという効果に於きましてその力極めて大なるものがあります」、というのであった。[12]

まず第一については、実際には後でとりあげるが、国民学校芸能科音楽における「和音感教育」の実践である。しかし、これがもっとも徹底しておこなわれていたのは、当時の「陸軍重砲兵学校」であった。加藤省吾の同校訪問記によれば、ここでの音感訓練は三段階にわかれ、第一段階は準備音感教育といってピアノあるいはオルガンによる普通の過音感教育、[13]つぎは基礎音感教育で、これは音高、感度、音質などのレコードを併用した識別力の養成、そして最後はレコードを使った水中判別教育となっている。

ここで注目されるのはこの最初の段階である。それは二つの異なった機械を使っておこなうという。その一つは水中標定機であり、もう一つは水中聴音器であって、前者は長音波を発射しこれを目的物にぶっつけてもどってきた音を測って敵潜の所在場所を知るもので、後者はこれとは反対に潜水艦なり艦船なりから発する音を聴いてその位置を知るというものである。訓練は正課としては一週二回ないし三回だが、朝は非常に調子がよいというわけで毎朝課外として課業開始前に約三〇分間位実施するということであった。[14]

第二については、一つには、「みんな揃って元気に歌を歌いましょう」式のいわゆる「国民皆唱」運動があげられる。たとえば、日中戦争・太平洋戦争期に一九四〇（昭和一五）年一〇月一日、政府主導で全国に組織された「大政翼賛会」（同年一〇月一二日発足）の宣伝部では、「米英撃滅の大決戦を戦いぬくために、私たちはいつも戦場にあると同じ気持ちで、撃ちてしやまんのさかんな攻撃精神を振い起し、生産の増強に、戦争生活の実践に挺身しなければなりません。学校でも、職場でも、隣組でも、家庭でも、生産の戦いを、生活の戦いを戦いぬき勝ちぬくために、みんな揃って声高らかに一億総進軍の軍歌『国民の歌』を

歌いましょう。健やかな歌は、私たちの心を慰め励まし、私たちの生活によろこびとうるおいを与え、私たちの仕事に力と元気をつけてくれます」という呼びかけのもとに、戦争が激烈を極めてくる時点で銃後の国民大衆とその子どもたちに「国民皆唱」をおしつけていた。

一九四三（昭和一八）年四月に初版一〇万部を出し、同年七月に再版三万部、さらに同年一二月の修正三版でも三万部を出したという、「大政翼賛会」編集兼発行の『国民の歌』がその具体的なあらわれである。

この歌集はもちろんそれまで国民大衆に浸透した軍歌、国民歌謡などが中心になっているが、この頃つくられたものでは、「大東亜決戦の歌」（譜例12）、「少国民進軍歌」（譜例13）などがある。また、新聞社が公募し海務院が選定した、七洋制覇の歌・「海行く日本」（池田誠一郎作詞・細川武夫作曲―譜例14）もこの頃のものである。ここで注目されることは、これら国民歌謡や軍歌の主要な傾向が前にみたような「国民音楽」―主として無半音形態のもの―に属するという点である。

二つには、このころから、いっそう盛んになってきていた「厚生音楽」運動があげられる。

厚生音楽のおもな対象は、いわゆる「産業戦士」であって、それは生産性の向上を促進し、労働者の団結と職場の「明朗化」をめざしていた。たとえば、「工場音楽」運動の先駆といわれた石川島造船所では、産業戦士の「音楽教育」として「音感」と「福利慰安」としての音楽の二分野を設定していた。

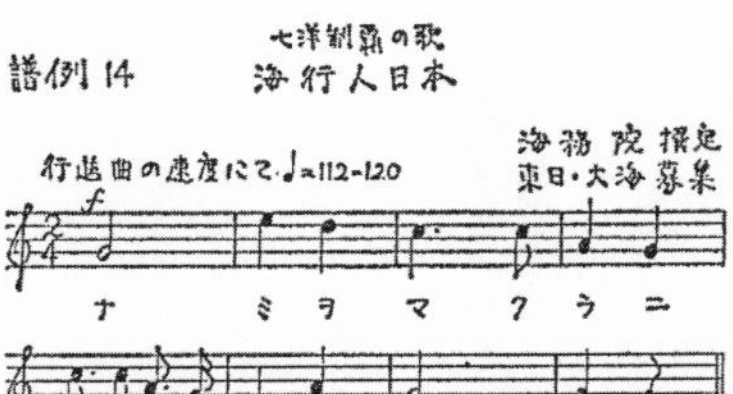

「音感訓練」はそれによって「種々な難音の中からその機械特有な音を聞き分け、その機械の性能に常に注意する事によって始めて、機械の寿命を保持し能率を高め、優良製品の増産も可能となる」からであり、そしてこの『『音感』の持つ生産性が主として訓練され、そこに自然に伴って来る『音楽的』な慰安厚生性が、副産物として発生して来る」、として「高度国防国家建設に際し、重要なる生産部門をなす工業に於いては『音感教育』は全く新しき脚光を浴びて登場した」のであった。[15] 他面、職場の明朗化にはレコードによる音楽の導入が提唱されていた。

なかでも、清水脩の「レコードによる職場の明朗化」の提唱は具体的であった。出勤時は「労務者の足取りは軽い。心もはずんでいる。工場に近づくと、拡声機から、勇壮な音楽がひびいてくる。このような意味の音楽としてレコードを利用」するというわけで、曲目は行進曲類、行進歌類、軽快な描写音楽等をあげ、同様に、午前の休憩時には、「疲れた神経を慰撫し、回復させる」ために静かな、あるいは軽快な音楽として、たとえば、マンドリン合奏「踊る小花」（武井守成作曲）、チェロ独奏「荒城の月」「春雨」、ピッコロ独奏「囀る小鳥」（バルロン作曲）などがあげられていた。[16]

もちろん、産業のちがい、企業のあり方によって多少の相違はあったろうが、厚生音楽のめざすところは変わりなかった。日本放送協会と「大日本産業報国会」の共同主催でひらかれた「全国勤労者音楽大会」がそのことを物語っている。

一九三六（昭和一六）年一〇月二六日、放送を通じて、大日本産業報国会理事長湯澤三千男は「単に音楽を鑑賞するのみに止らず、健全なる国民音楽を『産業戦士各自』が自ら音楽することに依り心身鍛錬の厚生運動たらしめ又情操涵養の『慰楽』運動たらしめる点に重点をおく」と大会への挨拶をおくっていたし、日本放送協会側からは業務局長の関正雄が「健全明朗なる音楽がいかに勤する人々にとって快く可か

らざる慰安であり、士気昂揚の糧であるかは申すまでもありませぬ」、といっていたのである。[17]

しかし、厚生音楽運動は産業の内部にとどまらず、音楽報国運動として広く一般国民にむけられていった。ことに「大東亜戦争」突入以後は「移動音楽報国隊」が組織され、これより先に組織され活動していた「音楽挺身隊」とともに、音楽による国民の思想統一は戦争遂行者とこれに協力する音楽家たちの急務であった。

当時、「日本音楽文化協会」（昭和一六年九月二三日発足）の副会長であった山田耕筰は「支那事変以来、殊に今度の戦争によって実証されたように、他の芸術に比して音楽が単的にいかに国民の士気を鼓舞するか又、厚生方面にもよき効果を与えるかということがわかった。それだけに我々音楽家はより深く研究し、誤たざる方針を持たねばならない」といい、一九三七（昭和一七）年一〇月一九日から同二三日にわたっておこなわれた、第一回音楽報国運動大演奏会東北巡回演奏には自ら主催者として、また指揮者として参画していた。演奏曲目はここでは省略するが、ただ、演奏会の最後は「会衆合唱」としてあの『愛国行進曲』が歌われたのであった。[19]

他方、日本放送協会は厚生音楽運動の一環として、一九四二（昭和一七）年二月八日から、「国民合唱」を放送しはじめていた。譜例はその一部である。また、青少年に対して、宮田東峰は「今日のような決戦下、特に青少年のための慰安娯楽の乏しい折柄音楽こそは最高無二の健全な娯楽である」「そこでそうした青少年達の心の糧」となる楽器としては、「ポケットに入れて置いて邪魔にもならない一管のハーモニカが完全な楽器と

譜例1　木炭の歌

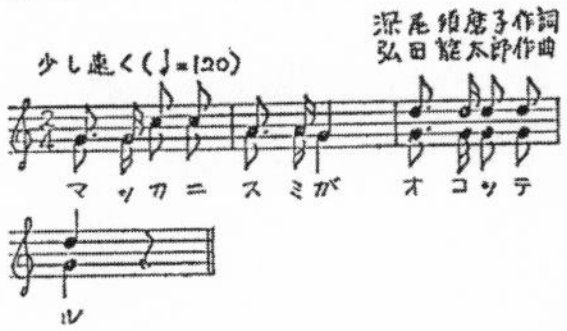

譜例2　御民の歌

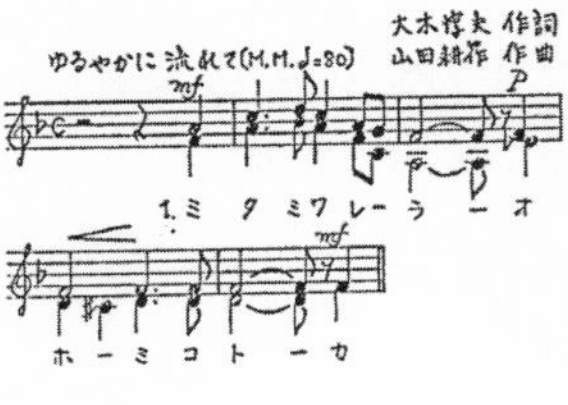

してあらゆる楽曲を演奏できて、あらゆる人々の心にこの上もない慰安娯楽を与える」といっていた。[20]この頃の楽譜にハーモニカの楽譜が多いのはこのためなのだろうか。

このように、厚生運動はきわめて広範囲にわたり、組織的に展開されたのであったが、その要因を当時の文部省督学官田中俊造は「それは現代社会の癌ともいうべき労資対立の現代的弊風を緩和是正するということで、国家がこの問題に対し強い関心を持つということの現れと今一つは仕事の余暇を善用して心身の更新とその発展とを図る文化的意識からとのこの二つのものがみっちりくっついて、その実施はしかも大衆的に簡易通俗を旨としている点にある[21]」と、まさしく核心をついた分析をしている。

だから、戦局の拡大、激烈化とともに音楽もまた、対内的にも対外的にも「思想戦」の強力な一翼を担うことになったのであった。

3　洋楽の歪曲化と「日本音楽」

「思想戦[22]」の一翼を担った音楽は、国家目的を遂行すべく、日本音楽文化協会の統制指導のもとに、「戦力増強の糧」としての機能をもたされ、「戦争の役に立たぬ音楽は今は要らぬ」、とまでいわれるようになっていった。[23]

そして、その具体的なあらわれは、まず、「米・英音楽の抹殺」の提唱であった。門馬直衛は「米・英音楽の正体」という論文のなかでつぎのように分析している。[24]すなわち、「イギリスやアメリカの音楽、少なくとも現在あるようなイギリス・アメリカの音楽は、日本には少しも必要ではなく、むしろ、多くは有害でさえある」。

アメリカ音楽についてみると、「アメリカの代表的音楽といえば、第一には何といっても、ジャズ或いは類似の低級な末梢音楽がある」。このジャズは「全世界の全人類をいら立たせ、健全な精神を弱化し、老壮年を廃人とし、青少年を昂奮させたり麻痺させ、家庭を不和にし、とにかく、すべての者を末梢に走らせ、健全な感情と、思想を失わしめる」がゆえに、これは絶対に駆逐しなければならないアメリカ音楽の一つである。(25)第二は、同じような通俗的なものとしては、フォスターの歌があげられるが、これは、一つには「全く単純なもので、和声などは、三和音よりも進んだ和音を使うのが稀である。旋律も、ごく原始的なもの」であり、二つには「ニグロや奴隷の哀調がある」、という点で、「アメリカ人の非人道的精神や動物的な残忍性を知らせることになる点では、却っていいかもしれないが、日本の八紘一宇の精神、四民平等の理想には合わないから、甚だ危険である」、という。

そして、第三には芸術音楽としては、その大半はユダヤ人の音楽であって、「口さきだけの甘さ、口あたりの良さ、感覚的なアルコール、官能的な陶酔力、しかも、その美酒に盛られた恐るべき破壊主義、そして、目にはあまり見えないが底力のあるシオン・ユダヤ主義」である。また、アメリカ人は、音楽を「音を具合よく集めて耳を喜ばせれば足りるもの、官能を刺激したり酔わせたりするもの」、と捉えているからなのか、「私共の精神を高めたり、感情を深めるようなものは一向見あたらない」。

たとえば、「アメリカ人が何よりも誇りとしている」作曲家マクダウェルは、小器用で、主題にしても二、三は要領のいい、しかし口あたりのいい低級な、感傷主義である。ユダヤ人のガーシュインの場合もジャズをなかば芸術的に、ドイツ的方法で、場当たり的に「ユダヤ化」しただけである。したがってアメリカ音楽は、それがたとえ芸術音楽であっても、高い理想をもってはいないのだから、これを見習う必要もなければ、まして尊重する必要は毛頭ない、という。

イギリス音楽については、まずジャズについてみると、アメリカのそれほどに刺激が強くなく、おだやかで、平凡ではあるが、けれどもその代わりに「健全音楽を不知不識の裏にジャズ化する傾向を教えたり、それを許すことになりやすい」。民謡その他の歌曲ではかなり面白いものがあり、スコットランドやアイルランドのものは日本でも相当に親しまれているとはいえ、とりたてるほどではない。

芸術音楽にしても、たとえば、エルガーやヴォーン・ウィリアムズ、あるいはスコットをみても、かれらには天才がなく、音楽力もなく、したがって「こういう連中は、百人集めても、一人のブラームスにも、一人のシュトラウスにも」匹敵するわけではなく、こうみてくると、要するにイギリス音楽はあってもなくてもいいようなものである、という。

米・英音楽の以上のような分析はきわめてかたよっており、ベートーヴェン、ブラームス、シュトラウスなどのいわゆるドイツ系音楽を基準にした偏狭な捉え方であり、洋楽の歪曲化につながっている。当時の洋楽関係の演奏会の曲目が主としてドイツ系音楽であったのはこうした米・英音楽排外主義の反映であろう。そして、このことが音楽文化政策のうえで徹底されていったのはレコードの分野においてであった。

たとえば、情報局と内務省は、一九四三（昭和一八）年一月、「米英音楽作品蓄音機レコード一覧表」を作成発表したが、それは「はしがき」でも述べているように、「現下最喫緊事たる米英音楽の一掃に資し、以て一層国民士気の昂揚、健全娯楽の発展を捉さん」がためであった。さらにこの政策に便乗して、レコード文化社は日本レコード文化協会と日本音楽文化協会の後援のもとに、米英禁止レコードの回収運動を展開したのであった(26)。

レコード蒐集とその評論で知られた、あらえびす（野村胡堂）が、この画期において、「米英の音盤などは、一枚残らず叩き割って軍需品の塗料にでも用うべきである(27)」、といっているのもこうした米英レコード排

撃の程をしめしているのではなかろうか。大本営海軍報道部の海軍少佐庄田瀰洲五郎の見解に代表されていたように、「音楽もまた思想戦を担当するものとしてその役割はあくまで米英撃滅という唯一の目的から演繹されなければならな」かったわけである。[28]

第二は、こうした洋楽の歪曲化の方向とは対照的に、邦楽の「思想戦」への参画による「民族性」の高揚が意図されたことである。一九四四（昭和一九）年七月に創刊された『日本音楽』の巻頭言は、音楽学者の田中正平が「日本音楽の枢要性」について、つぎのように書いていた。

「戦局の苛烈凄愴を加えると共に音楽文化戦の様相も愈よその濃度を加えて来た、何事にも皇国日本精神の結集が叫ばれ、それが直接戦力増強となる事から考えても、わが民族の情操面に密接な関係にある邦楽の枢要性が強く認識せられる。（中略）而してこの決戦体勢下に日本音楽文化の陣容を整え、堅実なる新興作戦を企図する事はわが国の文化戦へ大きな示唆を与える要素の一で、悠遠なる歴史に一貫せるわが民族情操を発揮せしめ、尚いやが上にも発揚せられる音楽はすべて大東亜の中軸としてそれ相当の期待がかけられていい。」

つまりこの戦時体制下における邦楽の進展は、その「民族情操」のゆえに、「戦力増強」のための「皇国日本精神の結集」に寄与するばかりでなく、同時にそれは「大東亜文化」における指導的立場に立ったことでもあり、そのために「東亜音楽」の研究がさかんにおこなわれた。ではこの「新しい日本音楽」運動は実際にはどのようなものであったのだろうか。

ここでは当時の記録によるほかはないが、まず前者の面では、たとえば、長唄の領域で「長唄致風会」

が生まれ、その第一回講演会が一九四四（昭和一九）年六月四日午後一時より「軍人会館」で開かれたのであった。

曲目に新曲で久留島武彦詞・杵屋六左衛門曲の『学鷲出陣』、放送協会邦楽研究会選の同じく新曲で高浜虚子詞・杵屋佐吉曲の『脇僧』、また独吟では愛国百人一首『源の俊頼』がとりあげられていたし、古曲では『吾妻八景』、『菖蒲浴衣』などであった。

なお、この公演会には当時の文部大臣岡部長景も列席し、休憩時には楽屋を訪れ、「決戦下芸能界も何かと窮屈な事とお察しする、殊に三絃楽に対し一部の視野の狭い人々はとやかくの評もするが、我が皇国伝統の芸能である、何も遠慮はいらない、長期戦下にこそ一層こうした会が必要なのである。（中略）米英撃滅までは遊ばんがための芸道、所謂遊芸は絶対許されません。どうぞ皆様は自分の芸能によって国民の思想善導をするという堂々たる態度で夫々の持つ力を発揮して頂きたい次第である」と激励したという。(29)

つぎにレコード関係では、文部省教化局の企画運営のもとに、戦時下における国民の「健全な文化的向上」のためにすぐれたレコードを推薦し、なかでも最優良のものには文部大臣賞をあたえる、という制度を設けていた。たとえば、昭和一八年度は邦楽関係だけで三種のレコードが文部大臣賞を授与されていた。その一つは、長唄『勧進帳』（芳村伊四郎、杵屋栄蔵社中・富士音盤―九枚）で、授賞の理由は「長唄『勧進帳』は武士道的精神を高調せる代表的の名曲として最も人口に膾炙《かいしゃ》したものであるが、従来普通に行われている『勧進帳』は歌舞伎の伴奏を集成したもので、文意、形式共一貫性を欠く憾みがある。

しかるに本曲は秘曲としてほとんど公演されることの稀であった『安宅勧進帳』を従来の『勧進帳』に加えたことにより、内容上ならびに音楽形式上において統一のあるものとなった。その演奏ならびに録音共に優秀で、よくこの大曲の表現に適している。現時局下極めて有意義なるものと認めここにこれを推賞

する」、というものであった[30]。

後者の面では「大東亜文化圏」に属する音楽研究の推進である。「大東亜音楽文化」に関する研究成果のすべてをここにとりあげる余裕はもちろんないので、代表的と考えられる文献二つについて、その研究の意図ないし課題意識および「大東亜音楽」といわれるものの捉え方についてごく簡単にふれておきたい。

一つは、一九四三(昭和一八)年四月二〇日発行(三千部)の田邊尚雄著『大東亜の音楽』であるが、これは、「時世の要求に応じて」、大東亜音楽文化について講義したり講演したものが基になっているが、「大東亜共栄圏の文化建設の上に、確固たる一歩を踏み出さ」んがためのものであった。研究対象として「大東亜音楽文化」は満州の音楽、中華民国の音楽、蒙古の音楽、仏印の音楽、タイ国の音楽、ビルマおよびマライの音楽、ジャワの音楽、バリ島の音楽、フィリピンの音楽、インドの音楽、と広範囲にわたるものであるが、それらの研究をふまえた、いうならば「大東亜音楽文化観」と「大東亜戦争」との関連性の捉え方はすぐれて当時の思想・文化情況を反映していると思われる。

すなわち「文化は、神が人間に付与し給うた所の最大の恩恵であり」、芸術文化はその意味で「神が人間に正しい幸福を授けんが為に与えられたものであって、その発生は大東亜における黄色人種を以て始原とするものである」。そして、「この神から付与された正しい文化の魂を今日まで保持して、現代にこれを守護しているものは我が大日本帝国である」が、これを統率しておられるのが『スメラミコト』であり、「スメラミコトの大御心によって、人類文化の真の魂を全世界の民族に覚醒せしめ、その真の文化の正しい道に復帰せしめ給うことが、すなわち八紘一宇の御精神であって、この度の大東亜戦争もまたこの有難き大御心の一つの現われである」という。つまり芸術文化としての音楽―「日本音楽」―もまた、この「八紘一宇の御精神」に則り、大東亜戦争の完勝を期すべき運命にある、というのであった。

二つは、一九四四（昭和一九）年九月三〇日発行（三千部）の岸辺成雄著『東亜音楽史考』である。これもいくつかの論文をまとめたものであるが、そこでの課題意識は概ね以下のように把握されうる。

日本の音楽文化は、明治以降、いくつかの大きな転換期に直面してきたが、大東亜戦争開始とともに一段と緊迫した状態におかれることになった。つまり、いまの日本音楽は世界的立場に立つ途上にある。そこで、この目的達成のためのなすべき仕事は、いままで外国から学びとったものを国民性にもとづいてどのように生かし、どのような「新日本音楽」を創造していくか、ということである。そのために、我が国固有の音楽を再検討し、それを将来の音楽の創造発展にどう寄与させていくかが基本的課題として認識される。しかし、日本音楽の再検討にはそれの東洋における関係とその歴史を無視するわけにはいかない。そうすると、そこには密接な関係が見い出され、むしろ一貫した歴史的必然性さえみられる、という。

それゆえに、この歴史的必然性によって、東亜共栄圏建設の音楽文化における意義もあきらかになるわけで、「東亜音楽」の中では、「東亜の盟主たる我が国の音楽文化こそ大東亜全体の音楽文化を指導すべき義務を有」する。そして、「我々が新日本音楽を創造することは、単に日本のための日本音楽を建設する意味ではなく、東亜のためのそれでなければならぬ。したがって我々が現在持つ日本音楽の遺産に再検討を加えるのみならず、広く東亜各地の伝統音楽をも精知し、その共栄の精神を摑んで新日本音楽建設の精神とせねばならな」かった、というのである。

「東亜音楽」の研究は、このように、大東亜共栄圏の建設をめざしておしすすめられた、いわゆる大東亜戦争の決戦段階における、国民の思想・文化両面でのより強力な統一と、他方、対外的な思想・文化戦での「日本精神」、「日本文化」、そして「日本音楽」の優位性を主張するための具体的なあらわれであった。

「新日本音楽」創造の提唱は、かくて、「思想戦」の一翼をになった音楽と別ではなく、その「日本音楽」

版であり、「日本音楽」とその研究における「ナショナリズム」の顕在化以外にほかならない、といわざるをえない。

④　プロレタリア音楽の萌芽

いままでとりあげてきた歴史の事実によって、戦時体制下―とくに昭和一〇年代―の音楽文化の情況がどんな傾向にあったかほぼ明らかであるが、この期を画する音楽文化の方向性と役割をひとことでいうならば、いわゆる聖戦を遂行するために『欲しがりません、勝つまでは』（作詞：山上武夫、作曲：海沼實）『勝利の日まで』（作詞：サトウ・ハチロー、作曲：古賀政男）[31]は国民大衆の生活と労働を犠牲にし、思想と文化の面まで徹底的に統制する方向で、「ナショナリズム」―国家主義的ナショナリズム―の発露、高揚としての「国民音楽」の創出、そのための音楽の実践と研究、であったといえよう。

しかし、だからといって、このような音楽文化の方向性やあり方に対してなんらの批判や抵抗もまったくなかったわけではけっしてない。労働歌や革命歌をうたったり、真に民主的な国民音楽の創造と発展に意識的な音楽家たちが音楽団体を組織し活動する、というだけで思想犯として検挙、拘留され弾圧されてしまったような極度に偏向した政治・思想情況のもとで、ささやかではあるが、それでも一定の批判的見解や抵抗の姿勢はみられたのである。

昭和四（一九二九）年に発足した「日本プロレタリア音楽同盟」は同八年まで五回の「プロレタリア音楽会」を開催し、社会発展の担い手である労働者階級の立場にたった音楽運動を展開したのであったが、弾圧につぐ弾圧によって事実上の活動は昭和八年で終わった。

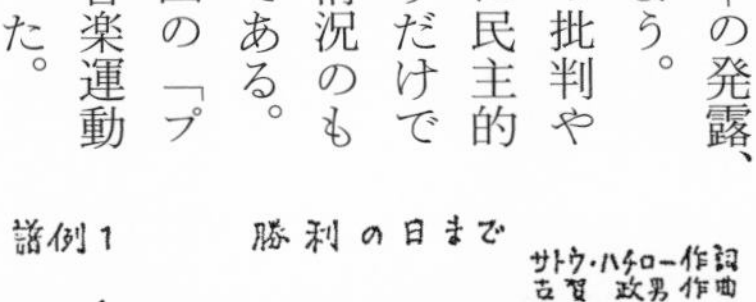
おかにひらめくあのひのまるを

なお、その原因を、この運動に作曲家として参画していた吉田隆子は、「客観的には外的圧力におされ、主体的にはその政治主義的な機械論的傾向によって一時的敗退を余儀なく」した面と、音楽の実践そのものにおいて、「書斎の中、狭い音楽的環境から出て、広い現実から直接に掴みとって来た題材を、真に勤労者のエスプリとサンティマンとで陶冶する事が出来なかった」面に求めていた（『音楽世界』第八巻第五号　吉田隆子著『音楽の探求』より）。

なお、吉田隆子は、プロレタリア運動において、作曲と演奏でアクティヴに活動した。だが戦時下、官憲によって四度も拘留され、体調をくずし病気を余儀なくされた。それでも不屈の精神をもって音楽活動を続け、戦後ようやくその力が発揮されるころになって早逝した。誠に惜しんで余りある音楽家であった。

譜例　わが恋を…　與謝野晶子 作詞　吉田隆子作曲

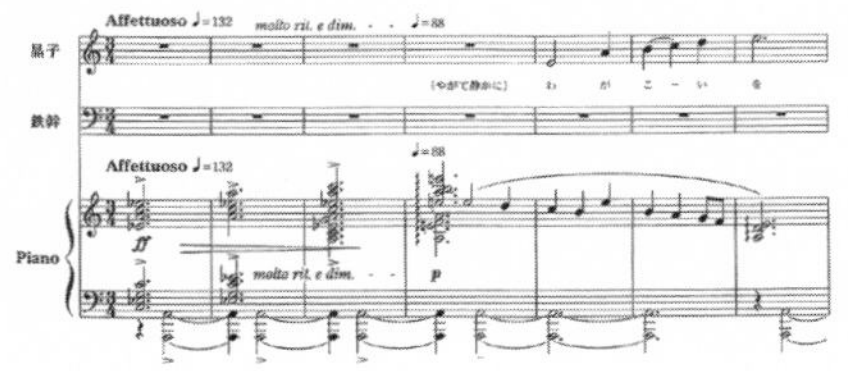

ここでは、未完のオペラ『君死にたもうことなかれ』の二重唱『わが恋を…』の一部（楽譜）を掲げておきたい（吉田隆子『君死にたもうことなかれ』、ETV特集『吉田隆子を知っていますか』）。

ついでまた、大戦への突入直前に組織され、音楽と音楽教育にたずさわるものすべてを大同団結させ、そしてその指導と統制にあたった「日本音楽文化協会」についてみても、設立当時、「この度の協会の設立によって初めて理事の人には、比較的小さい関係から脱却して日本全体あるいは東亜共栄圏全体のために頭脳をしぼり栄力を提供する立場にたったのであるから」、たとえて『厚生音楽への対策』についていうならば、「問題の見通しがつき次第、かたはしからこれを実行に移し、あるいは大政翼賛会、産業報国会、産業組合、青少年団等に連繋をつけて一般の人に働きかけるだんどりをするつもりである」という積極的な立場にたつ人にたいして、楽壇の一元化は

「音楽が今日始めて国民全体の自覚によって真の意味で国民の共有物となろうとしている」わけで、「その意味で、日本音楽文化協会は、日本の音楽文化の指導機関であるとか、あるいは一切の音楽的事業の総元締であるという考え以外に全ての音楽者が自由に意見を吐き、批判し、忠告し得る親睦の機関でもなければならないであろう」という音楽機関ないし組織の本来的なあり方を示唆した見解もあったし[33]、また、それより以前に、楽壇の一元化の動きに対して「ただ単に時局の要求に即するものだけの発達を企図するわけにいかないであろう。楽壇の一元的組織化、したがって音楽の一元化ということは、音楽芸術を一色に塗りつぶす運動ではないのである[33]」といったかなり厳しい批判も出されていたのであった。

作曲の面では、時局に便乗した、あるいは当局に利用された作品としてではなく、芸術作品としていくつかの交響曲や歌曲や協奏曲等が発表、または演奏されているが、なかでも箕作秋吉の『啞娘』(譜例2)と原太郎の『子等をおもう歌』(譜例3)は注目される。

前者は実際の作品は昭和四(一九二九)年の二月と記されているが、同一六年の『音楽世界』(終刊号)に発表されたもので、作曲者自身が解説しているように、「旋律、和声および対位法に日本的要素を取り入れることを試みた最初の曲であるが未だ近代フランス音楽の影響も多少認められる[34]」作品である。後者は、作曲者の二人の子どもが疫痢に罹ったとき、深夜にもかかわらず応急の処置をとって一命をとりとめてくれ

た当時中野組合病院（現在中野総合病院）の小児科医長であった三輪篤信博士の「聖者の様に誠実な姿」に接したことが作曲の動機になっているようだが、[35]『海ゆかば』以来万葉集から歌詞を選ぶことは注目され、後には、つまり一九四三（昭和一八）年頃には「愛国百人一首」の作曲が情報局の指導のもとに「日本文学報国会」と「日本蓄音機レコード文化協会」および「日本音楽文化協会」によって推し進められていったという情況下にあって、[36]このように「日本的要素」をとりいれ庶民の喜びや悲しみを対象化した作品として、いわゆる「国民歌」に対置される面をもっていよう。

もちろん、「旋律に惹きつけられて思わず口にするというような歌」にまでなっていないようだが、少なくとも当時の歌曲の大部分は「流行歌国民歌謡調である」という批判[37]に対しては、一定の水準を打ちだしたものであろう。

ただ、作曲界全般にわたってみた場合、「日本的」というとき、当然、「今日の新しい作曲家は、リアリスティックに現実を見ようとする意慾を導きの絲としてのみ、現実的イメージと音的イメージの統一がもたらされることを記憶すべきであった」わけだが、「エキゾチシズム惑溺の『日本的』作曲の傾向と、このものの裏返しにされたモダニズム—たとえばコクトーの詩に共感を得てものされた作曲等—と、また音的イメージの全き外来の感覚に終始する一連の傾向—西欧アカデミズムの模倣的作品等—には、やはりエトランジェの感じ方、描き方が透影されていた」であろう。[38]

また、他面、決戦段階になって「わが民族性を反映し伝統の趣味思想を内容とする邦楽を究明しこれを生かし、さらに邦楽家を啓蒙指導して日本音楽文化昂揚ならびに国策協力の実践に資し、時局下皇国の文化面に重要な役割を果たそうとする趣旨のもとに出発」した『日本音楽』にも、貴族院議員で男爵の加藤成之が「邦楽の再吟味」と題して、「戦の初めにあって小説家も書家もまた音楽家も戦を主題とした作品を矢継早に発表した。

このことなどは芸術家の純粋な、熟しやすい性質によるのであろうが、悪く見ればまた一面時局便乗というか、時局媚態ということが必ずしも無いとはいえない。時局下戦争の書を描くのも戦の音楽を作るのもまた戦争の小説を作るのも、戦争遂行は必要の一面ではあるが、芸術のもつ本来の使命を遂行する芸術家もまた最も尊敬すべきである。このことは文化行政に係る人々の最も注意すべきことで、須く広く大きな気持ちをもって芸術作品に対すべきであろう」という「良心」的な意見がよせられていた(39)。

当時の音楽文化政策とそれに便乗した音楽実践と音楽研究への批判や抵抗は、いままで述べてきたことから推測されるように、決して容易ではなかったにちがいなく、それだけに限界ははっきりしていた。とはいえ、この画期に試された、民主的な国民音楽創造への志向は、戦後になって大きく開花する民主的音楽運動の基礎の一角を築いたのではなかったろうか。

さて、以上のような音楽文化のあり方と方向性のもとで、学校音楽はまさにその補強の役割を果たしたのである。

（注）

（1）「昭和史の天皇」一四六一（『読売新聞』昭和四六年五月二日付―『愛国行進曲』ヒット―）、堀内敬三著『音楽五十年史』（昭和一七年一二月一〇日、四三三―四三五頁）同著『日本の軍歌』（昭和一九年四月一〇日、二八一―二八三頁）および、同著・定本『日本の軍歌』（昭和四四年九月五日、二九九―三〇二頁）。

（2）『教育音楽』第一一巻第八号、第一五巻第一〇号、第一七巻第一〇号、傍点筆者。

（3）「ヨナ抜き」とか「ヨナ抜き音階」と呼ぶ人もあるが、そのような音階そのものは想定できない。むしろ、この種の歌の音楽構造のなりたちと実際にそれが機能するジャンルなどを考慮して、いまのところ「唱歌調」と呼ぶことにしたい。

（4）堀内敬三著『日本の軍歌』（昭和一九年四月）二八三頁。

（5）小川近五郎著『流行歌と世相』（昭和一六年一月）一七〇頁。

（6）堀内敬三著『日本の軍歌』（昭和一九年四月）二八三頁。

（7）交声曲「海道東征」の註一九頁（総譜）。

（8）『教育音楽』第一九八号。

（9）「驕敵を撃つ音楽」（『音楽知識』第二巻第一一号）

（10）小川近五郎著『流行歌と世相』（昭和一六年一月）一七〇頁。

（11）『音楽倶楽部』第八巻第六号、傍点筆者。

（12）前掲誌に同じ。

（13）これは次々に発せられる音の断続の過程に対する聴覚反応をさしており、音高、音の長短、音色、和音などの認知をさす音感（訓練）教育とは区別しているのではないかと思われる。

（14）『音楽知識』第二巻第一〇号。

（15）『音楽世界』第三〇巻第一〇号。

（16）『レコード文化』第三巻第四号。

（17）『音楽公論』第一巻第一号。

（18）『音楽公論』第一巻第二号。

（19）『音楽之友』第二巻第一二号。
なお、藤原義江は、昭和一六年一二月九日の「歌唱奉公会」に出演したときの感想に、「二万数千の人が愛国行進曲を歌ふ姿は一大壮観であった」と書いている（『音楽公論』『音楽公論』第一巻第二号。

（20）『音楽知識』戦時版・決戦ハーモニカ音楽特輯・第三巻第一号。

（21）『音楽倶楽部』第八巻第一号。

（22）『音楽知識』第二巻第五号。

（23）『音楽之友』第三巻第四号および同七号。

（24）『レコード文化』第三巻第二号。

(25) 日本放送協会音楽部副部長の丸山鉄雄も「敵米鬼音楽の正体」と題した雑誌の対談で「ジャズはニグロの音楽だ。あれは結局アメリカの征服的な欲望から、いはゆるニグロの音楽を採り入れて、それをユダヤの世界支配の道具に使ったわけだ。ジャズを日本語で書けば、邪道の『邪』と図書の『図』だ。『邪図』と書けばいいよ」とジャズ観を公表していた（『音楽知識』第二巻第一一号）。
(26)『レコード文化』第三巻第二号。
(27)『音楽知識』第二巻第一一号。
(28)(22) に同じ。なお、戦争を契機に三浦環は「私は、米国が降伏するまでマダム・バタフライを、私のレパートリイから抹殺します。あのお蝶夫人は米人ピンカートンの為に殺されたのですから、私が歌へましょう。憎いピンカートンこそわれらの敵です、たとへこれが為私の楽壇的地位が何うなっても私は些の悔いを残しません、それが日本女性としての当然の役目なのですから…」といってこのいわば「敵性音楽」を葬り去ったといわれているが、きわめて印象的である（本多喜久夫著『戦争と音楽』）。
(29)『日本音楽』創刊号。
(30)(29) に同じ。
(31) 敗戦の色が濃くなってきていた末期的段階において国民の士気を鼓舞し、必勝を期して「勝利の日まで」（サトウ・ハチロー作詞・古賀政男作曲）が作られ、最後の軍国歌謡となった。譜例1はその一部である。
(32)『音楽公論』第一巻第一号、傍点筆者。
(33) 園部三郎著『音楽と生活』。
(34)『音楽世界』終刊号。
(35)『音楽世界』終刊号。
(36)『レコード文化』第三巻第六号。
(37) 山根銀二著『音楽と思索』。
(38) 吉田隆子著『音楽の探究』
(39)『日本音楽』創刊号。傍点筆者。

第三章

学校音楽の役割

[1]「音楽報国週間」と学校音楽

青雲《あおぐも》晴れて　風清《かぜきよ》し。
千古《せんこ》の雪《ゆき》の　富士《ふじ》ヶ嶺《ね》を
仰《あお》ぎてつねに　新《あた》らしき
世界《せかい》の鎮《しず》め　大日本《だいにっぽん》、
四方《よも》をい照《てら》す　大君《おおきみ》の
あはれ畏《かしこ》き　おほ御稜威《みいつ》。

ここに揚げた歌詞は、一九三七（昭和一二）年一一月七日より同一四日まで一週間にわたって行われた第五回「音楽報国週間」において、一〇日の「総合女子音楽体育大会五万人の大合唱」、および一一日の「千人の大合唱」のプログラムにのった音楽週間歌『大日本』（譜例4）の一部である。(1) 一読して意図するものが皇国日本の讃美であり、内容的には一種の「愛国歌」であることが明白である。

そして、これは実は前にも問題にした「国民精神総動員」運動の音楽版第一号に相当した歌―しかし後

にふれるように当週間以外ではほとんど歌われず、その点で『愛国行進曲』とは比較すべくもないが―だったのである。というのは、次のような歴史的推移があったからである。

すなわち、この「音楽報国週間」は、一九三三（昭和八）年六月一七日より同一九日まで東京音楽学校（現在の東京芸術大学音楽学部の前身）で行われた日本教育音楽協会主催の「高等女学校音楽教員協議会」において、同協会が提案議決されて同年一一月から催されることになった「音楽週間」に端を発しているものである。

「音楽週間」を行うことになった理由は、同協議会によれば、「音楽ノ社会的普及及ビ教育的振向上大衆ガ音楽ニ関心ヲ作ル文化運動トシテ極メテ有効適切ナリト信ズ速ニ之ヲ実施スル必要アリ」というものであった。そして「実施ノ方法及ビ種目」については次のようになっていた(2)。

一、文部省又ハ日本教育音楽協会主催トシテ全国ノ音楽ニ関係アル国体ノ参加ヲ求ムルコト
二、参加諸学校及ビ関係ニ於テハ左ニ掲グル事業中其一二ヲ成ルベクコノ週間ニ学行スルコト
（イ）音楽会
（ロ）音楽鑑賞会
（ハ）文芸界
（ニ）連合音楽会
（ホ）音楽コンクール
（ヘ）音楽講演会
（ト）音楽講習会

（チ）音楽行進
（リ）ラヂオの利用
（ヌ）その他目的ヲ達スルニ必要ナル事項

これだけで判断するならば、「音楽週間」というのは国民大衆とその子どもたちがこれに参加することによって音楽要求を満たし、国民の音楽文化の向上・発展のために主体的に活動する場を得る絶好の機であるといえよう。

けれども、それが実際にはどのような方向をむいていたかについてみると、この音楽文化運動なるものは児童・生徒の音楽活動による「愛国運動」の一環であった、という見方ができるし、また至当であろう。それは、第一回の「音楽週間」に際して、当時の文部大臣鳩山一郎が、最終日、ラジオを通じての講演のなかで、「音楽は人間の情操を涵養して、人間を陶汰する力をもっている」という見解のもとに、音楽と軍隊精神の関係について示唆的なことをいったり、イタリア、ドイツ、ソ連の当時の国策と音楽の水準との関連性について述べていたし、[3]日本教育音楽協会会長の乗杉嘉壽はこれをうけ、さらに一歩すすめて、「音楽週間ということは我国で始めて行われたことで、この事業は勿論一面に於ては、音楽に対する一般国民の理解並に趣味の普及徹底を計らんとする、一種の文化運動であると同時に、特に我国現下の所謂非常時に於ける国民の覚醒と奮起とを促す」（略）「正に一つの愛国運動」[4]であるという捉え方をしていたからである。したがって「音楽週間」より一年前から開催されていた「児童唱歌コンクール」も、その本来の目的はむしろ手段化されて、「音楽週間」に組み込まれていったのである。

第二回目になると、「大国民としての平静なる判断を誤らないためには精神生活に余裕を持たねばなら

ぬ。文芸音楽のごとき文化的活動が非常時においてこそ一層その使命を発揮しなければならないのである」。「かかる現実の情勢に対して適当なる音楽的活動を奨励することが音楽週間の緊急なる目的(5)」となって、よりいっそうはっきりしてくる。

つづく第三回は、「特に国体明徴を目途し、新に選定せる『皇国日本』及『讃へよ皇国』なる歌曲を声高らかに歌いかつ奏でんとする学国的文化運動、愛国的教化運動(6)」として、そして第四回は、「四年後の皇紀二六〇〇年及オリンピック大会を控え我邦文化中最も後進の地位にある音楽文化の向上発展を計り以てこれが社会的普及並に教育的振興を促進し伸び行く日本を目途として新たに選定せる『伸び行く日本』なる歌曲を声高らかに歌いかつ奏で以て国民の自覚と奮起を促(7)」すべく開催され、かくて一九三七（昭和一二）年度の第五回は文字通り「音楽報国週間」として、「国民精神総動員」運動の一環となったのである。つまり、一九三三（昭和八）年度の第一回から同一一年度の第四回までは第五回へのいわばそれぞれ準備段階にあたり、第一回よりも第二回、第二回よりも第三回というふうに、回を重ねるにしたがって規模は拡大される一方、内容的にも「国民精神総動員」運動への一つの足固めとなっていった。

それは、第五回「音楽報国週間」の一環である「女子連合音楽体育大会」に出席した文部大臣木戸幸一の、「今日社会風教上は素より国民士気の上に及ぼす音楽の影響に重大関心を持つに至ったことは当然でありまして」（略）「この秋に当たり純正剛健なる音楽を通じて国民の意気を鼓舞し精神力の発揚に資せむがためここに連合女子音楽体育大会を開催せらるるの意義いよいよ大なるものあるを痛感するのであります」という祝辞や、音楽週間理事会会長乗杉の同大会での「本年は更にその規模を拡大致しまして、五万人の大集団的合唱運動を行う事」にしたのも、「時あたかも我が国は超非常時局に直面し、学国一致、堅忍持久、国民総動員を以て勇往邁進しなければならぬ時に当」っているからであり、「彼の各学校代表の、あの歩

武堂々、実に見るからに肉躍り血沸く壮観を見、かつ又五万の元気溌剌たる、しかも秩序整然たる若き女性のこの大集団を、否大集団の勇姿を拝見するに於ては、感慨胸に迫り、心中秘かに涙無きを得ないのであります。」といった挨拶によくあらわれていた。

　ところが、このことは、音楽の面でいうと、「音楽週間歌」に端的にみられるように、かえって逆になってしまっているように思われる。ことに、第三回の『皇国日本』、第四回の『伸びゆく日本』、そして第五回の『大日本』を比較してみると、前二者の方が後者より歌曲としてまとまっている。

譜例5　皇国日本

譜例6　伸びゆく日本

　楽譜全体を掲載できないので説明が抽象的になってしまうけれども、それは一つには、前二者は「唱歌調」の形式性から脱却しているのに対して、後者はそれに固執していること、二つには、したがって、後者は旋律の形式感が貧困で、旋律にひきつけられて思わず口ずさむというような歌にはほど遠いのに対し、前二者は部分的にではあるが旋律のまとまりを保っていることにある。

　『大日本』は歴史的には「音楽報国週間」の「音楽週間歌」として「国民精神総動員」運動の音楽版第一号であたりながら、同じ「唱歌調」の傾向をもったあの『愛国行進曲』とは比べようもない。極端ないい方をすれば、駄作にすぎなかった。それゆえ、「千人合唱」であるいは「五万人合唱」でその時は歌われても、それっきりで歌いつがれていく歌にはなりえなかったと思われる。これは何としても皮肉な結果であったが、このキャンペーンの一面を象徴していよう。

　「音楽週間」は、このような経過をへて、「音楽報国週間」となり、「音楽文化運動」――「愛国運動」――

の一環として位置づけられていったのであるが、これほどにまでなるには単に東京中心の年中行事なのではなく、これに地方が呼応する形で推進されたのであった。

そして、その度合が地方の音楽と音楽教育の「水準」を示していたともみられよう。たとえば、第二回の「音楽週間」の場合、山梨県では「罹災児童見舞資金募集県下幼稚園学校連合大音楽会」を開催したのであったが、これに関して、当時山梨県師範学校の坂口五郎はつぎのように報告している。(8)

「参加を申込むもの、幼稚園七、小学校二十校、中学校七、その他一、計三十五団体、人員実に六百により、しかも、二郡を除いて、一市七郡にわたる参加を見たので、文字通り全県総動員ともいうべき一大壮観を呈したのであった」（略）「しかも、一面、この連合音楽会は協会年中行事の一つであって、既に回を重ねること四回、我々が意図するところの唱歌教育の進歩向上のために、大なる効績をのこしているものと信じているのは我一人ではない」。

同様に、旭川市では、この「音楽週間」を契機に「音楽協会」の演奏会と「旭川混声合唱団」の演奏会が開かれたが、報告者の佐藤朋吉によれば、「音楽協会」については「今回も特に通俗名曲演奏会を行って週間の目的の為に努力し殊に旭川管弦楽団および北都混声合唱団の参加出演を促して、かくれたる団体の存在の意義を明らかにし併せてその奨励の態度を取った事は敬意を表さねばならぬ」とし、「旭川混声合唱団」については、

「会員の顔ぶれを見るに靴屋さんあり印刷屋さんあり運送屋さんあり教員ありお嬢さんありといった具合で全く職務や階級を超越したひたすら音楽道の為の熱心家の集いといった有様である。その演奏も誠に妙技といわねばならない程のすばらしいものであった」し、「全体を通じて本週間を見るに各学校各団体挙げてこれに参加し旭川市総動員の観があった。聴衆も総じて一般だけでも四千人を下ら」なかったという。

このように、「音楽週間」の果たした役割はかるく見過ごすことのできないものであった。特に、それは、音楽文化運動における中央と地方とを結ぶ鐶として、同時に学校音楽のあり方を基本的に規定する要因として把握されねばならないだろう。この意味において、中央の音楽文化政策と学校音楽行政の方向とあり方は地方の、そして国民全体の音楽文化水準の向上と発展に、根本においてかかわっている、といわねばならない。

学校音楽の実践と研究の問題もまたこの側面と関連しつつ、次には、「芸能科音楽」として統合されていく直前の情況把握とその時点における問題点をあきらかにしておきたい。これは、要するに、教師一人一人がそうした情勢下にあってどのような実践と研究をしたか、という問題になるわけで、ここでは、一九四〇（昭和一五）年の第五四回「全国訓導（音楽）協議会」における会員報告にもとづいて[9]、二、三問題提起しておこう。

② 学校音楽の統合化

第一は、教材と方法の問題である。

これについてはまず、奈良市奈良第三尋常小学校の村井正敬が、「我々が日々児童を教育している際に感じる事は、この教材、この方法が、真に児童に最も適したものであったかどうか、ということである。（略）私はどうもそれらが余り児童の心理に合わず、また真に児童の物になりきっていなかったように思われてならない」と指摘している。この指摘は子どもの生活や遊び、あるいは作業に即した教材をそれに対応した方法の開発という問題として捉えられ、学校教育の根本的なあり方につながっており、きわめて重要で

ある。

それだけにこの問題は地道な実践の積重ねと教科についての科学的な研究とが相まってはじめて、というところの「真に児童の物になりきる」、という方向で解決されていくべきなのに、村井の場合、もちろんそういうことにまったく注意をはらっていないわけではなく、音楽的傾向調査とか音楽的環境調査等についてもふれてはいるのだが、しかし「芸能科音楽」の案が示されるとたんに、これを「その革新ぶりは実に我々の久しい待望であっただけにそれだけ非常に嬉しく思われ、これでこそ興亜日本の音楽教育を一層充実進展させ」るものと受け取り、さらにそれは「世界を指導すべき日本の教則として決して辱しくないものであると痛快に感じ」て、行政当局の案を手ばなしで受け入れるという迎合ぶりを発揮していた。

これにくらべると、新潟県東頸城郡松代尋常高等小学校の松山武雄の場合は、「高尚なる音楽を玩ぶ者は、生意気であり、遊蕩児である」といった社会通念が温存されているような農村の学校にあって、だからこそ「農村によき音楽を普及させ、幾分なりとも高尚なる音楽に関心を持つ環境を作る」ために、まずは「何としても小学校音楽教育のレベルの向上を図り、児童をして徹底的の音楽教育を与え漸次農村環境を改善する」ようにしなければならない、という立場に立っており、農村地域の住民と子どもたちの音楽文化向上をめざし、そのための学校音楽における教材と方法のあり方を追求する民主的で科学的な実践と研究の方向をむいたものといえよう。

「歌詞内容気分と、曲節との不可分な有機的関係に極力留意し、特に歌詞の把握には徹底せしめる」という方法のあり方、そして「時を選ばず児童の作ってきた歌に曲節を附してやって」教材を子どもたちとともに作り出すという、まさに教師と子どもとが一体になった教育に、そのことはよくあらわれている。

この両者の教育への取り組み方ないし姿勢はきわめて対照的であり、現時点においてなお象徴的であり、

示唆されるものがありはしないだろうか。教材や方法と教育行政、それらは一応機能的には分離しているが、わかちがたく結びついているわけで、それぞれが単独に存在しているわけではないからである。

第二の問題は、音楽教育におけるいわゆる技術主義である。

青森県女子師範学校附属小学校の田中佐雄によれば、従来の唱歌教育は「主に技巧的な歌い方教授に於て徹底し、高学年に於て真に歌曲を理解し歌曲の内部生命表の歌謡指導にまでなされていなかった。」として、その原因は「要旨にある『平易ナル歌曲ヲ唱フコトヲ得シメ』という一般的な技巧方面を主として考えられた為であり」、したがって、「『美感ノ養成徳性ノ涵養』という精神方面が閑却された結果」だという。

また三重県安濃郡安東尋常小学校の濱口佐治郎も同様に、従来の唱歌指導を批判して『旋律唱謡技巧の指導に終始していた』と評し得るであろう。しかもそれは専門の音楽家養成的な方法に於て行われて来た」と指摘し、その原因をやはり「要旨」の「二元観」にもとめていた。

だが、このような音楽教育における技術主義の根拠は実は音楽を形式と内容にわけて捉える、いわば音楽の認識のしかた、つまり音楽認識論にある。だから、この認識論のちがいによって技術主義にもちがいがでてくるわけである。

音楽の形式と内容についていえば、一方に他方を従属させている場合、一方だけが認識可能で他方は認識できないという場合、認識は可能だが、一方は客観性を保証されるのに他方は恣意的な段階にとどまるという場合とにわけられ、それらに応じて形式主義的技術主義にも、注入主義的技術主義にも、あるいは主観主義的技術主義にもなるであろう。

したがって、技術主義に対して批判するときは「要旨」、現在でいうと「目標」を表面的に理解し機械

的に形式的側面とに分割して、そのどちらかだけが重要視されているとか、あるいはどちらかは軽視されてしまっている、といった判断では不十分であろう。「要旨」、あるいは「目標」の認識論的根拠とその現実にはたしている役割ないし機能を科学的に把握することが一方において必要なのではないだろうか。

技術主義の問題は当時だけに固有なものではなく、現在の学校音楽における歌うよろこび・弾く楽しさと「基礎」の学習の関連性、最近しばしば（一九七〇年代）ジャーナリズムをにぎわした『風と川と子どもの歌』における歌う喜びか技術かの問題など、形式か内容か、技術か感動かは音楽教育の歴史のうえで古くて新しい問題の一つなのである。

第三は「条件整備」にかかわる問題である。たとえば、子どもをとりまく音楽的環境の調査・分析によって学校音楽の位置づけや方向が模索されている。(10) 新潟の萬代尋常小学校の高橋稔男は、まず、学区内居住者の居住年数、職業の種類などの調査による各家庭の経済状態、父母兄姉の教養程度を、同時に各家庭で子どもの接しうる楽器の種類とその数、ラジオや蓄音機の有無の調査を通じて（表1）、「音楽に関する方面の趣味生活を有するものはいたって少ない。すなわち本校児童には家庭に於ける物的人的の音楽環境が極めて恵まれていない。

併せて本学区は当市の東部でもあり停車場付近一帯に散在している食堂喫茶店からはレコードのメロデーが色々に流れ、支那事変以来兵士の歓送迎その他に無制限な各種の歌が善悪取りまぜられて児童に影響されて来る」と音楽環境を、把握し、「本学区の児童は情操陶冶の上から見て著しく恵まれている。児童は粗野素朴洗練されぬ感情的特質を持っている。したがって我が校に於ては特に児童の情操を醇化し、国民生活の充実に資せしむべく、施設経営せられているがその第一線たる音楽科の地位また重きものである」と学校音楽の位置づけを試みていた。

つぎに、高橋は子どもの音楽に対する好嫌調査をしている。表２（次頁）がその結果である。これであきらかなように、たとえ音楽的環境にめぐまれず、音楽文化の程度が低くても、子どもたちの大部分は音楽に対してプラスの傾向を示している。したがって、高橋にいわせると、「音楽を好む者約六〇％、しかも大部分が面白いから好きだという、私は教材、方法上に考慮して行かねばならぬ」と同時に、「児童の家庭環境から考慮して学校内に於ては音楽的環境を十分に整備してやらねばならないし、本校に於て特に音楽教室は一歩足を入るれば音楽時雰囲気にひたることの出来るよう心掛け」、つまり「唱歌教室は本校児童の芸術の園であり、音楽の国で」あらねばならないのであった。

ところで、この問題は第一の問題に関連した、あるいは類似したことである。しかし、ただ、後者の場合は教師の姿勢や態度のレベ

表１　わが校児童の家庭に於ける音楽的環境の一部（楽器を有する家庭の児童数調べ）

	学年	一年	二年	三年	四年	五年	六年	全校	
楽器名	検査人員	288	284	286	293	221	224	1596	百分率
ピアノ	児童数	0	1	0	0	0	0	1	0.1%
オルガン	〃	0	0	1	1	1	0	3	0.2%
ヴァイオリン	〃	14	9	8	4	10	3	48	3.0%
マンドリン	〃	5	2	1	0	6	0	14	0.8%
ギター	〃	1	0	2	1	0	1	5	0.3%
木琴	〃	12	5	4	3	11	2	37	2.3%
蓄音機	〃	76	59	53	65	46	52	361	22.6%
ラヂオ	〃	168	147	148	151	118	101	833	52.2%
三味線	〃	5	3	5	6	8	3	30	1.8%
琴	〃	4	1	8	2	9	2	26	1.6%
琵琶	〃	2	1	3	0	1	0	7	0.4%
尺八	〃	22	26	34	33	19	18	152	9.5%
横笛	〃	12	11	16	17	6	10	72	4.5%
ハーモニカ	〃	115	111	112	130	101	141	710	44.4%
大正琴	〃	1	1	2	1	1	5	11	0.6%
喇叭	〃	3	3	2	3	1	1	13	0.8%
その他	〃	3	2	4	6	7	4	26	1.6%

ルでとらえられていたことが、前者は、具体的な客観的な実態調査とその分析の手続きをふんで行動の指針、実践の方向を見定めようとしている点において、はっきりちがっている。[11]

教育実践はあらかじめ決められたことをその通りにやることではけっしてないのである。教育するものの創意と工夫―思想と科学―が不可欠でなければならない。未来の社会に生きる子どもの現実を、そのために変革し、発展させなければならないからである。この意味において、高橋の実践はこの時期における、しかも限られた情況のなかでの一教師の創意、工夫という点で注目される。

3　芸能科音楽の本質

学校音楽はこのような基本的問題を内包したまま、一九四一（昭和一六）年三月一日の勅令第一四八号「国民学校令」によって「芸能科音楽」となり、時局の要請する統合化の方向へとおしすすめられていった。

そして、「芸能科」といういわゆる統合カリキュラムが端的に示しているように、音楽は教育全体のいとなみのなかでその独自性をもって自らの教育機能を発揮させるというより、むしろあらかじめ

表２　わが児童の音楽科に対する好嫌調査（昭和 14 年度）

学年		検査人員	好き嫌い					
			音楽科を好む児童数	百分率	音楽科を嫌いな児童数	百分率	好きでも嫌でもない児童数	百分率
三年	男	61	54	86.88	2	3.60	6	9.84
	女	61	49	80.33	5	8.19	7	11.48
	計	122	102	83.62	7	5.73	13	10.65
六年	男	107	60	56.07	15	14.02	32	29.91
	女	48	22	45.84	7	14.58	19	39.58
	計	155	82	52.90	22	14.20	51	32.90
全校	男	421	241	57.24	64	15.20	116	27.56
	女	373	235	63.00	37	9.92	101	27.08
	計	764	476	59.95	101	12.72	217	27.33

設定された、皇国史観にもとづく天皇制教学の「皇国民錬成」[12]という至上目的をになった、「国民学校」における「芸能科」の一翼として位置づけられたのであった。

しかもここで、決して見落とされたり、あえて見逃されてはならない歴史の認識は、この「国民学校令」が勅令であった、という点である。「国民学校令」は天皇の「命令」として公布されたものであり、国民すべてが順守しなければならない教育の目的・内容・方法であった。

「教則」（カリキュラム）は、省令から勅令となって、天皇制国家の絶対主義的支配と管理のもとに規制され、芸能科音楽は『教育勅語』の「八紘一宇」の根本思想にもとづく統合カリキュラムの一領域を構成する教科とされたのである（文部省普通学務局編纂『国民学校制度ニ関スル解説』昭和一七年）。

なお、「八紘一宇」というのは、日本書紀（七二〇年）で初代の神武天皇が奈良の橿原宮《かしはらのみや》で即位した際にも発したとされる「掩八紘而爲宇《はっこうをおおいていえとなす》」（八紘は全世界の意）にもとづいて造語された。

全世界を天皇の威光のもとに一体化しようという意味で、一九三五（昭和一〇）年前後から軍部を中心にもちいられ、一九四〇（昭和一五）年第二次近衛文麿内閣の閣議決定『基本国策要綱』に使用され、スローガンとして普及された。

つまり十五年戦争（一九三一～一九四五年）期に日本の対外膨張（侵略）を正当化するために用いられたスローガンであった。したがって、学校音楽は天皇制国家の至上命令の形態で実践されるほかなかったのである。

芸能科音楽の指導の方針について、たとえば、「芸能ニ即シ精神ヲ錬磨シ心技ヲ一体トシテ修練セシムベシ」というように、指導事項についてすべて「…スベシ」、「…モノトス」と指示しているのは、この教育令がまさに勅令であったことの当然の帰結であり、その明白な証左である。

『国民学校教則案説明要領』（改訂草案）[13]によると、「芸能科」の芸能は芸術技術をさし、その要旨は「芸能科ハ国民ニ須要ナル芸術技術ヲ修練セシメ情操ヲ醇化シ国民生活ノ充実ニ資セシムルコト」にあり、その分担すべき側面は「実践実習の『行』による教育」とされ、その場合の『修練』とは自ら心身一体の教育を意味し、勤労実践の生活を陶冶」することであった。

そして、「実習又は体験を通じ情操を醇化することを目指しているもの」であった。まさしくそれは、「音楽」、「習字」、「図書」、「工作」、「家事」、「裁縫」などの技能を通して、「行」の精神を培い、もって「皇国ノ道」に邁進する人間の形成を意図したのであった。

だから、当時の文部省督学官松久義平をして、「芸能科は単なる趣味や手先の教科であってはならないのであって、技能とともに精神を訓練し、技と心とを一つにして根底から人を併るという観点に立たなければならぬ」。「教育審議会に於いて特に技能科という名称をさけて芸能科とした所以のものは、蓋し我が国芸道の精神をこの教科の中に活かし、心身を一体として技を練り心を磨くことによって、真に国民錬成の実を挙げようとしたものに外ならぬ」。「而して躾を重んじ姿勢や態度に留意する」ことは当然、とまでいわしめたのであった。[14]

「芸能科」に関するこのような見解は行政当局とその直接の担当者にのみ見られたのではもちろんない。たとえば、金原省吾は、芸術教育を昨日、今日、明日の三時点でとらえ、昨日の問題は「吾を示すもの」であり、今日の問題は「一定の健康なる美の教養を与え」、「一定の目標にまで達せしむること」であり、そして、明日のそれは「今日の教養が体感として性格形成に参与し、たしなみある生活の可能を成立せしむること」であって、これが、畢竟、「皇国民たる性格の教育」になるという芸術教育観にたち、これを「芸能科」にも当てはめて、「芸能科は、昨日の位置では技能の伝統を学ぶことであり、今日の位置では技能

の実習を学ぶことであり、この二つの位置では明らかに技芸科であるが、未来の位置では、技芸科たる境界を超えて、未来の性格形成の実践たらしめんとするのである。これが錬成である」という見解をだしていたし、(15)また、角南元一はつぎのように芸能科を把握し、その思想的・理論的根拠をあたえていた。

すなわち、「芸能科」はまず「皇国の道」を「修練」する教科で、この「皇国の道」は一切のものを生かすことであるが、「一切のものを生かす」というのは、要するに、その根源である「国家に帰り、国家に死することによって国家を生かし、国家を生かすことによって国家に生かされる」、そのような「道」に到らしめる教科、であるという。

したがって、観方をかえれば、「芸能科」は「主体が技術を通して素材を形成し、形成することによって自覚することを修練する教科である」わけだが、しかしそこにとどまらず、その「形成をあらしむる根源としての国家に深まり行く」のであって、つまりそれは「国家の自己形成そのもの」の自覚に通ずる、というのである。

しかも、このような「形成」において抽象される「主体」、「技術」、「素材」という三つの契機はそれぞれ「皇民」、「皇器」、「皇物」として対応して「自覚」されねばならず、かくて「芸能科」においては「主体的皇民の面に於て国民精神の作興が技術的皇器の面に於て国防貢献の志向が、素材的皇物の面に於て国家資材重の態度が強調錬磨されねばならぬ」、というのであった。(16)

「芸能科」のこうした方向性に対して、では、学校音楽関係者の側においてはどのような反応があったろうか。

もちろん、代表的なものを取りあげるにとどめる。まず、井上武士によれば、(17)「従来の小学校唱歌科は、他のあらゆる教科がそうであったと同様に、実践上の根本的理念として著しく自由主義的であったが、国

民学校の芸能科音楽に於てはそれが或程度の統制主義に転換しているということが、根本的な差異であると信ずる」として、「自由」から「統制」への方向転換を確認していた。

たとえば、従来の唱歌科の「要旨」[18]ではそのうけとり方は教授者によってまちまちで、ある者は特に声の訓練に重点をおいたし、あるものは鑑賞に、あるいは視唱に、というように、「要旨」の解釈のちがいはそのまま教授のあり方のちがいとなってあらわれていた、という。

また、教材選択についてみると、「文部省著作の教科用図書の外に、文部大臣検定の教科用図書が多数にあり、教授者はそれ等の中から、自分の好むものを自由に選択して教授することが出来た」し、教育の方法についてみても、「或者は本譜視唱法の必要を力説し、又或者は略譜視唱法を加味するとか、或は全然視唱法の指導は行わないという者すらも全国的に見れば決して少なく」なく、その本譜視唱法の実践でも一年生からはじめるものもあれば、三年からはじめたり、あるいは四年ないし五年から始める、といった具合に多種多様であり、しかもそのうえ、その程度や範囲の点になるとまったく教授する者個々によって決定されてきており、「それ等の問題について国家としての方針や規定は皆無の状態であった」というのである。「要するに唱歌科に於ては、その実践に当たって目的方針の建て方に於ても、その根本的の理念とするところは著しく自由主義の傾向を多分に持っていた」わけである。

ところが、「国民学校の芸能科音楽に於ては、その実践の上に著しく統制が与えられた」という。すなわち、「国民学校に於ては教科書は文部省著作のものに限定されて所謂国定教科書となった」ばかりでなく、「必修教材」なるものが選定され、「初等科各学年共八教材づつは全国津々浦々の国民学校児童が、同じ教材を同じ意図の下に教授されるという様なことになった」。

したがって、これらのことはまさに「自由主義」から「統制主義」への政策転換を示すもので、この転

換こそ「音楽教育実践上の根本的な特徴である」と把握したのであった。

この把握のしかたは、「芸能科音楽」の方向性を「自由主義」から「統制主義」へという観点で捉えたところに特色があるけれども、この「統制主義」への方向転換を「国家としての方針や規定」が皆無である状態に対してとられた政策である、という捉え方をしており、むしろ、これをかなり評価して理解されていたようである。(19)

しかし、もっと積極的に「国民学校令」が出される以前に「芸能科音楽」の方針を受け入れ、これの理論構築をして、その実践のための根拠と指針をあたえたのは北村久雄であった。

北村は、「芸能科音楽は生れ出た。待望久しき日本の音楽教育は生れたのである。芸能科音楽は今や全国二十八万の教育者の前に新装をこらして、いとなつかしく、親しい言葉のひびきを伝えて『芸能科音楽』の名のりをあげたのである。まことに豊潤な精彩を放って芸能科音楽は誕生したのである。芸能科音楽は皇国臣民に対する極めて重要な使命を宿し、その内容は実に豊かであり、その組織が如何にも合理的に出来ている。（略）芸能科音楽の出現こそは、わが六十有余年の音楽教育史上に一大革新の頁を割したのである」。

というわけで、「芸能科音楽」にたいして思想的にも、理論的にも双手をあげて、「非常な感激を以て」よろこびむかえたのであったが、その理由の根本は、ひとつには、従来の教育が各教科の知識を断片的に、しかも抽象的に「伝達」していたのに対して、「国民学校」の教育はその根本精神が「日本的に本質的なもの」、つまり「皇国の道」にあり、したがってこれまでばらばらな立場で指導されていた各教科も「皇国の道に帰一せしめる」、いいかえれば、「国民的人格の統一的発展を期すること」が可能になったこと、それゆえもうひとつには、この根本精神を貫くための指導原理として、これまでの「伝授」ではなく、「修練すること」、

「錬成すること」を重視するようになったこと、であった。[20]

では、つぎに、このような「芸能科音楽」の方向性はその実践的な段階ではどのように具体化されていたであろうか。

ここでは、教科書の『ウタノホン』と「初等科音楽」[21]、および「聴音訓練」について問題にしたい。

まず、教科書についてみると、その中心は歌唱教材であるが、その主要な傾向は、「明朗闊達の精神」とか、「快活純美の精神」とか、「動物愛護の精神」とか、あるいは「優美の情」とか、または「士気を鼓舞する」とか、「敬神の念を喚起する」といったような、つまりは「目的」でいうところの「国民的情操ヲ醇化スルコト」が意図されていること、そしてそれら歌唱教材の音楽的性格は前に問題にした「国民音楽」のそれと同質のあの「唱歌調」がこれまた主流になっていたのであった。

たとえば、「国民学校」一年生の歌唱教材『ウミ』（譜例1）は「広大無辺の海を歌わせて、海事思想を鼓吹し、明朗闊達の精神を養う」ためであったし、『ヒノマル』（これは『日の丸』となって昭和三三年の「学習指導要領」改訂以降いわゆる「共通教材」として必修になっているものと同じであるが）では「国旗の美しさと勇ましさとを歌わせ、これを讃仰する心を喚起して、国民的情操を昂揚する」ためであった。同様に、『兵たいさん』（譜例2）は「勇ましい兵たいさんの歌を歌わせて、勇壮活発の精神を養い、かつ軍事思想を鼓吹して忠君愛国の念を培う」教材、『村祭』（譜例3）は「国民生活に関係の深い村祭の歌を歌わせ、快活純美の情を養い、敬神の念を喚起して、国民精神の昂揚に資する」教材、とされていたのである。これらのほか、『きたえる足』（譜例4）、『大東亜』（譜例5）、『スキー』（譜例6）などすべて同じ傾向性のものであるが、注目されることはすべて無半音系統のまさしく「唱歌調」だという点である。というのは、「軍歌調の勇壮活発な国民歌謡的なものの方が好まれる様であります」といった実践報[22]にもみられるように、「唱歌調」は軍歌や国

民歌謡、そして学校唱歌に共通した音楽性であることを裏づけるからである。

　だからこそ、それは国民大衆とその子どもたちに相当の浸透力をもち、一面、「国民音楽」として、他面、教育のための音楽、つまり「教育音楽」として時局の要請する方向で手段化され利用されたといえよう。

　もちろん、このような国定教科書の歌唱教材に対して全然批判がなかったのではないが、それにしても徹底したものにはけっしてなっていない。

　たとえば、作曲家の中山晋平は『少国民音楽のために』と題した座談会で、「イデオロギーを盛った歌がいまは多いのです。大人のでも、子供のでも……。これは誰も歌わなければ意味をなさない。弘田さんのさっきいわれた楽しさがないのだよ。それじゃ駄目なんだ[23]」と「国民歌謡」や「学校唱歌」への批判的見解をほのめかしてはいた。

　がしかし、それも「とにかく長期戦を戦って行くのにイデオロギーばかり詰込んでも駄目ですよ。殺風景になってしまってね」といった程度であった。中山の作品といわれる『田植』が「芸能科音楽」の歌唱教材として、「国民生活に関係の深い田植の歌を歌わせて、快活明朗の精神を養い、勤労を尚む心を喚起する[24]」ために取り入れられていたのもゆえなきことではなかった。

なお、ついで、当時の子どもの歌に関して注目されるのは、朝日新聞社が『大東亜共栄唱歌集　ウタノヱホン』（昭和一八年九月）というカラーの歌集を刊行し、世の母親たちに以下のように呼びかけていたことである。

「大東亜共栄圏の児童達に衷心から大東亜共栄圏の大理想を楽しく歌える歌曲を贈ることによって、日本への信頼の念」をたかめ、「米英攻撃に撃滅していただきたい」。

第二は「芸能科音楽」の一つの特徴でもある、「聴音訓練」ないし「音感教育」についてである。

これは、「目的」でいう「……音楽ヲ鑑賞スル能ヲ養ヒ……」にその根拠があるわけだが、たとえば一面では、低学年では『森の鍛冶屋』（ミハエリス作曲）と教科書『ウタノホン』の『エンソク』とを、『軍隊行進曲』（シューベルト作曲）と同じ『ウタノホン』の『兵たいさん』とを関連させる、という方法でレコード鑑賞を、他面では、「ハホト」、「ハヘイ」、「ロニト[25]」（譜例7）の和音をピアノあるいはオルガンで弾いて、これらを識別させ記憶させる、という方法で和音感訓練を、行ったのであった。

そして、そういう「学習」をつみかさねて、「音ノ高低強弱音色律動和音等ニ対シ鋭敏ナル聴覚ノ育成ニ力ムルコト」をめざしたのであるが、それは――「音楽に於いて聴音の基礎練習を課」するのは、要するに、前述の文部省督学官松久によると、「特に直接国策と関連する教材選択について充分考慮を払うことが肝要である。我が国は今や大東亜新秩序の建設に邁進し、国防に産業に新体制の確立に努力しておるのである。かくの如き根本国策に順応して必要なる教材を適当にとり入れ、国家的自覚とその実践に培うことが極めて大切である」という、つま

（譜例7）

り「芸能科と国策」についての根本思想によるものであった。[26]

すなわち、本来は音楽の学習のうえで必然的に習得される音感が、実際に活かされるということになると、前にも問題にしたように、音楽以外の面、主として「国防」の方面において、たとえば、「飛行機の爆音によって、敵機か、友軍か、敵の何種の飛行機かを聴き分けたり。聴音機に依って、聴音機の性能を遙かに越えた遠距離にある敵機の所在を知ったり。敵陣地から飛来する大砲の弾丸のウナリ工合で、距離と砲の口径とを知ったり。空中に、無数に交差する無電の音波から、巧みに自国の電波をキャッチしたり[27]」といった面において、なのであった。

しかし、この聴音訓練ないし音感教育は、学校教育の実際の場では、スムーズに行われなかったようである。たとえば、女子師範卒業の某女教師は音楽の指導について、文部省の方針に協力して音感教育を強力に推し進めていた北村久雄に、「いろいろの基礎練習が、実際その時間の重点に関係なく、かけはなれていたり、教案面を飾るに用いられておったり、聴音練習がただ機械のような指導に終わったり、何だかぎこちないような気がしてならない」と感想を書き送っていた。[28]

「統一」と「統制」を期したはずのカリキュラムが、「統制」の点では効力を発したかも知れないが、その内実は機械的で個々ばらばらであり、現実にはその各々の学習領域が個別的に単独でしか機能しえなかったわけである。ただ、それだけにレコードや放送による「鑑賞」には期待がかけられていた。つぎはそのもっとも端的な例である[29]（次頁）。

音楽の聴かせ方　―放送に依る鑑賞指導―

北村久雄

大阪放送局　七月八日放送
国民学校放送　初三鑑賞音楽
北村久雄構成　大阪放送楽団
鑑賞音楽　攻撃　山本銃三郎作曲

聴かせ方

[話] 日本の兵隊さんは陸軍でも世界で一番強いでしょう。どうしてこんなに強いかといいますと、日本の兵隊さんは、どんなに大勢の敵に回っても少しも怖れず、ぐんぐんぐんぐんと攻めこんで行く元気な精神を持っているからであります。今から聴く音楽は、日本の陸軍が、雨あられのように飛んでくる敵弾の中を、何とも思わず、ぐんぐん攻め込んで行く「攻撃」という勇ましい音楽であります。

[音楽] 大太鼓

[話] 大砲の音がきこえて来ました。

[音楽] 小太鼓

[話] 向うの土の所へ落ちた大砲の弾が破裂したのでしょう。物凄い勢で石や砂を吹き飛ばしました。

[音楽] ホルンの「序奏」

[話] 「進め」という日本軍の突撃喇叭です。鐵砲の先にぴかぴか光る剣をつけた日本軍の勇ましい突撃がはじまります。

[音楽] 駈足行進（主旋律）[演中の説明]

（1）攻め込んで行く勇ましい軍隊の様子が目に見えるようでしょう。

（2）大砲の音がしきりにきこえますね。

（3）突撃喇叭のひびきもきこえているでしょう。

（4）ほら、機関銃も打ち出しました。

（5）たたかいは段々はげしくなって来ました。

（6）敵はとうとう敗けてしまいました。日の丸の旗が勢いよく風になびいて、勇ましい万歳の声がきこえて来るような気がするでしょう。

[話] 本当に勇ましい「攻撃」の音楽でありましたね。

（中略）

[音楽] 駈走行進（八小節）

[話] 攻撃して行く所はいろいろな喇叭や笛が鳴らしています。それでは今一度はじめから聴くことにしましょう。皆さんは「進軍喇叭」が鳴る時は、右手で喇叭を吹く様子をしながら、「駈走行進」の節を「タタ　タタ　タタ　タタ　タタ、タタ　タタ　タタ　ター」と一緒に吹いて下さい。一緒に唱って下さい。

それから「攻撃」の旋律が鳴り出したならば「銃剣」「鐵砲」を持った様子をして「一二　一二　一二　一二」と駈走をするつもりで、この音楽の勇ましい旋律をよくきいて下さい。

　同じ旋律が何度も繰り返されますからよく気をつけてきいて下さい。

　皆さんもこの音楽と一緒に敵陣へ攻め込む勇ましい気持ちでこの音楽をきいて下さい。そうして最後に敵陣に攻め込んだならば、皆さんも両手をあげて元気な声で「万歳」をして下さい。

［音楽］全曲一回演奏
［話］　日本軍はついに大勝利をしました。勇ましい「勝鬨の歌」

―終り―


　なお、音感教育の軍事利用については、以下のような例もあった。

　一九四〇（昭和一五）年六月、陸軍防空学校は、「音感教育ニ関スル調査問題」として、音感教育の軍事的利用の可能性を明らかにし、その具体的方法を策定するための調査をおこなうとともに、当時、軍部の最高位に属する人物の一人平出英夫大佐をして、

「今の戦争が音楽の戦争になった」。「それで正確な耳を持つ、正確に敵のいどころが解るといふ風なことが、これからの戦争に勝つ負けるといふことを決定づけることで、非常に大事なことになつて居ります。そこで国民学校になりましてから音感教育といふことを入れて戴くことになつたのであります。」

つまり「音楽は軍需品であると申上げるのであります。」と言わしめるほどに、音感教育の軍事利用の方向を鮮明にうちだしした。

　そして一九四二（昭和一七）年には軍部と教学とが提携して、音感教育を軍事利用と音楽教育の両面において推進していったのである。その結果、たとえば、以下のような事態まで現出したのであった。

来襲機の種類まで爆音で判るぞ　―音感教育に戦ふ学童―

凄じい爆音が教室の空気を激しく震はせている、「今度は『空の要塞』だよ」と先生の説明に「アッ知ってますボーイングB17でせう」男女児童の眸が鋭く輝き出す、二十五日朝、日本橋常盤国民学校の音楽室で、敵機爆音を判別する音感教育が全国に魁けて開始されたのである、空襲必至の声に鍛上げられた少国民の心は、山本元帥の飛行機上の戦死の報を聞いて、大空への関心をいやが上にも燃えたたせるとともに、憎みても余りある敵愾心に奮ひ立つているのだろう。

頭上高く山口先生が示す敵機の模型を睨みつつ、爆音に耳をすます児童たちの姿は真剣そのもの、その爆音は千葉陸軍防空学校監修の下に、日蓄工業株式会社は製作した敵機爆音集の音盤によつて、学校備え附け蓄音機から轟き響いているのであつて、この爆音集には『ボーイングB17D重爆機』『ロッキード・ハドソン重爆機』『ジャーチスP40戦機』『バファロー戦闘機』などがそれぞれ高度一千、三千、五千で上空を飛び来り、飛び去り行く時の爆音を捕へている。

すでに山口先生からみつちり教へ込まれた児童の鋭い耳は、たちまち、これら敵機の爆音の正体をしつかり把握、二、三回繰返して聞くうちに、「これはカーチス」「今度はロッキード」と見事に言ひ当てて行くが、児童ならではの鋭敏な耳ならではといふことは勿論だが、同時にその児童の胸に沸上る敵撃滅の必死の意気込みにもよるのであらう。

（東京朝日新聞夕刊、一九四三（昭和一八）年五月二六日付）

このように、音感の訓練ないし教育は、軍事に徹底して利用されたのであった。音感教育（訓練）は、国民学校の音楽授業だけではなく、家庭でもおこなわれるように、たとえば「音感練習『オトノホン』（カ

ラー、昭和一七年三月）が刊行され、母親に以下のように呼びかけていて注目される。

「国民学校芸能科音楽のおけいこの中に、聴音練習といって、音をよく聞き分けるお仕事があります。楽器なしに立派に合唱ができるようになり、やがてお国のために、軍事上、産業上、どんなに役立つことでしょう。」（傍点筆者）

「こんど新しく制定せられた『イロハニホヘト』の音名を自由に読めるように十分にご利用下さいませ。」

以下に、その一部をかかげる。

オトノ　アソビハ　オモシロイ
ハホトガ　ナッタラ
ハトポッポ
ポッポ　ポッポト
アルキマセウ。
ハヘイガ　ナッタラ
オヒサマヨ
キラ　キラ　キラ　キラ
タアカイナ
ニコ　ニコ　ニコ　ニコ
アルキマセウ。
ロニトガ　ナッタラ
キシャ　ポッポ
シュツ　シュツ　ポッポ
アルキマセウ。

(注)

(1)『教育音楽』第一六巻第一号。

(2)『教育音楽』第一一巻第八号。

(3)『教育音楽』第一二巻第一号。

(4)前掲誌に同じ、傍点筆者。

(5)『教育音楽』第一二巻第一一号。

(6)『教育音楽』第一三巻第一〇号。

(7)『教育音楽』第一四巻第一〇号。

(8)『教育音楽』第一三巻第一一号。

(9)『教育音楽』臨時増刊第五一六号、傍点筆者。

(10)『教育研究』臨時増刊第五一六号。

(11)これに類した調査、分析は当時の師範学校の附属校では「政策科学」的に行われていたようである。たとえば、「芸能科音楽指導の諸問題」(昭和一八年一一月、長野師範学校男子部附属国民学校教科研究会)参照。

(12)「国民学校」教育の本旨は「皇国ノ道ニ則リテ普通教育ヲ施シ国民ノ基礎的錬成ヲ為ス」ことにあった。

(13)日本放送協会編・文部省『国民学校教則案説明要領及解説』。

(14)前掲書に同じ、傍点筆者。

(15)金原省吾『東洋芸術と大東亜教育』(昭和一七年・初版三千部、第一出版協会発行)、傍点筆者。

(16)角南元一『芸能教育論』(昭和一八年・初版三千部、教育美術振興会発行)なお、角南は当時文部省図書監修官であったが、それ以前には同省の教学官や教学局企画課長を歴任しており、ゆえに、このような積極的な見解を間接的な形でだしていたのではなかろうか。

(17)『教育音楽会報』(昭和一六年六月)、傍点筆者。

(18)「芸能科音楽」以前の唱歌科の目的は「平易ナル歌曲ヲ唱フコトヲ得シメ兼テ美感ヲ養ヒ徳性ノ涵養ニ資スルヲ以テ要旨トス」というものであった。

(19)「教育音楽会報」に「自由主義から統制主義へ」という論文が掲載される以前、すでに、『芸能科教育の使用』(昭和一五年九月、明治図書出版)という共著において、「芸能科音楽」の目的論、教材論、方法論という構成でいわば「芸能科音楽教育論」が展開されていた。なお、この期には、この他、草川宣雄、湯山五策、古武美松などの「芸能科音楽」論なるものが出され、まさに音楽教育論の開花期の感があり、興味深い。

(20)北村久雄著『芸能科音楽の指導原理と実際』(昭和一五年九月、厚生閣)、ちなみに、本書は出版後一年余りで三版をだしている。またこの他、北村は、『文部省案準據和音感学訓練の実際』(昭和一六年九月)、『国民学校音楽教育の学年的発展』(昭

和一七年八月）などの著書を出版、さらに雑誌『国民音楽』を発行してこの時期の、文字通り、学校音楽のリーダーの一人であったと思われる。

(21) ここでは「教師用」をつかっている。

(22) 会田義都「学童疎開地からの報告」（『音楽知識』第二巻第一〇号）。

(23)『音楽之友』第三巻第四号、なお、引用の箇所に「弘田さん云々」とあるのは同座談会における同席の弘田龍太郎が「指導的なところが一方にあって、そうかといって、それが面白くなければいけない。…ただ面白いだけじゃいけない」。といったのを引き継いで、さらに同席の園部三郎が「美しくなければいけませんね。楽しくなければいけませんね」。といっていたことを指しているものと思われる。

(24) 文部省『初等科音楽一』（教師用）。

(25) この時期になると、外国語はいうにおよばず、ＡＢＣなどのアルファベットやこれに類する外国の文字は極度に制限され、その結果、たとえば「ＣＥＧ」のかわりに音名による「ハホト」、同様に「ＣＦＡ」を「ハヘイ」、「ＨＤＧ」を「ロニト」と呼称したわけであろうが、ここにも「思想戦」としての「敵性音楽」観の一端がみられる。

(26) 日本放送協会編・文部省『国民学校教則案説明要領及解説』。

(27) 野村勝守著『音感教育読本』。なお、この頃音感教育関係の著書や出版物がかなり出されているが、それら一つ一つについてとりあげることはここでは割愛する。

(28) 北村久雄主幹『国民音楽』第五巻第一〇号。

(29) 北村久雄主幹『国民音楽』第五巻第八号。

第二部

音楽と教育のデモクラシー

第一章

音楽民主化の動向

[1] 大衆歌謡と音楽の大衆化

「リンゴの唄」

爾臣民ノ衷情モ朕善ク之ヲ知ル然レトモ朕ハ時運ノ趨ク所堪ヘ難キヲ堪ヘ忍ヒ難キヲ忍ヒ以テ萬世ノ為ニ太平ヲ開カムト欲ス。

一九四五（昭和二〇年）八月一五日正午、敗戦を示唆し、国体の護持を説いた、玉音放送の一部である。生活を極度に切り詰められ、思想、文化、教育の絶対的統制のもとで、あくまで勝利を信じて疑わなかった国民大衆にとって、これはまさしく青天の霹靂であったろう。

そして、国民大衆はうちつづく食糧難と精神的不安の日々を送らねばならなかったのである。

この敗戦直後の情況は、たとえば作家の志賀直哉（一八八三～一九七一年）によって、同年一〇月一六日同じ電車に乗り合わせた一七、一八歳の少年工のみすぼらしい、いまにも倒れそうな心身ともに疲れ切った状態を描写しながら、「荒涼たる状況」に「暗澹たる気持のまま」どうすることもできない心情を吐露する、という形式をとって短篇『灰色の月』に表現されている。『リンゴの唄』（譜例1）（Song of Apple）[1] はこう

した情況の中にほんのひとすじの灯をともすべくつくられ、歌われ、戦後最初のヒット歌謡となった。

　りんごの唄(2)　　サトウ・ハチロー作詞
赤いりんごに　くちびる寄《よ》せて
だまって見ている　青い空
りんごはなんにも　言《い》わないけれど
りんごの気持は　よくわかる
りんご可愛《かあい》や　可愛やりんご　（以下略）

それでは、この歌はどのようなプロセスを経て生まれたのだろうか。まず、作詞者のサトウ・ハチローはつぎのようにいう(3)。

「あの歌をつくったのはね、戦争中です。空襲警報かサイレンがいっぱい鳴っていました。ぼくはね、日本の軍歌が悲壮感ばかしあふれている歌ばかしなんですよね。ここでひとつね、この明るい歌をね、かいてみようと。ところがうっかりあかるい歌をかきますとね、こいつ何を書きやがるといって叱られますからね、すぐ終戦だったですね。

それから、『りんごの気持はよくわかる』なんてはよくわからないというけれども、歌なんてものはそう理屈はないものですね。わたしはだいたいね、東京生まれの東京育ちですが、親仁は青森県弘前、りんごの産地ですね。御袋は宮城県仙台。それでああいう歌を、いっぺんぐらいまあ、親仁の国の名産である

(1)

りんごを主題にした歌をつくってみたらいいだろうと、そういうことで作ったんで。ただ私としてはあれに涙とか嘆だとか、悲しいとかさびしいとか、そういう言葉が一つもないのをわたしは誇りに思っているんです。」

サトウの動機や意図は、このように、軍歌への批判と国民に少しでも明るさをとりもどすべく、父親の郷里の産である「りんご」に託した点にあり、兵灯至夫のいうように『りんご』をテーマにした歌なら、どこからも文句はこないだろう、という作詩者苦肉の作品[4]であった。つぎに作曲の面ではどうであったか。万城目正によればこうである。

「あれはね、映画でね、街やなんかにいる兵士たちを鼓舞するとか慰問するとかいうんで、あのまま歌い手の出世物語みたいなものでしたけどね。それをやろうじゃないかというんで、かかろうという時に終戦ということになったわけです。それで何か別なものをやろうということで、企画してできあがったのが『りんごの唄』を主題歌にした『そよ風』という映画なんです。

それでどういう歌をつくったらいいかということは私自体もよくわからなかったし、もう終戦のどさくさで気持は全然落ちつかないし、ハチロー先生の詞もちょっとわからなかったですけどね。それでもわたしはあのだいたい北海道生まれですから、りんごのことはよく知ってんですけどね。『りんごの気持』は知りませんけど。

私はほんとに苦労しまして、いままでぼくが作った歌のなかであの位苦労した歌はないと思うんです。うんと明るくしなけりゃいけない、と思ったんですよ。暗い気持のところに暗い歌をもっていくということは僕は逆だと思ってね。少しでも明るくしたいと思ったんですけどね。今きいてみてもあの歌には明るさはあるけれど、やっぱり芯に流れているものは何かこうさびしいものがあるわけですよね。

だから、そういったことが、そうなんですよ、皆んなの気持のその解放されたという安堵とそれともう一つ、なんともいうにいけないさびしさとか悲しさとかいうものを秘めていた気持ね。それにちょうどアピールしたんじゃないかと、何かそんなことを考えますね。」

　これで明らかなように、この歌は、もともと敗戦間際、「士気の鼓舞」とか慰問を内容とした映画の主題歌になるはずであった。

　しかし、それが一転して方向をかえざるをえなくなったのであるから、決戦段階で、陸軍航空本部選定の『大空に祈る』（譜例2）を作曲していた万城目にしてみれば、『リンゴの唄』になった段階ではまったくどうしてよいかわからず、一時、途方に暮れたことであろう。この二つの歌を比較してみると似通った面があることからも推測されうる。

(2)

　たとえば、調、拍子はまったく同じで、テンポも行進曲である。譜例1、2のほかにも部分的には譜例3のイとロ、ハとニというように、発想のうえで類似性を指摘できよう。作曲者自身の、明るさのうちにも芯にはさびしさである、というのも、この辺のことを語っているのではなかろうか

　しかし、この点に関して、むしろこの歌を聞き、うたった側の反応をとりあげなければならない。

　たとえば、当時、ニュース解説者の入江徳郎は当時三二、三三歳であっ

(3)

たが、この新聞関係者には、『リンゴの気持ちはよくわかる』を「それぞれね、やっぱり、自分の気持をリンゴになぞらえているんではないかという気がしましたね。リンゴは何もいわないけれど、何かそういう、子どもがうたい大人も歌いましたよね。皆それぞれリンゴの気持はよくわかる、何か敗戦の後のね、虚脱、悲しみだとか哀愁だとか。それでいながら、この曲には何かほのかな希望みたいなものがあります。青空が少し、こうね、どこかにかかっているような感じがして、何も言わないけれどお互いによくわかる」と受け止めていた。

また、特殊な例になるが、作家の楳本捨三は、満州からの引揚船のなかで、当時、俳優芦田伸介夫人の明子氏が船長に頼まれておこなった慰問演奏会でこの歌を歌ったのを聞いて、「とてもきれいな声でした。わたしにははじめて聞く歌でしたが、その歌詞は何か胸にしみわたり、思わず涙がこぼれてくるような歌でした」、と思い出をかたっている。[5]

しかし、他面、「あの歌詞のどの一行に人民自身の生活心情の奥底にふれたものがあるか、或は人間的感情が表われているか。それは意味のない言葉がつづられているだけで、旋律もまた無感動でそれに何となく民心を異国的あこがれに導くレヴュー的雰囲気の伴奏が附いているのである。

人民が無希望、無思索に陥っているこの荒廃の時代に、商業主義はさかしくもまたもや人民の弱点と無自覚とを利用して、旧自由主義末期の傾向を復元しつつ、人民を無気力状態に陥れつつあるのだ[6]」というかなりきびしい批判的な見方もあった。

それにしても、この歌は並木路子をスター歌手にしたほどにヒットしたというのであるから、[7]「やっぱしあの万城目さんの曲が万城目さんにはめずらしい曲じゃないんですか。そしてやっぱり何か底抜けにあの明るいのと、それからちょっとこころさびしいところがありますね。それがヒットしたんじゃないです

か」とサトウの指摘するように、当時の民衆の心理をとらえたのであろう。

もちろん、園部の批判的見解にあるように、当時の荒廃した状況における国民大衆の心理をレコード企業が商業主義的にたくみに利用したのであろうが、作曲者が「物資のないときに、あの荒廃した気持のね、いくらかでも潤になったんじゃないかと思って、まあそれだけが私としては大へんうれしいことだと思ってます」といったのも偽らざる心境であろう。

なお、現時点で作家早乙女勝元が「軽快なリズムで、新人並木路子さんの声もさわやかにはずみ、私にはもぎたてのリンゴのように記憶されている。しかし、『赤いリンゴ』も『青い空』も、とうてい手の届かぬはるかな存在だったのだ。」（『東京新聞』二〇一一年六月二五日）と書いているのは、この大衆歌謡が戦後の平和になった世の中をシンボライズしている、とも受け取れる言辞ではなかろうか。ともあれ、『リンゴの唄』はこうして戦後大衆歌謡の第一号となったが、つぎは、これとは若干対照的で戦後ジャズの先駆ともみられるのは、『東京ブギ』（譜例4）である。

『東京ブギ』と『湯の町エレジー』

まずこの歌の作曲者服部良一についてみると、かれはダンスホールのバンドマンをするかたわら、和声学やオーケストレイションを勉強し、昭和一二年七月、日本最初のブルース『別れのブルース』を作曲してデビューし、その後もボレロなどのリズムを流行歌にとりいれて歌謡曲界に新風を吹きこんでいた。

ブギ（Boogie）という、日本にはすでに昭和一二年頃アメリカから渡来していたリズムもまた、服部は日本の流行歌にとりいれようと戦時中より構想をねっていたという。(8)

(4)

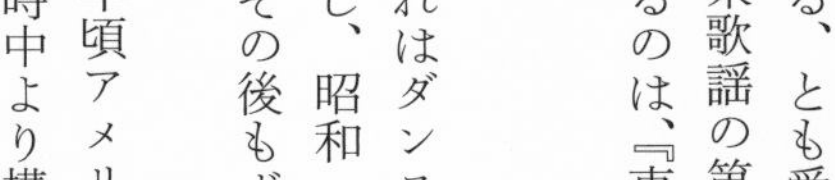

東京ブギ
鈴木　勝 作詞
服部良一 作曲

服部の言葉をかりれば、「これはもう僕はもうね、戦争中に考えていたんです。そしてもうね『荒城の月』の下にリズムをつけたりね。それから中国へ行きましてね、うしろからこうあぶなげで歌えない〝先生これとってもね、山口淑子君が『夜來香』のところへリズムをつけましてね、山口淑子君が〝先生これとってもね、うしろからこうあぶなげで歌えない〟というんです。そして帰ってきまして、ジャズ・カルメンでまたね、ジャズのカルメンにまたくっつけた。そして、〝よしこれだ〟というので、東京カルメン、あのブギという名前も東京都としてですね、だいぶこれは進駐軍から相当印税がはいるだろうなんて、やっぱりちょっと大阪の根性がでましてね[9]」、というわけである。

つまり、もともとジャズのリズムであたらしい流行歌をつくって、占領体制下の歌謡曲界の主流になろう、というのであった。その点では、一歩先んじていたし、それが時流にのったともいえよう。

と同時にまた、「やっぱり、前任の古賀さん、あの当時の売れっ子に対するレジスタンス[10]」も底流としてあったろう。では、つぎは、『東京ブギ』の作曲上のアイディアについてである。

「あの中央線に、ぼくは西荻にいましたからね。あのほら、吊革にぶらさがっているとね、あのズングズングズングでてるんでね。タッタッタッタタタ、これはやっぱりね、ぶらさがっている感じですよ。それで西荻でおりましてね、すぐ『こけしや』というその喫茶店にはいりましてね、それでこう、紙にそのままかいたんですよ」と服部自身がいっているが、まさに、長年にわたって蓄えられていた、いってみれば潜在的リズムが一気に顕在化した感じである。

しかも、このブギにはその歌い手まで用意されていたのである。

「今夜の八時の汽車で、そのブギにぴったりの歌い手がやって来るよ。声もかわっているし、それ以上にキャラクターもとんでもなくかわっている。それでリズム感が抜群なんだ」、と服部が藤浦洸に語っているが[11]、それがその後まったく歌をやめて、テレビ歌謡番組で審査員などをしていた笠置シズ子である。

というのは、この『東京ブギ』は作曲者服部良一のアイディアもさることながら、この歌手の奔放で舞台いっぱいに踊りながらうたいまくる、その体当り的な演技が人気をよんだ。

藤浦によると、「歌手というものは、大体、実物よりいいカッコを見せたがるものである。が、笠置は、歌うとき顔全体を無遠慮にしかめっつらして、大きく口を開き、からだ全体をぶっつけるようにして歌った。この粉飾のないひたむきさが、まず文化人、大学教授にうけた。林芙美子など夢中になって通っている。梅原竜三郎、吉川英治、それに左翼系の文化人、政治家なども彼女の客席に姿を見せた。ところが、こういういわゆる知識階級の人気だけでなく、当時まだ新橋、有楽町あたりに沢山うようよしていた夜の女たちが騒ぎ出した」ほどであったという[12]。

『東京ブギ』は、荒廃した世相と虚脱状態にあった国民大衆の心理を瞬時ではあったが、活気づけたといえよう。しかし、この時期をすぎて、この歌がうたわれた形跡はほとんど見当らない。ただ、戦後ジャズの先駆的役割はたしたようである。

ついでもう一つは、戦後歌謡曲の主流ともいえる、いわゆる演歌調をとりあげておきたい。

昭和二三年の『湯の町エレジー』（譜例5）がそれである。前の例にならって、ここでも作曲者の動機ないし意図をさぐってみよう。

「いままで押えられていた気持が、戦争がすんで、いっぺんに、これでなんとか自由になれるんだという、その気持。それが、エロだのグロだのという雑誌を生んだ。けれども、巷《ちまた》をみれば、相変わらずトウモロコシの粉とかイモの葉っぱのほか、食うものがなくてどうにもならない。しかも、戦争には負けているという大きなハン

(5)

デがある。どうにもならない、やるせないという気持がだれの心にもあった。この気持が底流になってできた曲」がこの『湯の町エレジー』だという。[13] つまり、この歌には、当時の食糧難、住宅難、失業、そして政治的、思想的な不安、といったものが現実にはどうにもならない絶望感となって、それが、初恋の人をたずねていってみたらその人はすでに人妻になっていてどうにもならない、せめて声だけでも流してくれという、失恋をうたうことによって、歌いこめられているのである。[14]

この歌は昭和二三年九月に発売され、戦後最大のヒットを記録したというが、[15] 実は翌年の毎日新聞の社説にもとりあげられたほどに話題になったのであった。ここではその一部を紹介するにとどめる。

「最近で最も人気のある歌謡曲として、たとえば、『湯の町エレジー』を取ってみよう。この歌の作曲者は、廿年くらい前のカフェー文化はなやかなりしころに大流行した『酒は涙か』の作曲者である。『酒は涙か』の流行した社会的背景として、昭和初期のどん底の不景気がある。経済不安に伴う社会不安は、わが国の資本主義経済を圧迫して、打開の方向を満州事変に求めさせた。国民大衆は、この不景気のどん底で『酒は涙か』を歌って、のたうち回るほどの生活苦を忘れようとしていたのであった。

『湯の町エレジー』の流行に、国民大衆の敗戦感と絶望感を見るといってはいい過ぎであろうか。われわれは、その社会的背景として、住宅難と税金苦と、失業と、世界的な政治的、思想的、不安を見る。（中略）戦後の日本における悲歌の隆盛が、日本の運命を示唆するものとは思わぬ。しかし、その現状を大衆の心理に反映したものということはできる。これは盛なる日本の復興を示唆するものではない。政治家はこの現実を直視しなければならぬ。流行歌の作曲者のつくるメロディーは端的に、国民心理のありかを反映し、つかみ出すものだからである。」

流行歌というものはレコード企業の範囲内においてつくられるものではあるが、政府や権力者が一方的

につくって歌わせる歌（たとえば、かつての戦時下、大政翼賛会の『国民歌』）とちがって、国民大衆が自由にうたうものであるがゆえに、世相を反映し大衆の心理をとらえたものならば自然に歌われ、流行するものではないだろうか。

いいかえれば、流行歌やジャズなどのいわゆる大衆歌謡は、資本制下のレコード企業によって性格づけられ、方向性が左右される面が大きいとしても、しかしそこにはこれを聞き、うたう民衆の自由な参加があるわけで、ことにヒット・ソングの特徴や傾向などは国民大衆によってきめられる面もけっして少なくはない。前にとりあげた、戦時下の「厚生音楽運動」や「国民皆唱運動」と比較してみるならば、その質的なちがいは明白であろう。この意味において以上の三曲は敗戦後四年間にヒットしたもののうちから特徴的なものをえらび、それぞれ典型的なものとして取り上げたにすぎないけれども、このころの「情況」をそれぞれ部分的にせよ反映し、それが国民大衆を捉えたといえよう。

ところで、国民大衆の参加という点においては、戦後の放送番組にいくつかの新しい企画が登場している。

『のど自慢素人音楽会』―放送の民主化―

『のど自慢素人音楽会』（のちに『のど自慢素人演芸会』と改称、そして今日『のど自慢』と呼称）の放送開始は昭和二一年一月一九日である。

この番組は、その最初のディレクターであった三枝健剛によると、「戦争も終ったんだから、新しく何か始めて、新人歌手が出てもいいんじゃないか、それには募集がいいだろう」(16)ということで始められた。

すでに、昭和二〇年九月一七日、聴取者の投書による意見をもった『建設の言葉』（同年一一月一日、『私達のことば』と改称）、同年九月二九日、「街頭にて」というテスト形式で放送された「街頭録音」などの

国民大衆の意見を積極的にとりあげた番組が企画されて、放送の一部階級の独占から大衆への解放が断行されていた。

そして、これらは大衆の関心をひく番組となったばかりでなく、世論をつくるうえで一つの機関ともなり、そのことによって一定の秩序をもった討論の型も示され、いわゆる民主教育のあり方の示唆にもなったという(17)。なかでも、大衆の肉声をそのまま広く伝達する方法は当時ではラジオにおいてはじめて出来ることであり、活字による発表とはちがって現実感があり、『のど自慢』のアイディアもおそらくこの辺にあったと思われる。

そういう意味では、この番組は音楽関係ジャンルにおける放送の民主化の第一弾でもあったわけで、別表であきらかなように、種々さまざまな番組のなかで、それに一定の役割をもたされていることは、当時の国民大衆の民主的音楽文化活動のレベルでは軽く見過ごすことができない。というのも、たとえば『のど自慢』を通じて、日本流行歌史上重要ないくつかのヒット・ソングが生まれているからである。

『湯の町エレジー』もその一つであるが、ここでは、『異国の丘』(譜例6)について、さきの三枝の見解をとりあげておこう。

「『のど自慢』の放送で一番印象に残ったのは復員軍人が出場して『異国の丘』を歌った時のことだ。家族にとっては多くの父や子、兄弟がまだ外地に残って引揚げられず、つらい思いをしているのではないか、そんな悲劇の時に戦地で生まれたこのやるせない歌が突然スタジオに上陸して現われ、それが実にうまかったので一同しーんとしてしまった(19)。」

以後、『のど自慢』は年一回の全国コンクールを開催し、素人の新人歌手を発掘する一方、

(6)

他方、地方の音楽文化のあり方にあたえる影響は大きい。むしろ、この番組を通して地方の音楽文化の水準が示されるといっても過言ではあるまい。

(注)
(1) 戦時下、「鬼畜米英」のもとに「敵性文字」として禁止されていた英語が戦後ヒット・ナンバーワンの歌謡曲名につかわれていることは、当時の思想「情況」の変化を象徴しているのではなかろうか。
(2) 楽譜(ピース)の表紙は片仮名の「リンゴ」になっている。
(3) 以下、引用はすべてテレビ録音によるものであるが、話しことばであるため、その意味をよくつかむべく、若干長くなってもできるだけ忠実に再現した。
(4)『日本流行歌の歩み』別冊解説書。
(5)『昭和史の天皇』五三九回。
(6) 園部三郎著『民衆音楽論』。
(7)(4)に同じ
(8) 藤浦洸『レコード太平記』四五、五六。
(9)『人に歴史あり』第四五回。ここでも引用は長くなるのをおそれず忠実に再現したつもりである。
(10)『音楽之友』昭和四二年一二月号、ここでは昭和一〇年代をふりかえって当時といっているが、当然戦後まで持ち続けられたものが『東京ブギ』に記されているとみてよかろう。
(11) 藤浦洸『レコード太平記』五六。
(12) 藤浦洸『レコード太平記』五九。なお、筆者も映画『春の饗宴』で笠置が踊り歌った場面をかすかに記憶している。
(13)『大衆とともに』(毎日新聞『閑話対談』)より。
(14)(13)に同じ。
(15)『日本流行歌の歩み』別冊解説書。
(16) 日本放送協会編『続放送夜話』
(17) 日本放送協会『日本放送史』
(18) 次頁図表参照
(19) 三枝健剛『NHKのど自慢』の歴史(「日本流行歌の歩み」)『異国の丘』については、歌手の藤山一郎もまた、「『異国の丘』を聞いたときは感激しました」といっている(日本放送協会編・「続放送夜話」)。

（注 18　表）放送時刻表　第一放送 1949 年 1 月 4 日（『日本放送史』所収

時刻	日	月
5:30–6:00	お早う番組	早起き鳥
6:00–6:20	ニュース 天気予報	〃
6:20–6:30	音楽	〃
6:30–6:45	日曜随想	英語講座
6:45–7:00	私たちのことば	〃
7:00–7:15	ニュース	〃
7:15–7:30	市民の時間	〃
7:30–7:45	季節の家庭仕事	朝の歌
7:45–8:00	音楽	ラジオインタビウ
8:00–8:30	キリスト教の時間	名演奏家の時間
8:30–8:45	ニューレコードコンサート	尋ね人
8:45–9:00		音楽
9:00–9:05	朝の主要ニュース	音楽
9:05–9:15	気象通報 天気予報	音楽
9:15–9:30		主婦日記
9:30–9:45	仏教の時間	家庭の音楽
9:45–10:00	子供のための話	学校新聞
10:00–10:15	邦楽	幼児の時間
10:15–10:30	〃	学校放送（一年～二年）
10:30–10:45	神道の時間	学校放送（七年～一二年）
10:45–11:00	〃	学校放送（三年～六年）
11:00–11:15	子供の時間	私の本棚
11:15–11:30	〃	
11:30–11:45	日曜のリズム	メロディにのせて
11:45–12:00	ラジオ告知板	〃
12:00–12:15	ニュース	〃
12:15–12:30	のど自慢素人	録音ニュース
12:30–1:00	演芸会	食後の音楽
1:00–2:00	放送討論会	婦人の時間
2:00–2:15	劇場中継	ラジオ告知板
2:15–2:30	寄席中継	音楽
2:30–3:00	催物中継	邦楽
3:00–3:15	オペレッタ	ニュース
3:15–3:30	〃	皆さんの健康
3:30–4:00	マイクロケーション	教師の時間
4:00–4:20	管弦楽（各中央局発）	（メロディの泉）
4:20–4:30		経済市況
4:30–5:00	私は誰でしょう	休止
5:00–5:15	ニュース	〃
5:15–5:30	子供の時間	〃
5:30–5:45	スポーツショー	鐘の鳴る丘
5:45–6:00	〃	バンドタイム
6:00–6:15	国会討論会	英語会話

以下略

『希望音楽会』・『お好み投票音楽会』

『のど自慢』は国民大衆の「声」を通して直接的に参加する番組として注目されたのであったが、他方、投書や投票による間接的な形式をとって参加する番組として『希望音楽会』と『お好み投票音楽会』をあげることができる。

『希望音楽会』は、戦時中は日本放送協会の音楽部副部長として、戦後は編成局演出課に所属し、同協会の機関誌ともいうべき「放送文化」の編集委員をつとめ、この新番組を担当していた丸山鐵雄によると、(1)「種目、曲目、出演者に関する従来の禁制が解かれると共に、恰も飢えたる蛸が獲物を求める様に八方へ手足を伸ばし始めた」番組企画中、「最も反響の大きかった」ものの一つで、運営の基本方針は次の諸点であったという。

（一）番組編成が大衆の具体的な、希望、註文に基盤を置くこと（投書を基礎にす）

（二）大多数の聴取者の嗜好に基くため、その内容が、大衆的、通俗的であること

（三）「今夜の番組は何処の誰々さんの希望に依るものです」というアナウンスを挿入する方法（場合によっては、聴取者の投書をそのまま読み上げることもある）によってラジオと聴取者との緊密な結びつきを推進すること

（四）聴取者を会場に無料招待し、同時にその実況を中継することによって、現場雰囲気を放送に採入れること

この方針のもとに、昭和二〇年九月二五日の局報で聴取者によびかけ、同一〇月三日に第一回が放送さ

れた。そして翌年の四月末まで三〇回をかぞえているが、放送曲目のジャンル別はつぎの表のようになっている。この表からあきらかなことは、国民大衆の音楽嗜好性は「軽音楽」につよい、という点である。

計	邦楽	軽音楽	純音楽	種別／月
3		1	2	10月
5	1	2	2	11月
4		2	2	12月
5		2	3	1月
3		3		2月
5	1	3	1	3月
4		3	1	4月
29	2	16	11	計

　邦楽のごときはほとんどかえりみられないばかりか、純音楽についても、丸山のつたえるところでは、いわゆるクラシックが中心で、種目は管絃楽曲が七割をしめ、なかでも『運命』、『田園』、『未完成』、『悲愴』、『新世界』といった交響曲の名曲といわれてきているものや、ヨハン・シュトラウスのワルツとか、歌劇では『椿姫』、『カルメン』、組曲では『白鳥の湖』そして小曲類で、ウェーバーの『舞踊への勧誘』、サラサーテの『ツィゴイナーワイゼン』、シューマンの『流浪の民』、『トロイメライ』、スッペの『詩人と農夫』・『軽騎兵』、ビゼーの『アルルの女』、リストの『ハンガリアンラプソディ』、ロッシーニの『ウィリアム・テル』、『セヴィリアの理髪師』などの希望が多かった、という。そして、このように、「通俗曲の希望が多いのは、現在の大衆が如何に、楽しくそして美しく、分り易い旋律に飢えているかを物語るものであろう」と分析していた。

　国民大衆の音楽嗜好性―音楽要求―を投書の整理・分析から判断し、それにもとづいて番組を編成・管理・運営する方法は、投書は本来積極的な意識・思想・態度の表明であるという認識のもとでは、放送の民主化の方向といえよう。

　それだけに、「これまでのように個々の音楽家の意見をないがしろにし、音楽家の生活のことなど丸で考えないで、一にも二にも国家に奉仕させることのみを考えるような統制や指導はもう真っ平です」、と戦時体制下における音楽文化「情況」にたいする論評を戦後になってやっと表明するにいたった作曲家の

清水脩は、『希望音楽会』を音楽民主化の方向として受け取りつつも、「我が国の一般大衆の音楽の水準は決して高いものではないから、大衆の希望を鵜のみに、いたづらに大衆への迎合にのみ努めることは、決して日本の音楽の発展を期する最上策とはいえぬ」として、「真に国民の希望する音楽、国民の楽しみうる音楽をゆたかに提供することは、今後の音楽家の任務でありましょう」、と提言していたことは注目されてしかるべきであった(2)。

つまり、音楽民主化の方向を歩まんとする音楽家の協力が必要であった。しかしこの新番組はそうした期待とは逆に昭和二二年には一時中止された。同二三年初頭再び開かれたものの、同年四月からは「軽音楽」だけになってしまったのであった。最初、一日五千通もあった投書が、この時点では五〇通程度に減っていたというから(3)、企画の意図を十分に発揮できなかったわけである。

この点はやはり放送そのものの管理・運営の問題として問われなければならないが、そうした行き詰りを打開すべく企画され放送番組にのせられたのが『お好み投票音楽会』である。

これは『希望音楽会』を発展的に改革し、聴取者の希望したものを直ちに放送番組にとりいれたもので、昭和二四年一月九日に開始された。具体的には、毎週日曜日、聴取者からの投票による希望曲を締切り、そのなかからもっとも多かった曲目を順次に九曲選んで放送したのである。

しかし、この場合も投票の大部分が歌謡曲であった。というのは、同年三月末までの一二回分の人気曲目についてみると、つぎのように、まさしく歌謡曲が中心となっているからである。

第一回　『山小舎の灯』（譜例1）、『恋の曼珠沙華』（譜例2）、『夢淡き東京』（譜例3）

第二回　『三百六十五夜』（譜例4）、『恋の曼珠沙華』、『あこがれのハワイ航路』（譜例5）

第三回　『あこがれのハワイ航路』、『三百六十五夜』、『愛の灯かげ』（譜例６）
第四回　『あこがれのハワイ航路』、『湯の町エレジー』（譜例７）、『新愛染かつら』（譜例８）
第五回　『青春のパラダイス』（譜例９）、『愛の灯かげ』、『あこがれのハワイ航路』
第六回　『あこがれのハワイ航路』、『湯の町エレジー』、『夢よもう一度』
第七回　『湯の町エレジー』、『あこがれのハワイ航路』、『愛の灯かげ』
第八回　『湯の町エレジー』、『あこがれのハワイ航路』、『月よりの使者』（譜例10）
第九回　『あこがれのハワイ航路』、『湯の町エレジー』、『青春のパラダイス』
第一〇回　『湯の町エレジー』、『あこがれのハワイ航路』、『流れの旅路』（譜例11）
第一一回　『月よりの使者』、『愛の灯かげ』、『湯の町エレジー』
第一二回　『湯の町エレジー』、『あこがれのハワイ航路』、『月よりの使者』

ここには、当時の歌謡曲のヒット・ナンバーがでているとみてよいが、さらに注目されるのは『湯の町エレジー』と『あこがれのハワイ航路』が主役を演じている点である。つまり、この二曲は歌詞、曲の両面において対照的であり、当時の思想情況の反映とみることができるからである。

前者は、前にもふれたように、当時の国民大衆の敗戦感、絶望感が失恋を歌う形式で表現されている。これに対して、後者は、曲名からもあきらかなように、占領下の若人たちにとってアメリカハワイは一つのあこがれの地であり、まだ渡航許可のおりていない当時としてはいっそう憧れはつよく、その心理をたくみにとらえている。

他面、音楽のうえでも一方が有半音系のメロディ・パターンと演歌調のリズム・パターンであるのにた

いして、他方は無半音系のメロディ・パターンと行進曲の歯切れよいリズム・パターンというふうに、まさに対照をなしている。思想情況の二面性が典型的にとらえられているのではないだろうか。

ところで、この番組は完全に視聴者の希望に委ねた革新的な企画で反響を呼んだが、歌謡曲の愛好者とレコード会社が夢中になり、そのために不必要な競争に手段を選ばないような状況を呈しはじめ、ついに、昭和二四年六月二六日の第二五夜を最後に中止せざるを得なくなってしまった。そして、『今週の歌謡集』と変更、さらに『歌の明星』と結合し、同二五年一月

からは『今週の明星』となっていったのであった。[4] ちなみに、初回から終回までのヒット曲をつぎにあげておこう。[5]（上掲）

一位	湯の町エレジー	二一回
二位	異国の丘	一九回
三位	憧れのハワイ航路	一五回
四位	愛の灯かげ	一四回
五位	月よりの使者	一一回
六位	シベリアエレジー	一〇回
七位	君忘れじのブルース	九回
八位	流れの旅路	八回
九位	恋のマドロス	七回
一〇位	三百六十五夜	六回
	母紅梅の歌	六回
	港横浜花売娘	六回
	麗人草の歌	六回

『ラジオ歌謡』の役割

『希望音楽会』にしても、『お好み投票音楽会』にしても、国民大衆の放送番組への間接的参加という点で、放送の民主化、音楽の民主化への具体的な第一歩であった。だがこのように、きわめて不徹底な段階にとどまり、ついには逆行の傾向さえでてきたのである。

これらにかわって、明るく楽しい歌謡の作成と普及に努力した番組が『ラジオ歌謡』であった。それは「ＮＨＫ製の健全歌謡曲」ともいうべき性格のものであった。[6]

さきの丸山によれば、この番組の動機や意図はこうである。

「元来、歌は上から作って大衆に与えるものではなく、大衆の中から生れるものである」にもかかわらず、「現在（戦後間もない頃をさすと思われる―筆者・注）の勤労大衆の置かれて居る客観的諸条件の下」では、つまり「虚脱状態」のなかにあっては、真の楽しい大衆歌は生まれにくい。そこで、「戦時中の『国民合唱』に代るべきもの」として、要するに、大衆歌謡の空白を少しでもうずめ補う、という動機でもって始められたのである。[7]

そこには、「今迄の国民歌謡のような大政翼賛節との中間をゆくもの―本当に品があって、さわりのあるもの、―流行歌にはさわりがなければ駄目だ―そういう歌を作りたい」[8]という音楽上の意図があったよ

うである。というのも、国民大衆の音楽要求を全面的にくみとって、国民音楽創造をめざす音楽運動の一環として発展させていくという方法的立場とはちがって、あくまでもいわゆる「中間」的な存在として、半国民大衆の方をむき、半そのときどきの「情況」にあわせて「指導的」な役割をもったものにしていく、といった方法論のように受け取れるからである。

ところが、この企画はすでに大阪局で『ラジオの歌』という番組にあらわれていた。

当時、この番組を担当していた佐々木英之助は「BKのラジオ歌謡について」のなかでつぎのようにのべている。(9)

「終戦後間もない昭和二十一年の春、さびしい敗戦の現実に打ちひしがれて立ち上る気力も失った人々に、潤いと望みを与えようという意図から出発した」（略）。「そしてその放送の冒頭を飾った深尾須磨子作詞、橋本國彦作曲の『夢を見ましょう』（譜例12）は、歌曲ともに、新しい時代の新しい歌謡として推賞するにふさわしい作品で各方面に反響を呼んだ」という。しかも、毎週一回は街頭音楽会の形式によって、公園とか盛り場に出かけていき、通行人はいうまでもなく、昼休みのオフィスの人たちに『ラジオ歌謡』の歌唱指導をしたり、刷った楽譜を配布したというのであるから、その力の入れかたがちがっていた。

しかし、いずれにしても、終戦後、それまでの「軍歌調」中心の「国民歌」に麻痺させられていた国民大衆にとっては、新しい時代の国民の歌・音楽がどのようなものか判断できなかったにちがいなく、そういう状態にあって、昭和二一年五月から放送されはじめた『風はそよかぜ』（譜例13）、『朝はどこから』（譜例14）、『赤ちゃんのお耳』（譜例15）などは、やや童謡がかっていたにしろ、『清新な明るさ』(10)をだそうとした歌であった。そして同年八月の『三日月娘』（譜例16）を契機に、『ラジオ歌謡』に軽音楽的な、時には思い切った歌謡曲的な要素も取り入れるようになったのである。(11)

その後、『ラジオ歌謡』の特色であった同じ歌による歌唱指導がなくなり、指導抜きの鑑賞中心の放送になっていたが、やがて、同年一〇月、歌手近江俊郎の文字通りの出世曲となった『山小舎の灯』が放送され、ヒットしたことによってこの番組の進むべき方向があらためて問題になったという。(12)

『ラジオ歌謡』は、このように、番組としてもそれ相当の力がいれられたのであったが、昭和二四、五年の調査では(13)、嗜好率はそんなに高い方ではない。むしろ、『なつかしのメロディー』や『今週の明星』の方が上位をしめている（次頁）。これは、すでに投書や投票は行なっていなかったにしろ、そうした歴史をもっている番組とそうでない番組とのちがいのあらわれ、ともいえようが、しかし基本的には、国民大衆の音楽要求がこの段階ではまた組織されるまでに至っていない、ということではなかろうか。

つまり、投書やこの場合の投票は組織的なちからにはなりにくい性質のものだからである。したがって、編成局員やディレクターの力量に依存せざるをえず、しかも、戦前戦後を通じて同じ局員でしめられてい

る場合、放送の民主化といってもきわめて限定されてくることはむしろ当然であったろう。ただ、こうした企画や運営によって、音楽が国民大衆により身近なものになり、限界はあっても一定の範囲内において意志の反映が可能になったことだけはたしかである。いいかえれば、音楽の大衆化の状況をつくりだしたわけであるが、その点では、戦時下、「敵性音楽」としてしりぞけられていたジャズの復活もまたおおきい。

ジャズの復活

たとえ、アメリカとの戦争状態が終ったとしても、「非常に騒々しい感じをあたえる、聴いている人間の神経を休ませるどころか逆に苛立たせる要素をもった、気違い的なアメリカ形式のジャズは排斥すべきである。

ジャズはもともとニグロの音楽をとりいれ、それでもってユダヤの世界支配の道具にしたものだから、要するに『邪図』なのだ」とまでい

表 1　夜間番組嗜好率表（第 22、23 回調査結果。嗜好率は全聴取者の中でその番組を聴きたいと答えた者の比率を示す）

放送番組	%	放送番組	%	放送番組	%	放送番組	%
ニュース	92	講談	62	灰色の部屋	33	文化講座	21
天気予報	84	今週のニュース特集	62	新しい農村	33	青少年の時間	20
ニュース解説	82	放送劇	58	さくらんぼ大将	32	農業講座	20
二十の扉	81	時の動き	57	俗曲	32	やさしい科学	20
ラジオ寄席	80	えり子とともに	57	音楽のおくりもの	32	NHK シンフォニーホール	19
上方演芸会	79	新しい道	56	世界の音楽	32	交響曲の時間	19
とんち教室	79	社会の窓	53	新聞論調	32	学生の時間	18
放送演芸会	78	東西廻り舞台	51	スポーツだより	31	新しい経営	18
浪花節	74	ラジオ小劇場	51	ラジオ漫画	30	東唱の時間	17
なつかしのメロディー	72	国会討論会	50	座談会	30	若い農民	16
今週の明星	71	世界の危機	50	労働の時間	30	ダンス音楽	16
日曜娯楽版	70	ラジオ歌謡	49	あなたの作曲した歌	28	読書案内	15
話の泉	70	ラジオ小説	48	スポーツショウ	28	オペレッタ	15
街頭録音	68	県民の時間	46	マイクロケーション	28	ラジオリサイタル	15
ローカルニュース	67	社会探訪	45	邦楽名曲選	28	英語会話	14
録音ニュース	67	きまぐれショウボート	38	ラジオ民衆学校	26	リズムパレード	14
陽気な喫茶店	67	番組予告	37	夕の音楽	25	スウイングクラブ	12
向う三軒両隣り	65	産業の夕	36	名曲鑑賞	24	邦楽鑑賞と手引	12
アメリカ便り	64	NHK だより	35	世界の名作	24	取扱者文芸	11
ふるさとの町	62	放送音楽会	35	スポーツダイジェスト	22	室内遊戯の時間	7

われたジャズであったが、それが敗戦後直ちに占領軍に対する「芸能提供」を契機に急テンポで復活していったのだから、皮肉な転換というほかはない。

では、どのような経過をへて復活し、大衆化への方向をとるようになっていったのであろうか。

ここでは、占領軍にたいする芸能提供の業務を日本政府において処理することになった推移について若干ふれておきたい(14)。

発端は、占領軍のなかのある部隊からダンス・バンドが欲しいという非公式的な表示に対して、東京のある業者が私的に提供したことにある、といわれているが、他方、戦後の虚脱状態のなかにあって、芸能人は生活のために占領軍に出演の売込みをおこない、それにともなってブローカー的提供業者が発生し、以後そうした業者を通じて出演が行なわれるようになっていった。

そのことによって、軽音楽団や舞踊団がつぎつぎに結成され、これら団体や芸能人のマネージメントにあたる芸能社も急激に設立されていった。そして、軽音楽関係の演奏会もどしどし開催されるようになっていった。

たとえば、昭和二〇年一一月二九日には午後一時より日比谷公会堂で「ビクター軽音楽大会」がひらかれたが、梅津敏の報告によると(15)、「新太平洋楽団はそっくりアメリカの現代物を演奏するのが得意なようだが、ジョーカースの方は、吾々に親しい旋律をアメリカ現代楽のリズムとハーモニーの中に再生して聴衆を喜ばせている。両者共に充分の研究を続け、単に踊る為の特定の音楽だった一昔前のジャズは、今アメリカ国民音楽にまで生長したことを想起して」とアメリカン・ジャズの演奏について論評している。これは戦後の転換を象徴する一つの現象ではないだろうか。

演奏会もひらかれるようになり、占領軍の方ではクラブ・マネージャーなどが日系将兵の知己縁故筋を

たどるとか、キャバレーなどの私的ルートを通じてとかして芸能調達の要求がましてくると、むしろこの関係は公的性格をおびてくる。なぜなら、そこにはすでに経済社会的関係が成立しているからである。

そこで、芸能提供の業務は占領軍が必要な労務の提供を要求する方式―レーバー・レクィジョンによる方式（Labour Requistian System）の中に包含されて処理されるようになり、日本政府は終戦連絡中央事務局がこの任に当るようになった。

しかし、昭和二二年三月、「芸能提供は日本政府において処理すべし」として、終戦連絡中央事務局で芸能人の格付選定、提供、支払等の一切の処理を行なうようになった。

そしてその運営を円滑にするために、終戦連絡中央事務局設営部の芸能部門に特殊技能をもつ専門家、学識経験者および関係官庁当局者によって構成される、芸能提供に関する諮問機関が設置されるにいたり、同年五月二一日には最初の芸能委員会も開催され、以後、この委員会が占領軍に対する芸能提供の任務を遂行することになった。任務の内容は次の六項目にわたっていた。

一、芸能人の選定に関する事項
二、芸能人の格付に関する事項
三、出演料の査定および支払に関する事項
四、芸能人の技量および品性の向上に関する事項
五、委員会事務局に対する指導、監督に関する事項
六、その他芸能の提供に関する事項

この審議事項のうちでもっとも重要なものは、芸能人の選定と格付、出演料の査定である。なかでも、格付は特、甲、乙、丙、丁、戊の六階級に分けられ、それにもとづいて基本出演料もちがってくるわけで、芸能人にとっては死活問題であったろう。

こうして、昭和二二年九月までに、第一審査会（軽音楽関係）では一三四七名（うち、楽団一二五）、第二審査会（クラシックの洋楽関係）では五三〇名（うち楽団二九）、第三審査会（洋舞関係）では二三二名（うち群舞六二）、第四審査会（日舞・邦楽関係）では一九六名、第五審査会（奇術・曲芸関係）では一〇一名、第六審査会（拳闘・柔・剣道、その他）では二八五名、総計二六九一にのぼる個人および団体が格付され、占領軍に対する芸能提供有資格者となったが、これは、戦後の音楽文化の歴史と構造を制度的にも内容的にも根本的に規定することになった。

ことに音楽関係、とりわけ軽音楽のジャンルでは戦後一貫してアメリカのそれの影響下にあるといっていいすぎではあるまい。

表2　1948（昭和23）年度における芸能提供量（SPB本庁芸能課処理）

区分	バンド			ヴァラエティ・ショウ その他			計		
	提供件数	出演人員	時間あて延人員	提供件数	出演人員	時間あて延人員	提供件数	出演人員	時間あて延人員
昭和23（1948）年									
4月	1,396	14,061	51,224	327	3,616	4,297	1,723	17,677	55,521
5月	1,325	13,921	49,222	392	4,216	7,275	1,717	18,137	56,497
6月	1,329	13,765	48,527	347	4,728	8,519	1,676	18,493	57,046
7月	1,406	13,492	51,169	351	4,314	9,246	1,757	17,806	60,415
8月	1,455	13,130	57,223	361	4,526	10,126	1,816	17,656	67,349
9月	1,294	13,121	57,600	370	4,540	10,695	1,664	17,661	68,295
10月	1,368	13,555	49,677	330	4,125	8,345	1,698	17,680	58,022
11月	1,393	13,958	47,931	353	4,913	7,811	1,746	18,871	55,742
12月	1,409	14,155	51,153	349	5,160	9,513	1,758	19,315	60,666
昭和24（1949）年									
1月	1,270	13,509	46,447	416	4,902	7,313	1,686	18,411	53,760
2月	1,182	12,644	43,288	374	3,987	5,554	1,556	16,631	48,842
3月	1,266	13,865	49,232	502	4,457	6,034	1,768	18,322	55,266
計	16,093	163,176	602,693	4,472	53,484	94,728	20,565	216,660	697,421

ジャズは、このような音楽文化政策のもとで、ジャズ排斥論者をよそに、復活し隆盛をきわめるにいたといってよかろう。それは、くりかえしいうならば、なんとしてもこの時期の占領軍への芸能提供とそのあり方、によるものであった。

つまり、提供された芸能の種類のうちもっとも多いのが軽音楽で全体の七〇パーセントをしめ、そのなかでスウィング・バンドの要求がほとんど大部分であった、という。占領軍は軽音楽関係にとくに力をいれたようである。芸能委員会の設置以後も軽音楽の審査には占領軍の側も加わっていたからである。表2はこの辺のことを物語っていよう。

(注)

(1) 日本放送協会『放送文化』第一巻第一号。
(2) 清水脩『音楽と民主々義の話』(『音楽之友』―『音楽知識』改題―第四巻第一号・新年号)。
(3) 日本放送協会編『ラジオ年鑑』昭和二三年版。
(4) 『ラジオ年鑑』昭和二五年版。
(5) 『ラジオ年鑑』昭和二五年版。
(6) 『ラジオ年鑑』昭和二五年版・傍点筆者。
(7) 日本放送協会『放送文化』第一巻第一号。
(8) 日本放送協会『放送文化』第三巻第一号。
(9) 日本放送協会『放送文化』第三巻第五号。
(10) 日本放送協会『ラジオ年鑑』昭和二十三年版。
(11) 『ラジオ歌謡』のなかで、「恋」という言葉を歌謡に採り入れた最初の作品。
(12) 日本放送協会『ラジオ年鑑』昭和二三年版。
(13) 日本放送協会『放送番組世論調査の概要』。
(14) 調達庁『占領軍調達史　部門編―芸能・需品・管材―』以下これを資料にしている。
(15) 音楽之友社『音楽之友』第四巻第一号。

② 音楽運動の復興　―うたごえ運動について―

合唱団・音楽院の創設と教育

敗戦後数年間における大衆歌謡の復活とそのあらたな傾向、それに関連して、放送の民主的な編成と管理・運営による新しい歌謡番組の登場、他面、占領軍への芸能提供を契機に復活したジャズを中心とする「軽音楽」[1]の興隆、といった大衆音楽の方向は、これまでとりあげてきた諸事実によってあきらかなように、主要的には、社会不安と物質的窮乏による虚脱感と頽廃的な思想・文化の情況の反映であり、国民大衆にとって音楽がより身近なものになったことだけはたしかであろう。いうならば、音楽の大衆化である。とはいえ、国民大衆の音楽要求とそのエネルギーを結集させ、新しい国民音楽の創造と発展をめざすものではなかった。

つまり、戦時体制下の軍国主義思想の鼓吹と喚起、戦意の昂揚をねらった音楽文化政策・行政を一応は否定するものではあったにしろ、それ以上に真に国民大衆の側に立った政策・行政ではなかった。

では、この期において、さきにもとりあげた丸山を代表する「現在の勤労大衆の置かれて居る客観的諸条件の下に於て果して真の楽しい大衆歌が生れるか否かは疑問であろう」という立場と見解に対して、国民大衆の音楽要求の結集・統一とその展開がまったくなかったかというとけっしてそうではない。

「プロレタリア音楽同盟」の伝統をうけつぎ、労働者階級を中心とする広範な国民大衆の生活と労働をまもるたたかい、思想や言論の自由を保障するたたかい、教育の機会均等や科学、芸術、文化を国民のものにするたたかい、つまり労働運動や文化運動のなかで、主要には国民大衆の音楽要求をほりおこし、方向づけ、そして新しい国民音楽の創造をめざした運動が組織され、「うたはたたかいと共に」のスローガ

ンのもとに、[2]独自の音楽運動―「うたごえ運動」が展開されたのである。[3]

一九四九（昭和二四）年七月一〇日、中央音楽院本部で開催された「民青団中央合唱団一周年記念総会」における報告によると、うたごえ運動の主導的役割を果す「中央合唱団」[4]の創立は、「一九四八年一月世界労連訪日一周年講演会に世界労働歌の合唱の依頼を文連より受けて関校長の指導により一六名の青共員によって歌われた」ことがその発端になっているが、ここに登場してくる関校長、関鑑子（当時、日本のうたごえ実行委員会会長。一八九九～一九七三年）の指導とその立場が大きく与っていた。

というのは、関は「プロレタリア音楽同盟」の委員長の経験をもち、戦後は「日本民主主義文化連盟」[5]の音楽部門を担当し、「戦后初めてのメーデー（第一七回）に中央壇上からメーデー歌の指揮をしてつくづく考えたことはこの三十万人の群衆に対しては、どんな優れた音楽家でも一人よりは百人の合唱隊の方が必要だということでした」というように、すでに音楽運動のリーダーの立場にあったからである。

いいかえれば、戦前、民主的音楽運動に参画し、戦後も「自分のむすめをまじえたわかものたちが元気をとりもどし希望をもって前進することを心から願って、自宅で明るい歌ごえを青年たちに指導していた」関にしてみれば、合唱団の育成と音楽運動復興の任務は社会的要請として当然であった。[6]

なお、戦後最初のメーデー（昭和二一年五月一日）において、戦時体制下では、〝ラララ行進曲〟とよばれ、メロディだけをラララ…でしか歌えなかったり、さらにはまったく歌えなくなってしまっていた『インターナショナル』（譜例1）がうたわれ、また、現代音楽協会、総同盟、産別、文部省、NHK、各新聞社の協力・募集による『世界をつなげ花の輪に』（譜例2）、『町から村から工場から』（譜例3）などがうたわれたという。

こうした経過をへて、昭和二三年六月には「中央音楽院」が創設され、関の指導のもとで音楽の教育・訓練がおこなわれ、他面、職場や地域での「みんな歌う会活動」（「歌う会」と略称）が展開されていった

のである。

まず、初期の中央音楽院における教育についてみると、具体的なカリキュラムや指導の実際の記録が残されているわけではないので詳細にわたって問題にできないが、本院の第一期生で、音楽センター芸術局教育部の奈良恒子の報告によれば、教育内容の基本的観点は、大体つぎのようであった(7)。

一　人民の現代の生活と闘いをうたう
二　日本人民のすぐれた音楽伝統をうけつぐ
三　世界人民、諸外国のすぐれた達成をひろめ学ぶ

以上の三点であったが、当初は「大変な事」であった。それは、主として「諸外国のすぐれた達成を正しく労働者の中に引きつぎ、適応させ、発展させる」、という点にあったようだが、にもかかわらず、音楽家で同時に運動の指導者としての関の「豊かな世界観と人間性あいまって、労働者の生活要求と固く結び、解明にわかりやすく、生々と労働者の中に入って行き、その働き手をふるいたたせ」、労働者自身が教育と生活とを統一して把握するように発展させ、そして、そうしたなかでこそ、とりつきにくいむずか

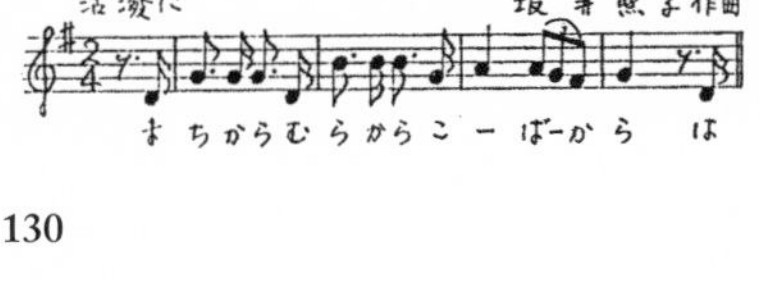

しい音楽上の知識や技術も、その必要性を何よりも労働者自らが「体で感じ」、獲得されていったという。このことは、つぎの、中央合唱団、中央音楽院が創設されて八年ほど経ての関の音楽運動論にはっきりと読みとることができる。たとえば、以下の文章はその一端である。

「正しい発声法、それは大衆の前には講義として述べられるのでなく歌となってじかに聴き手の胸に響くものでなければなりません。歌唱法―それも説明ではなくて誰もが歌いたくなるよう素朴さと親しさがにじみ出ていなければなりません。簡単な、身振りや笑い声、腕を組んだりさまざまな工夫がこらされました。時には短いことばが入ることもあり、これらの創意はどの創意もつぎつぎよりよいものが創り出されるまで続けられます。これは演奏上における素朴な創造であります。(8)」

音楽院でのこうした教育・訓練のほか、昭和二四年九月に第一号を出した「歌う会」の新聞『うたごえ』誌上には、関の「楽譜の読み方・唱い方」が連載されていた。これも国民大衆にやさしく語りかけるような調子で歌い方の学習方法について述べている。いわゆる専門の「音楽レッスン」とは打って変って、平易で簡単ではあるが、学習上の基本点は明示されている。その一部をかかげておこう。

「歌う声は身体をのびのびとさせて自然に出て来る声で歌いましょう、人は顔が異うように声も皆異います。その各々の異った声をそのまま正しく美しく大きくするのが発声法です。然し発声法についても、初めは心配しないで歌って下さい。舌だの歯だの、のど仏などあまり考え過ぎるとかえって固くなって不自然な声になりますから、深呼吸をする要領で、しかも自然に気もちよく歌う事が一番い

い発声法です。[9]」

もう一つ注目されるのは、歌われ学習されるものが労働歌や闘争歌、あるいは内外の民謡にかぎられているのではなく、コールユーブンゲンやコンコーネ、それにイタリー歌曲や日本歌曲の系統的な学習が重視されていることである。

しかも、それは各合唱団が交流しながらお互いの成果を点検しあうという。すなわち、「一人ひとりの歌唱の中には、その人の系統的な努力、基礎学習の正しさ、音楽解釈、人間性もみな発揮されるということで」あり、また「個々人のすばらしい面もつかめ、逆に確信にもなり、学習の系統化の重要を身をもってつか」むことができ[10]、いってみれば、集団主義的方法によってこそ学習の本来の目的が達せられ、運動は発展するということである。

それでは、つぎに、その運動はどのような組織によって、どのように実現されていったのであろうか。「歌う会」の活動を中心にみておこう。

「歌う会」の活動と成果

「歌う会」は中央音楽院での教育、訓練とあわせて、週一回ひらかれていた「みんな歌う会」にその端を発している。

そしてそれは、関鑑子によって世界各国の歌、音楽が紹介され、日本民謡、創作曲が指導された、大衆的な音楽文化活動であったが、それが職場や地域における生活や権利をまもるたたかいと結びつき、うたごえを中心にした独自の音楽文化運動へと発展していったものである。

ここでは、そのひとつひとつを取り上げる余裕はないので、二、三の報告にとどめる。たとえば、昭和二四年八月、東京北区の東京証券で印刷していた百円券の発注停止にともなう人員整理にたいするたたかいにおいては、「本当に闘っている職場では流行歌は殆ど影を消し、充分闘っていない所では女の人の厚化粧とハデな身なりがはやり出した。職場を健康に明るくする事、これが職場を守る闘いの一カンだ！『歌う会』は毎日職場に出かけ『おゝしく進め』『八木節、木曽節』等は全職場に普及し、一職場全員が『歌う会』に集団加入する位りっぱな成果が上った」、という「歌う会」の職場でのたたかいにおける役割とその成果—たとえそれが一時的にであったにせよ—が報告されていた[11]。また、同じ時期、千葉の我孫子の「日立精機」では、「企業閉鎖との闘いの中で朝、全員、青年も年よりもインターやカチューシャをうたってそれぞれの部署につく程、歌う会は成果をあげた[12]」という。

他面、地域の側では、赤城山麓の敷島村（当時の地名）での「歌う会」があげられる。報告によれば、こうである[13]。

この地域は、当時、昭和二二年のアイオン台風、同二四年のキティ台風によって耕地や人家が流され、それにたいして政府は復旧工事をやらないので、地域住民の生活は荒廃し、不満はたかまっていた。したがって、そのような状況では、「まあこんなとこにゃあ歌もいらぬがのー、和尚さんが算盤や作法をおしえて呉れるで百姓はそれだけでも余計ものと思っているに歌なんぞなおさらだんべー」とはじめは相手にされなかった。ところが、「八木節」（譜例4）をねじり八巻にズボンをまくって、「俺は百姓コエタゴかつぎ……[14]」と歌い踊りだすと、いっせいに気勢をあげ手をたたき、大笑いし、子どもは一緒になって〝ピーピーピーピーヒョロ

4　八木節

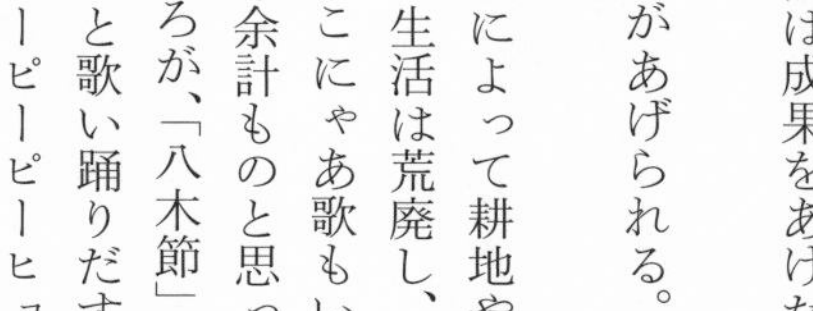

ロ〃とやり出し、「低い雨雲がたれこめた時のような会場の空気がだんだんゆるんでなごやかになって」いったという。

「歌う会」は職場や地域の生活と労働におけるたたかいをリアルにつかみ、歌や踊りによって、たたかっている人々に勇気をあたえ、はげまし、文化的および思想的に変革していく方向をうちだす運動である。つまり、音楽やおどりと生活の労働とを結合した思想、文化運動である、といってよかろう。

とすれば、この運動主体にとって、当時、この問題はどのように把握され、そしてまたどのように展望されていたであろうか。「民青団中央合唱団一周年記念総会報告」から概括的にとりあげてみよう。

(一) 労働者を中心とする国民大衆の文化的要求は政治・経済のあり方と密接にむすびついている。

(二) 生活や労働におけるたたかいのなかで新しい形式の歌が生まれ、普及し、たたかいの力となり、頽廃的な歌を駆逐していくことができる。

(三) 各地域、各職場のそれぞれのたたかいのなかで独自の音楽活動がおこなわれ、独自の音楽文化がうまれる。

これはあくまでもごく大まかなまとめであるから、問題の所在をあきらかにしたにすぎないが、このような観点から「闘争の発展の中から芽生えて来ている運動は活動に於てはまだ多分に自然発生的であり音楽的には非常に幼稚ではあるが、青年運動に深く根を下ろし、青年の多数の要求に絶えず応じる様に努力し、職場の闘争地域の闘争と密着している所に今後の発展性をもっている」、というその後の展望も明らかにされていたのであった。

こうしてみると、この運動は労働者を中心とする国民大衆、なかでもそのなかの青年層の思想と行動に多大の影響をあたえたといえよう。たとえば、中央合唱団の活動状況—公演回数—がそのことを明らかに示している。「総会」報告によると、昭和二四年九月の統計では次のようになっている。

職場切込み	一五回	延出演人員	五一人	動員対象	三六〇人
公　演	一一回	〃	二〇三人	〃	九六五〇人
職場指導	一六回	〃	四七人	〃	一一六二人
みんな歌う会	五回	〃	七人	〃	七七人
合　計	四七回	〃	三〇八人	〃	一一二四九人

これは中央合唱団の創立以降、つまり一年半余の間における活動であり、しかもこれは東京都内であり、この他に地方への出動をいれるとかなりの回数に達するものと思われる。

ところで、この合唱団と音楽院の教育と運動の成果にみられる特徴の一つは、外国の民謡、なかんずくロシア民謡の紹介もさることながら、そういう学習を通して、日本の伝統的民謡の普及につとめたことであろう。さらにその方法が、井上が指摘しているように、「原素材に忠実に、それでいて労働者がだれでも歌えるような形[15]」にした点は注目される。なかでも、最初にとりあげられた「木曽節」は、「今迄の音楽的な旋律、つまり四畳半音楽を斥け木曽の山奥で生産と共に歌われている原曲の譜をとって歌ったが、日本民族の生活から生れて民族音楽の伝統と方向を示すものとして圧倒的にうけた」と「総会」で報告されていた。譜例5のイとロを比較してみれば、このことは明白であろう。

以後、「ずいずいずっころばし」、「江戸子守唄」、「数え唄」などがとりあげられていった。

特徴の第二は創作である。関も、「世界の民謡や優れた歌曲、日本民謡を含めた生活感に近い歌曲の、自主的な表現などのくり返しの後には自分たちの現在の生活感情を歌う要求は当然起ってきた」(16)といっているように、生活と労働におけるたたかいのなかで、集団のなかで、また一方世界および日本のすぐれた遺産の学習から、主体的で独自な音楽文化は生まれそだってきたのであろう。この初期のものでは、「晴れた五月」（譜例6）、「若者よ」（譜例7）などがあげられる。

5ーイ　木曽節　長野民謡
きその　な　ア　なかのりさん
5ーロ
きその　な　ーーーーー　なかのりさーーーん
6　晴れた五月
ぬやまひろし作詞
関　忠亮作曲
力強く、行進曲風に
はれた　ごがつーの　あおぞーらーに　う
7　若者よ
江森守弥作詞
関　忠亮作曲
行進曲風に
わ　か　も　のー　よ　か　らだをきたえてお
け　ー

このようにして、うたごえ運動は生成し発展していったわけであるが、その中核的組織である中央合唱団の創立一周年を記念した総会では、今までの活動から飛躍的に前進するべく、行動綱領と規約が提案され、若干修正されて決定された(17)。ここでは、規約はながいので省略し、行動綱領だけをかかげる。

行動行綱

一、われわれの合唱団は、長い間の封建制と軍国主義の打破のために、全日本の青年と共にうたう

一、われわれの合唱団は、新しいファシズムに対抗し、生活の喜び、団結の美しさ、明　るい未来の確

信を伝えるためにうたう
一、われわれの合唱団は、卑俗な流行歌を駆逐し、闘いの中から、民族の歌をつくり出す
一、われわれの合唱団は、青年戦線統一のために歌声を拡大し、職場、農村、学校などあらゆるところに歌う集団をつくる
一、われわれの合唱団は、民族の独立と、自由平和民主人政府樹立のためにうたう

そして、この綱領のもとで、中央合唱団では昭和二四年一〇月、第六期生を五〇名募集したのであるが、一三〇名が入団する結果となって、[18]その活動はいよいよ盛んになっていったと推測される。というのも、同二五年二月一二日には中央合唱団の創立二周年を記念する、「平和大音楽会」が大々的に開催されたからである。そのプログラムは、以下の通りであった。[19]（次頁）

なお、この二周年を迎えて、関は、「合唱団が合唱の歌声を高め力強いものとする為に発声練習をしたり、音楽の技術を研究する事はた易い事です。然し今日の日本の現状の中で、大衆の苦しみ、憤り、切実な希み、確信と喜びをそのまま音楽として訴えかける為には非常な努力と創意、勇気が必要です。然もそれなくて歌声は真に大衆のものと云えないし、全人民的な力強いものとはなり得ないでしょう。（中略）民主的な専門音楽家と力を合せて真に力強いものにやりとげなければならない苦しい生活をはねかえす力を、真の幸福を闘いとる熱情と総てそれらにつながる、日本の独占を真の自由と平和をかちとる為の全面講和の主張を職場で家で街で広場で歌いましょう。二周年はこの様な全人民の唱和する大合唱に発展する為の努力を集約する事によって記念される事でありましょう。[20]」と呼びかけていた。

【序曲】
全員合唱「平和を守れ」（作詞　木谷健一・作曲　種市
蔵一）
挨拶　合唱団長　清宮正光・関鑑子
【第一部】世界の音楽
アメリカ　独唱と合唱　ジングルベル　独唱　関忠亮
（作曲ピエルボン）合唱　日産火災　岩波書店
奴隷の牧師　第一生命
（黒人民謡）農林省統計局　神奈川合唱団
中国　独唱　バリトン　呂水深
朝鮮　合唱　朝鮮民謡　朝鮮合唱団
ノルウェー　ダンス　ペールギュントより
アニトラのダンス　谷桃子
イタリー　独唱　麦打の歌　関種子
歌劇「お蝶夫人」より「ある晴れた日に」
（プッチーニ作曲）
日本　歌と踊り　八木節　唄　中央合唱団
踊　舞芸術学校
ドイツ　独唱と四重唱　ジプシーの唄（ブラームス作
曲）
ソプラノ　小野光子　アルト　稲葉政江
テノール　居昭　バス　北川剛
フランス　ヴァイオリン独奏　鈴木共子
バレエ　白鳥の死（作曲サンサーンス）谷桃子
伴奏　ピアノ　伊達純　チェロ　井上頼豊
ハンガリヤ　チェロ独奏　ハンガリヤンラプソディー
（ポポウ作曲）　井上頼豊
ソヴィエト　唄と踊り　コルホーズの一日
ソヴィエト帰還者楽団
【第二部】
混声大合唱「蛍光」初演
詩　ソヴィエト民謡　合唱　中央合唱団
作曲　プロコフィエフ　伴奏　永見美與子
訳詞　土方與平　指揮　関鑑子
【終曲】
合唱「平和を守れ」作詞　岩上順一　作曲　関忠亮
全員合唱「青年よ団結せよ」作曲　クルチーニン
（以上）
総指揮　関鑑子

(注)

(1)「軽音楽」という用語は多義的で誤解をまねきやすいのであるが、「芸術的なものよりも娯楽的なものを目標にして作られ演奏され歌われるもの」(日本放送協会編『NHKテレビジョン番組ハンドブック』)、というかなり漠然とした規定にしたがっておく。当時もこの意味でつかわれていたようである。

(2)井上頼重「うたごえの十六年―その音楽面の成果―」回顧1(『文化評論』通巻四一号より)

(3)「うたごえ運動」が展開される以前に、戦後の「民主化」の過程において、職場に組合が結成され、そこを基盤にした文化活動も活発になり、その一環としての音楽部門に「自立楽団」という音楽団体が結成された。しかし、ここでは、そのことにふれる余裕がないので割愛する。

(4)合唱団が組織された当時は「青年中央コーラス隊」と呼んでいたが、昭和二三年二月一〇日、東京・共立講堂で開催された「青年共産同盟」の創立二周年記念集会に出演のとき、正式名称を「青共中央合唱団」とし、この日を現在の中央合唱団の創立日に決定したという。

(5)戦前の「日本プロレタリア文化連盟」(コップ)に結集していた人々が中心になって、戦後、昭和二一年二月に結成した文化団体で、その後の情勢の変化によって解体されたが、先にいってとりあげる労音もこれを母体にして生まれた音楽文化運動の団体である。

(6)河出書房『知性』第三巻第五号。

(7)『日本のうたごえ』第三号。なお、奈良恒子は、二〇〇七年、『うたごえに生きて』を刊行し、当時の状況を明らかにしている。

(8)　前掲書。

(9)『うたごえ』四号。

(10)前掲誌『日本のうたごえ』。ところで、近年、職場合唱団や音楽を専門としない大学のコーラス・グループのレベルがあがっているといわれている。これは集団主義的方法の成果なのではなかろうか。

(11)『うたごえ』第一号。

(12)前掲誌に同じ。

(13)『うたごえ』四号。なお、「歌う会」ではなく「歌の会」になっている。あるいはミス・プリントか定かでない。

(14)この歌は本来のものではなく、「メーデー八木節」という替歌である。紙数の都合でその一番のみをかかげておく。

ああー
俺は百姓コエタゴかつぎ、かつぐ
コエタゴ重くてならぬ

前のコエタゴホラどんぶりこ
後のコエタゴホラどんぶりこ
肩にめり込む天ビン棒に
汗がにじめば今日も暮れ行く
おおいさね

(15)『文化評論』通巻四一号。
(16)『知性』第三巻第五号。
(17) どのような審議過程を経て修正されたかは記録がない。ただ、総会に提案されたものと中央合唱団の生徒募集規定に載せられているものとは部分的にちがいがある。募集規定の正式に決定されたものであると判断したわけである。また『うたごえ』六・七・八合併号にも後者が公表されている。
(18)『うたごえ』六・七・八合併号「二周年史」より。
(19)『うたごえ』九号。
(20)『うたごえ』六・七・八合併号「二周年」を迎えてより。

3 楽壇の再編過程と民主性

「日本音楽連盟」の組織

大衆音楽のあらたな復活や音楽運動の復興、といったいわゆる大衆的な音楽文化の現象とは別に、戦時体制下、「日本音楽文化協会」(以下「音文」と略称)のもとに「大同団結させられていた洋楽や邦楽関係の各種団体や個々の演奏家、作曲家、評論家の活動も、同協会の解散によって、自発的、自主的に活発になりつつあった。

「楽壇は音楽のために存在するのではなくて、皇国のために存在するのだ。楽壇と云う一つの共同団体は、音楽者一人一人の持っている芸術を、互いの力で磨き上げて高く正しく逞しいものにし、それを皇国最高

の目的に捧げつくすための基地である」[1]、とまで「音文」会長山田耕筰をして公言せしめた戦時の楽壇は、敗戦後、同協会の解散、すなわち、昭和二〇年九月二七日、同一〇月九日の同協会の理事会と総会における「是までの行き方を全面的に改める必要から定款の大変更と役員の総辞職を決議し」、さらに、「根本的な改革のためには協会自身の組織から作り直す必要を認め」た、解散によって方向転換することになった。[2]

「日本音楽連盟」の結成がその一つのあらわれであった。

「日本音楽連盟」（以下「音連」と略称）は、「音文」の解散後、これに代るべき楽壇の民主的な組織として、「日本作曲家組合」、「日本演奏家組合」、「教育音楽家協会」、「音楽文筆家協会」等の職能団体の「協議連絡機関」として、昭和二〇年一二月二五日の創立総会をもって結成され、翌年一月二二日に発会式をおこない発足しているが、「音連」の性格や役割については、理事長の有坂愛彦によるとつぎのようであった。[3]

「楽壇」は壊滅状態になり、音楽活動も停滞してしまった時期にその復興をはかるには、本来は下から、つまりそれぞれの職能団体ができ、そこを中心に民主的な楽壇機構の組織化が必要であるし、またのぞましい。

しかし、そのためにも何らかの足場がなければ事態は一歩も進展しない。そこで、それぞれの音楽の職能団体としての組合や協会の活動ができるだけ活発になるように援助し、各組合、あるいは協会とその構成メンバーとの結びつきを緊密にしてその活動を促進する組織が必要になってくる。

「音連」は、このように、音文のような上から統制し、方向づける機関としてではなく、むしろ連絡と協議の機関としての性格と役割をもった組織として設立され、位置づけられた。

したがって、たとえば、この音連に設立当初から加盟していた「日本演奏家組合」の委員長杉山長谷夫は、「吾吾は、一名でも多くの組合員を糾合して、それから此の人達の善意と利益と主張とを基として、音楽

家の生活を左右し、一国の音楽文化の基礎を作るような重大問題を決定して実行に移して行きたい。（略）そこから全国的な強力な組合にまで進展する可能性が十分ある。是非共、この為に力を貸して欲しい。[4]」

と訴えていたし、「音文」の常務理事をしていた前坂重太郎にしてさえ、

「これは恐らく職能団体の連盟となり行く行くは労働組合の一つとなって音楽者の擁護に努力することとなり、同時に最も権威ある中枢団体として国家の音楽行政にも接触して行くであろう。（略）斯くして新音楽自由主義を打ち立てられんことを切望する。[5]」

と期待し、さらに、音楽評論家の野呂信次郎や作曲家で当時『音楽芸術』編集主幹の清水脩は、

「共同戦線を作って政治力を楽壇が持たなければ駄目だ。会場の問題にしたってそうだし、入場税だってそうだ。」「そのために音楽連盟ができたのでしょう。これは強力な政治力を持ったものにしなければ嘘ですよ。」とその積極的な役割を提言していた。[6]

「音連」に対するこうしたアピールや期待、あるいは提言は当時の「楽壇」の行詰りの打開を指示、意図したものであろう。

なかでも音楽活動の経済的条件としての入場税やギャランティーの問題は音楽界の発展の根本にかかわっているだけに、たとえば、音楽学者で評論家の遠山一行のように、[7]『楽壇』混迷」の打開を「音楽家よテオリーを追え」と観念の世界でだけ問題にしているのでは、その糸口さえつかめないわけで、基本的には国家の文化政策・行政の問題としてより積極的、組織的に取り組むべき筋のものであったろう。

「楽壇」再編をめざす「音連」は、なによりもまず、音楽家の生活と活動の自由を保障し、そのための組織化に努力すべき任務をもっていたからである。

しかし、富樫康（歯科医）の判断によれば、「すべて統制に反感をいだいた当時の国民感情は個人主義

恐れ入りますが、切手をお張り下さい。

〒113－0033

東京都文京区本郷
2－3－10
お茶の水ビル内
（株）社会評論社　行

おなまえ　様

（　才）

ご住所

メールアドレス

購入をご希望の本がございましたらお知らせ下さい。
（送料小社負担。請求書同封）

書名

メールでも承ります。 book@shahyo.com

今回お読みになった感想、ご意見お寄せ下さい。

書名

メールでも承ります。　book@shahyo.com

的となり」、組織としての機能は低下し、室内楽および管絃楽の委嘱作品発表会を一回開催したにとどまったという。[8]

「音文」とその統制・指導は、日本の音楽家にこれほどまでに組織にたいする不信感と恐怖心をうえつけてしまっていたわけである。したがって、「音連」のように、たとえそれが連絡・協議機関だとしても、いわば組織アレルギーはそう易々と払拭されるはずはなかったのである。

「職能団体」の活動

「音連」に期待された活動は結局実を結ばなかったということになるが、では、音楽のジャンル別の組織とその活動はどうであったろうか。演奏および作曲関係について問題にしたい。青年音楽家のゲゼルシャフトである「新日本音楽家協会」はその一例である。

それは、「われわれ音楽者は、敗戦の厳しい現実を前にして、それを乗り越え、新しい文化日本の建設に、今こそ逞しい歩みを運ばねばなりません」[9]という呼びかけで、昭和二〇年一一月一日、第一回の懇談会が、つづいて同一五日に会員三七名をもって結成式をあげたのであった。

そこには、いくつか特徴がみられる。その第一は、会員相互の自由討論である。内容的には芸術上のものであれ、時評的なものであれ、自由であり、ただ、利害関係や感情問題をさしはさむことは絶対にゆるさない。

敗戦後の「楽壇」には打開しなければならない問題が多く、それゆえ、音楽家は協力しあって種々の問題にとりくみ、大いに討論し、解決の端緒をみつけることが必要であり、従来みられるような、「音楽家は面と向っては何もいわぬが、蔭で悪口を言い合うという悪い癖」[10]を徹底的に反省しなければならない、

というのであった。

第二は、いわゆる事業は原則としてしないという点である。というのは、芸術の運動体というものはもともと事業団体ではなく、音楽文化の創造と発展をめざす自主的、主体的な組織だからである。具体的には日本人の埋れているすぐれた作品をとりあげ、演奏し、歴史的位置づけをするとか、あるいは実力をもった青年演奏家を育成する、という課題にとりくむというものであった。

だが、この団体もまた、その後の活動はほとんどなかったようである。たとえば、音楽興業者による個々の演奏家のリサイタルや子弟の発表会の無政府的な開催によって、演奏会そのものが無政府状態になっていったのではなかろうか。(11)

それにひきくらべ、作曲の面ではかなり活発な組織化と活動がおこなわれた。大きな組織としては「日本現代音楽協会」が昭和二一年に設立された。

この協会の設立の意図は、当時の委員長、箕作秋吉(作曲家)によれば、「戦時中窒息せしめられて居た国際現代音楽協会日本支部の再建準備として日本現代音楽協会を設立することにあった」。

そして、「終戦後直ちに、平和条約が締結された暁、(略)新音楽に理解ある進歩的な会員を集めることに」し、戦時中からの反動勢力に対するためにも、またたとえ純芸術的態度をとるものでも、要は芸術それ自体が「自由」を旨とする「民主的」なものでなくてはならない、という統一的見解のもとに発足したという。(12)

その後、本協会はクラシックの作曲家のほとんどが所属する組織に発展していったことは周知の事実であろうが、それゆえにこそ、また、その過程において、「より少数の人々が同志的に結びついて創作活動をやって行く方が活発で新鮮味があると考える」人たちもでてきて、「新声会」、「新作曲派協会」、「地人会」

などのグループ活動が活発になっていったという。(13)

ここでは、「新作曲派協会」についてとりあげたい。それは、作品発表にしても「互評」をやっている点に特色があるからである。たとえば、第一回発表会は昭和二二年一二月一二日におこなわれているが、そのなかから清瀬保二と松平頼則の「互評」をつぎにかかげておこう。(14)

清瀬保二　　松平頼則作品（「セロとピアノのための奏鳴曲」）

氏は小兵ながら、なかなかの粘りをもつ。氏は己れの貴族出身であることと血戦している。氏の全く無名時代からの友としてよく理解できる。このセロソナタは氏の力作である。いかに氏が粘っており濃厚な素質をもっているか分る。然し絃に対する研究の不十分さと、余りの力作感で息苦しくなる。自分は第三楽章をとりたい。

松平頼則　　清瀬保二作品（「土の歌」第三巻）

これは第一巻、第二巻に比べると、はるかに技巧的に円熟して来た。そして彼の作品もいつか安定感を伴う様になった。この「土の歌」は、たしかに百姓の歌った百姓の世界である。彼がこの歌に共感を感じつつも巻を追って彼の技巧が巧妙になって行くに従い、漸次百姓の世界の素朴な力強さを失って行く。過去に於て印象主義の影響を受けた彼は、この集の中の或る作品では稍観念的になり或る種のマナリズムを感じさせる。しかし、彼の過去に於ける歌曲の分野の開拓は多大なものであり、近作「土の歌」も勿論これにプラスするものである。

この「互評」はまさしく対照的であり、互いに率直に批評しているように思われる。こうした試みもこの時点だからこそできたのであろうか。他方、邦楽の面ではどうであったろうか。

邦楽界の「改革」

かつて、田中正平によって、「何事にも皇国日本精神の結集が叫ばれ、それが直接戦力増強となる事から考えても、わが民族の情操面に密接な関係にある邦楽の枢要性が強く認識せられる。」として、邦楽の「日本音楽」への転換が示唆され、邦楽界は「ナショナリズム」への方向をたどっていったのであったが、敗戦とともに、また逆転することになった。つぎの文章はそのことを如実に物語っていよう。

現在日本の歴史は引繰返った、民主国家新日本の建設に向って居る時、果して邦楽がこのままの姿、この儘の思想で進んでよいであろうか、（略）真の自由主義に立脚し、そして時代に適応した邦楽として、その美しい野生の花を世界に誇らなければならない。寧ろこの機にのぞんで一大運動を起し、（略）真の民主的平和的な気勢をわが邦楽からあげるべきである、（略）要は新しく建設さるべき日本の音楽として認識を深め、真の自由主義民衆音楽として更に向上発展を期し、野生の花の香気を一層高く、斯道の隆盛を図らなければならぬ。(15)

まさに見事な転換の表明ではあるが、その現実化には幾多の問題が残されていた。その一つは邦楽の国

際性であり、もう一つには家元制度があげられよう。

まず第一の問題は、敗戦を契機に新たな国際関係におかれるにいたった日本が、その文化面において、とりわけ音楽の領域で、具体的にどう対処していくかということであろう。これにたいして、吉川英士は、邦楽の非国際性をその強い民主性と不釣合な特殊性にあるとし、これを国際的なものにする具体的な方法を、以下のような、五つの面にわたって提示していた。(16)

(一)　器楽曲を盛んに作る事
(二)　サビ、幽玄、渋み、いき、という所謂日本的な美は国内用邦楽にかぎり、外国向け邦楽には明朗素直な美を表現したものにする事
(三)　理論的研究を深め、外国人にも通ずる体系をたてる事（とくに「日本的和声」をつくりだすこと）
(四)　洋式五線譜によって邦楽を書き表わす事
(五)　邦楽関係の文献の外国語翻訳による出版

いうまでもなく、これらの方法はけっして目新しいものではない。

戦前にもすでに、田中正平の「日本和声の基礎」（昭和一五年）、坊田寿真「日本旋律と和声」（昭和一六年）等によって知られるように、類似したアプローチによる一定の研究成果がだされていたし、現時点では、日本音楽関係者にとっては極くあたりまえのことであろう。

にもかかわらず、ここで殊更問題になるのは、明治以降、楽壇としての育成は主として洋楽関係にむけられてきているのに対し、邦楽は「民主化」という転換によってはじめて楽壇の対象としても一般化した、

という歴史的社会的条件があったからではなかろうか。

もちろん、そこには、邦楽とその制度のもつ封建制を見落してはならず、それが第二点の家元制度の問題である。この点については二つの提案をとりあげておこう。一つの提案は若い世代の師匠に呼びかけたものである。

すなわち、「このままほって置けばきっと邦楽はほろびてしまう、（略）これまでのようなお湊式のものや、その延長程度の演奏会をいくらやったって、およそ意味が無いと思うのです。同じところを堂々めぐりしているに過ぎません。封建的な遺風を一歩も出ないことはやがてそのうちに行き詰まりをきっと招来せずにはおかないでしょう。大胆におなりなさい。そして新しい観客を摑む、それより行き方はないとおもいます。（略）どうも邦楽の方にはいまだに排他的な、独善的な、視野の狭さ、偏狭等々の気質がついて廻っているようです。もっと明朗で、すべてが積極的態度でありたい」、「それからもう一つ、大胆になれという意味は、従来のお弟子さんを棄てておしまいなさいという事です[17]」というものであるが、これは表現こそ丁寧であれ、意図するところは邦楽界の封建制、とくにその巣窟的存在ともいうべき家元制度にたいする痛烈な批判であり、そこに安住し埋没してやがては自らその温存者になるべく育成されつつある世代への警告であり、そして邦楽界の体制的変革を示唆した論評であろう。

いわゆる家元制度についていえば、「従来のお弟子さんは棄ててしまいなさい」という表現にアクセントがかけられているわけで、その批判の程がうかがえよう。これに対して、もう一つの提案は制度的改革に属するもので、それだけにより現実的であった。

たとえば、中能島欣一は、まず家元制度は、楽譜のない時代に芸風や型を普及するために、また次の世代にそれらを正しく伝達していくために、起ったものとして捉え、それが後に家族制度の思想とむすびつ

いて制度化されたもので全体的には悪いものではないという。

いいかえれば、家元制度にも実際にはいろいろな形態があって、一概に封建的と断定はできない、むしろ相互扶助式に開放的なものもあるというのである。

したがって、その改革は家元自身の強い反省と自覚に俟つところが大きい。しかし、それはそんなに期待できることではない。それでは従来のいわゆる「芸人」がふえるばかりである。

中能島は、この矛盾を、新制の芸術大学に邦楽科を設置することによって、統一しようとしたのであった。そして、「いわば国家試験に依って得た一枚の免状が強く物を言うのが当然で、現有勢力は一般邦楽界の方が強いが、この比率は大学出身の邦楽人がその頭と腕とに依って打破って行く事が出来ると思う。（略）大学出の『芸術家』や理論家を邦楽界に送り出す必要の多い事、今日を措いては無いと考える。」という邦楽家養成の構想に[18]、このことははっきりと読みとることができる。この構想は実現されたのであった。そして中能島自身はそのリーダーの一人となったのである。

このようにして、邦楽は、戦後「民主化」の過程において、その内容においても、またその制度的側面においても一歩前進し、「楽壇」構成メンバーの市民権を獲得する端緒を開いたのであった。

以上、クラシック関係の演奏界と作曲界、そして邦楽界の動向をごくおおまかに点描してみたのであるが、「楽壇」への帰属意識は作曲界がもっともたかく、また地道な活動をしているように思われる。

これは音楽文化の創造と発展にたいする姿勢─思想性にその基因があるのだろうか。

（注）
（1）山田耕筰「決戦下楽壇の責任」（『音楽之友』第三巻第四号）、傍点筆者。
（2）「日本音楽文化協会の解散」（『音楽文化』第三巻第二号）
（3）座談会「日本音楽連盟の性格」（『音楽芸術』第四巻第五号）
（4）同前掲誌
（5）前坂重太郎「ハーモニカ音楽の再興」（『音楽知識』第三巻第三号）
（6）座談会「演奏会の現状と進路」（『音楽芸術』第四巻第三号）
（7）遠山一行「今日の心」―テオリーへの愛情―（『音楽芸術』第四巻第三号）
（8）富樫康著『日本の作曲家』（昭和三一年四月、音楽之友社刊）。なお委嘱作品は次の通り。
（室内楽の部）
清水脩・弦楽四重奏曲、松平頼則・ピアノ曲「六つの田園舞曲」、柴田南雄・歌曲「海四章」、同「ピアノ変奏曲ィ短調」、入野義朗・弦楽四重奏曲―昭和二十一年三月二十三日・飛行館―
（管弦楽の部）
山田和男・交響詩「奈良より」、団伊玖磨・歌曲「二つの抒情詩」、小倉朗・ピアノ協奏曲ィ短調―同三月二十四日・日比谷公会堂―
（9）永井進「創造的意欲の高調」―新日本音楽家協会に就いて―（『音楽芸術』第四巻第五号）
（10）同前掲誌、なお、これは音楽家の永井自身の報告であるだけにきわめて興味深いが、こうした傾向は現在でもある部分にあてはまる批判ではないだろうか。
（11）このことについては、明確な資料がないので、推測のいきをでない。
（12）箕作秋吉「日本現代音楽協会の性格」（『音楽芸術』第四巻第五号）
（13）座談会「作曲界の諸問題」（『現代音楽』第二号）
（14）富樫康「新作曲派第一回発表会互評」（『音楽芸術』第六巻第二号）
（15）藤田俊一「邦楽則民主々義音楽」（『日本音楽』第一巻第三号・巻頭言）、傍点筆者。
（16）吉川英士「邦楽の国際性」（『日本音楽』第八号・同第九号）ここに箇条書で示した項目は原文そのままではなく要約である。
（17）太田久佐太郎「邦楽の新しい道」―主として若き世代の師匠達に（『日本音楽』第八巻）なお筆者は当時福知山工専兼成美女子学院教授・図書課長

4 音楽イデオロギーの諸相

音楽観の転換

いままで述べてきたような、大衆音楽、芸術音楽におけるあらたな現象は音楽観の転換を示すものであった。それは、いちはやく、戦後数ヶ月のうちにあらわれた。

作曲家・評論家で楽壇イデオロークの代表者の一人、堀内敬三（一八九七～一九八三年）は敗戦直後、「戦争は意外な結末を以て終った。国民の戦意を昂揚したり、軍需の増産に貢献したりする意味に於てのみ奨励されていた音楽は、ここで大転換をしなくてはならない。」として、音楽に、「国民は新しい政治によって終戦直後の不安や混乱を一掃することとは思うが、なお失望・自棄・荒怠の気分が蔓延する危険は十分にあろう。そうした気分が国民にひろがったら復興どころか生活の維持さえも難かしいのだ。我々は即刻『国民の明朗化』につとめ、希望をもち意志をかためて日本再建に邁進するように国民の気分を引き立てて行かねばならない。音楽は先ず其の方向に進むべきである。」

とその方向性をあたえていたし、清水脩（一九一一～一九八六年）もまた同様に、

「大東亜戦争中は、放送に、慰問に、軍歌や軍歌調の音楽が、あふれるように流れていた。戦争をしていたからにはこれは当り前のことで、何も不思議に思うことはないが、戦争は終ったのである。音楽は新しい気持で出直さねばならない。」

といい、さらにその具体的な方向について、「音楽家は素より、国民全体が、もう少し日本人の作品というものに情熱を注ぐようにありたい気がする。今こそ日本人は日本人の心に喰いこむ音楽を作り、それが世界の楽界に一つの特異性ある音楽として提供され、世界の音楽史に日本音楽の存在を明らかにさせね

ばならない。」と表明していた。[1]

このような見解は当時の代表的なものであるが、ところが両者は、戦時下にあってはまったく逆の立場と方向性を表明していた。

前者は、「直接軍用に供しては、将兵の士気を昂揚し傷痍軍人を慰め現地住民を宣撫して作戦目的に協し、銃後に用いては、国民を激励し戦時生活に潤いと余裕を与えて奉公精神・団結力・生産能率を増大する等、戦争目的に貢献し得る面が甚だ大きい。」と、当時の音楽の社会的役割について規定し、「有害な種類の音楽を叩き潰すべき事は勿論だが、さらに積極的に有用な音楽の普及徹底を図ることは我々に課せられた大きな任務である。特に銃後国民生活を強め明るくする音楽を普及徹底することは焦眉の急として我々が挺身しなければならぬ所である。」と、音楽関係者の位置づけと任務をあきらかにしていたし、[2]

後者は、「戦いは南海の一角に今熾烈さを加えている。われわれ音楽家はこの時この瞬間に立ち上らねばならない。音楽家が国民に与えるものは説教ではない。死闘にぢかにつらなった生々しい感動は音楽の中に多分にふきこむことができる。そして又緊張の連続せる国民生活に適度の暖かさと和やかさを与え、よって以て内的な生活力を養わしめるのも音楽の独壇場である筈だ。」と、その音楽観を披瀝していたのである。[3]

つまり、兵士の士気を鼓舞し、銃後国民の奉公・団結精神にうったえる音楽、あるいは音楽こそ「死闘」の感動をつたえたり、反面において「国民生活」にやわらぎをあたえる、といった音楽の捉え方から、敗戦したとたん、国民大衆の社会不安、虚脱感を一掃するための、「国民の明朗化」のための音楽、しかもそれは日本人の独特なものとして世界の音楽のなかに位置づく音楽でなければならない、という把握へとかわったのであるから、まさしく、音楽観のコペルニクス的転回であり、見事というほかはない。

敗戦を契機にした転換といっても、それは短期間のうちになされたからである。いいかえれば、侵略戦争を「聖戦」として国民大衆をその方向へ導いてきた音楽イデオロギーは、国民を解放し、その生活を明るくする、そして民族性の豊かな音楽の創造、というそれへの転換を余儀なくされたわけである。しかも、この転換は占領体制下においての転換であっただけに、やがて、「日米親善」のための音楽交歓を思想的にうらづけることにもなった、と考えられる。

当時の報道によれば、[4]それは、占領軍兵士で青年音楽家のマーケル・オーデンが日本の古典音楽にふれるため、「音文」のリーダーであった山田耕筰にその斡旋を依頼したのがそもそもの発端であった。オーデンは山田との交歓後、「山田氏に逢えたことは非常に嬉しい、日本の古典音楽がそれを初めて聴く私の心にどう響くか、私は非常に期待をかけているのです、本当の融和理解は音楽を通じてなされることを深く信じています。」といい、

山田は、「静かに芸術を語り合う、心と心との触れあいの中に政治の、外交の及ばぬ使命がある、和かな晩でした、こんな日を再び持つことが出来ることを私は喜んでいる。（略）総ての武器を捨て去って、新しく立った日本が許された只一つのもの芸術を以て世界に伍してゆくそのためには如何なる努力をも惜しまないつもりだ。」と音楽による国際親善を位置づけ、両者、当時としてはその意義の大きいことを認識していたのであった。

とくに、山田にしてみれば、「敵米鬼」相手の「聖戦」遂行に全面的に協力した立場にあっただけに、戦勝国の進駐兵士からの交歓要望は思いもよらなかったにちがいなく、それだけに、山田をして、「心と心の触れあい」とまでいわしめたわけで、この機に、山田は戦後のあらたな音楽活動への糸口をみつけたといえよう。

ところが、このことをめぐって、音楽における戦争犯罪の問題が提起され、山田耕筰と音楽評論家山根銀二との間に論争を生むにいたったのである。

山田・山根論争

それは、昭和二〇年一二月二三日、山根が、『東京新聞』の楽壇時評で「資格なき仲介者」と題して、山田とオーデンとの交歓を痛烈に批判したことからはじまっている。おおよそ、つぎのようである。

進駐軍音楽家が日本の古典音楽に関心をもち、これに積極的にふれようとする態度は音楽家として当然であって、そのことによって日米間に音楽文化交流がなされるならば、それは結構なことであり、日本の音楽の発展のためによろこばしいことではあるが、しかし、問題なのは、まず、その仲介者にあるという。すなわち、「昨日迄アメリカ人並にアメリカ音楽の野獣性なるものを叫号し、これを不当に汚し続けて来た巨頭であり、憲兵及内務官僚と結託して行はれた楽壇の自由主義的分子並にユダヤ系音楽家の弾圧に於ても軍の圧力を借り、一般音楽家を圧迫しつつ行われた楽壇の軍国主義化に於ても、更に又これらの業績の陰を縫ってぬけぬけと行われた私利追及に於ても、何れも典型的な戦争犯罪人と目される山田耕筰氏であることが我々を驚かせる」として、山田の「音文」を中心とした「聖戦」遂行のための軍国主義的音楽政策・行政を暴露し(5)、そのうえ、つぎには、日本の楽壇は貧弱でその代表者といってもきわめて量見の狭いものにその資格があたえられており、そのために、その役割と名誉を楽壇の発展と社会の音楽文化的向上に機能させず、いうならば、「反公共的性格」の所有者が多く、山田もその一人であると酷評したのである。

そして、その一例として、ソヴィエト音楽との交流をとりあげ、「同氏はかつてソヴィエトに相当の待

遇を以って迎えられたが、日ソ楽界の文驥は一体どれ程行われたろうか。少なくとも我々の側にはソヴィエト音楽については何等真実のことは語られず、僅かに聞き得たのは同氏が如何にソヴィエト楽壇で尊重されたかという誇大な自己宣伝と、いずれソヴィエトは反革命によって覆えされるだろうとの予言であった」と、山田の音楽文化交流の思想性を衝いていた。(6)

アメリカ音楽の追放と音楽自由主義者の弾圧―楽壇の軍国主義化を計った山田は、音楽における「典型的な戦争犯罪人」であり、楽壇の社会性を私的に利用したのは音楽人にみられる「反公共的性格」のあらわれである。

したがって、「日米親善」という美名のもとで、日米の音楽交流を推進する代表者としてはその資格を欠いたものである、と山根は山田を糾弾しているのである。当然、これにたいして、山田は反論し、また、敗戦数ヶ月の楽壇の混乱していたころとはいえ、いくらかの反響がみられた。

まず、山田は、個々の非難にたいしては答える必要を認めないとしつつも、戦争犯罪人扱いされた点に対してはむしろ開き直って、音楽を通して戦力増強、士気の昂揚といった面で戦争に協力したのは、「祖国の不敗を希う国民としての当然の行動」であって、「戦時中国家の要望に従ってなしたそうした愛国的行動が」、山根のいうように、戦争犯罪ということになれば、「日本国民は挙げて戦争犯罪者として拘禁されなければならない」、と切り返している。

そしてさらに、批判する当の山根こそ、「音文」の常務理事で総務部長として実際上の力をもち、その運営にあたった、戦争犯罪の張本人ではないかと反論し、

「山根君！　国は敗れ国民は茫然自失しています。今こそ吾々音楽家は一切の私情を去って一丸となり、敗亡日本を蘇活さす高貴な運動を展開すべきです。楽壇を徒らに怒罵し楽壇人を誹謗するあなたの習癖を

捨てて下さい。そしてこの哀れな祖国の姿を静思して下さい」と呼びかけたのであった。(7)

戦争犯罪人をめぐる論争における二人の争点はこのように基本的にくいちがっているわけだが、それは楽壇―「音文」における二人の位置と役割のうえでの内部矛盾に起因しているといえよう。

なぜならば、たとえ戦時下であっても、いやそういう政治的情況だからこそ、音楽を、あるいは文化一般を、「聖戦」という大義名分のもとに、実のところ侵略戦争における「思想戦」の道具にするか、真に国民大衆の生活と労働を反映し、これを実り豊かなものにしていくために音楽家とその組織が民主的で創造的な活動の主体となるか、という一点において二人の音楽文化にたいする立場と方法はまったく相反するものだからである。

つまり、問題の核心は、当時の官僚的・軍国主義的文化政策に従属するか、主体性を主張するか、にかかわっての争点だということである。

では、山田はこの点についてはどのような見解をもっていたであろうか。かれは反論の注でつぎのようにのべていた。

一体此次各方面で人を戦争犯罪者呼ばわりする傾向がありますが、これは誠に慨《なげか》わしい現象ではありませんか。之は『お前達の誇りとした武士道というものはそんなにも穢《きたな》く惨《みじ》めなものか』と、世界から嘲笑をうけるに役立つ以外の何ものでもありません。此の戦争を阻止し得なかった吾々日本人は一人残らず戦争に対して責任がないとはいえません。そうした吾々が果して同胞を裁く資格があるでしょうか。

（送り仮名・筆者）

これは、端的にいって、「楽壇」のリーダーとしての役割を一般音楽家や国民大衆のそれとあえて同一視し、自己の責任を回避すべく国民大衆とともに自らを弁護しているにしかすぎず、しかも軍国主義的、官僚的傾向はけっして失っていないことが明白である。それゆえ、山根はこの問題に関しさらにつぎのようにのべている。(8)

「音楽文化協会は幾多の矛盾を内包しながらも、その主流は軍官僚による音楽の反動的利用政策に対抗する音楽家としての立場の擁護を自らの任務としたのだったが、憲兵、内務省、情報局一体となっての陰謀工作により山田耕筰氏の独裁が完成されてからは、文化的意義の総てを喪失して全くの反動的な機関となり下ったことは周知の事実である。」

「戦争中憲兵や警察の不当な干渉によって作り出された斯かる状態が今日殆んどその儘温存されて居り一般音楽家の活動が依然抑圧されているのは全く驚くべき事実である。音楽文化協会は解散したというものの、それは全く戦術的な解体にすぎず、それにとって代る音楽連盟なるものが実質的には少しも変らぬ内容を以って山田耕筰氏の手代の如き人物によって作られて居り、情報局は音楽文化協会の延長と看做してか、助成金を与え、事務所を貸与したりなどして楽壇反動組織の育成に尽力している。」

このように、山根が戦時、戦後の音楽文化情況を捉え、糾弾しているのは楽壇内部の矛盾がいかに大きなものであったかを物語っていよう。

それでは、つぎに、この論争をめぐってどのような反響がみられたであろうか。一つには、「音楽の戦争犯罪人の定義」について、(9)音楽関係の評論家等の見解をとりあげてみよう。

「戦争になったらみんなが勝つために国のために働くことは当然のことなのです。そういう意味でいろいろ国に尽した人を後になって、殊にその人達が公共の団体の重要な位置にあって働かされた場合といえども、そういう人達は戦争における自分達の義務を尽したのですから、私はこういう人達は戦争犯罪人といえないと思う。戦争犯罪人というのは、軍閥、戦争指導者に荷担をして、その力、威力をかりて楽壇にいろいろ作用をして自分の利益を計った人達を戦争犯罪人として挙げたいと思います。」

（音楽評論家・野村光一）

「音楽で俘虜を虐めることも直接戦争に参加することもできないのだから、やはり軍とか官僚とかを利用して自分の利益を図った人を戦争犯罪人というよりほかないですね。」

（当時、日本音楽連盟常務理事長・有坂愛彦）

「音楽を通じて国民の士気昂揚に協力しただけということでは戦争犯罪人といえないと思います。いい軍歌を作ってそれが非常に流行った。例えば「暁に祈る」とか「若鷲の歌」が国民大衆に歌われ、それによって予科練の希望者が増加し、戦争へ貢献したが、その作者を戦争犯罪人とはいえないと思う。ただ政治的に軍部及び官僚と結託して仲間を排し、自己の政治的勢力の伸長を図ったということが明らかになった場合は戦争犯罪人の部類に入るのじゃないですか。」

（当時、日本放送協会音楽部副部長・丸山鐵雄）

「私の考では戦争犯罪人というより、戦争犯罪人でないという名乗をあげる人はどういふ資格の人か、それを訊きたいと思います。かつて『楽器も兵器』であると盛に馬力をかけたのですが、これも戦争に勝つための一つの理念で、戦争を直接始めた理念ではない。大体われわれの関係している方々のうちに、

戦争犯罪人といわれる人があるか、これには疑問を持っています。」

（当時、全国楽器商組合連合会常務理事書記長・宮内義雄）

「大体戦争を始めるのに荷担した部類には音楽家で入っている人はない。」

（当時、音楽マネージャー・中谷孝男）

「これはそれぞれの見解の相違であって国民大衆が芸術は国民の敵愾心を喚起することに協力したから戦争犯罪人だ。そこに国民大衆の総意が落ちつけば致し方ないのじゃないかと思います。」

（当時、日本レコード協会主事・安達邦香）

これらのうち、安達の見解をのぞけば、それぞれ異口同音に、音楽における戦争犯罪人の存在を否定しているようにうけとられよう。

けれども、前三者についてみると、軍部や官僚と結託して自己の政治的・社会的利益のために「楽壇」を利用し、音楽によって国民大衆に戦意昂揚をはかり、その子どもたちに軍国主義思想を鼓吹したとすれば、山根のいう戦争犯罪人に該当することになろう。他方、後二者は音楽の歴史的社会における役割という側面をあえて捨象し、誤った捉え方をしているうえに、当時の「情況」判断があまく、きわめて無責任な態度というほかはないであろう。

ただ、安達の場合は国民大衆の判定によるというものであるが、さきの諸見解が、表現は個々にちがっていても、責任のがれの傾向性をもっているのにひきくらべ、見解の相違をみとめて大衆に依拠せんとしている点だけでもいくらか良心的といえるのではなかろうか。

しかし、より積極的なものとして、もう一つとりあげておく必要がある。

清水脩は、音楽家の戦争責任問題について、限界はあるが、その基本的態度として、「自らを顧みて恥を知るだけの卒直さと潔癖さを故意にぼやけさせ、又はそれを失っている限り、楽壇の混迷は救えぬのではないだろうか」と表明し、「所謂ボス的存在の言動が、革新的な空気を濁し、良識の危機をもたらしつつあることも亦見のがせぬ。過去に於けるボス的存在が如何ほど楽壇を毒したかは人の知る所であるが、彼らが再びその勢力の再建に動きつつある」。

現状においては、「彼らの行動を厳重に監視する事だけでも、楽壇の混迷を救うに役立だろう」と戦争犯罪論を示唆的に黙認していたようである。(10)

これは、少なくとも過去を反省し、国民のための音楽文化の再建をめざすべき、音楽家の最低限の思想的条件でなければならない。清水の論評はこの立場をとりもどし、楽壇の民主化と音楽の方向性への一定の提言であったろう。

いずれにしても、山根の投じた問題は音楽関係者たちがそれぞれどのような位置で、どのような態度で音楽の創造と発展に寄与するか、という思想的方法の問題に帰着し、まさしく戦後音楽の史的評価の基準であり、そしてまた、それは現時点での焦眉の問題でもあろう。

さて、これまでとりあげてきた敗戦数年間の音楽民主化の諸傾向とその具体的実践、および論調は、一言でいうならば、占領下日本資本主義体制の一時的停滞期における民主化を反映したものであったといえよう。そして関連して指摘されるのは、音楽関係の雑誌の編集について、以下のような記事が見られることである。

「言論からも演奏上演の面からも従来の制限が撤廃されて新聞雑誌も演奏会も初めて自由の空気を呼吸

するようになった。」（傍点筆者）

「これからの平和日本に必要なのは全国民が自らを慰安し自らを力づける音楽である。」（同前）

「戦争中、音楽は主として産業青少年を慰安激励する方面に力を注いでいたので、本誌（注・『音楽知識』―現在の『音楽之友』）の編輯方針もまた一点に集注されていましたが、今後は事態の変化に応して、広く音楽愛好者の伴侶とすべく切換えていっております。」（『音楽知識』昭和二〇年一一月）

それでは、そうした音楽民主化の情況のもとで、音楽教育の分野においてはどのような転換がおこなわれ、どのような問題が提起されていたであろうか。

(注)

(1)堀内敬三「音楽はどうなるか」、および、清水脩「今後の音楽は?」(『音楽知識』第三巻第二号)、傍点筆者。

(2)堀内敬三「国に捧げよう我等の音楽を」(『音楽之友』第二巻第一二号)、傍点筆者。

(3)清水脩「移動音楽報国隊について」(『音楽之友』第三巻第七号)、傍点筆者。

(4)『東京新聞』昭和二〇年一一月一七日付

(5)この「楽壇時評」には二ヶ所にわたり注のようなものがついているが、その一つには、「斯かる人物がその戦争犯罪を隠蔽せんがため如何に文化交歓を口にするとも、それが額面通り実現されるとは誰も信じまい。おそらく日本文化の正しい姿は歪められ、又米人音楽家の純真な意図も我々音楽家に伝えられないで終るであろう」とあり、批判の痛烈さがうかがえる。

(6)この点については、もう一ヶ所において、「同氏側近者の言によれば同氏は実は別個の任務でソ連に渡ったという話であり、これが真実とすれば日ソ両楽壇の交歓などということは初から薬にしたくとも無かったわけである。与えられた日本の音楽代表者としての名誉は同氏自身の手によって斯くの如く無残に蹂躙されたのである」という注がつけられ、批判が徹底されている。

(7)山田の反論は『東京新聞』で、同じ日付になっている。あらかじめ山根の「楽壇時評」の内容が知らされていたのだろうか。きわめて興味深い。

(8)山根銀二「旧態依然の楽壇」—楽壇時評(二)—(『東京新聞』昭和二〇年一二月二四日付)の一部。

(9)座談会「楽壇の現状を衝く」(『音楽之友』第四巻第三号)。

(10)『音楽芸術』第四巻第三号。

第二章

音楽教育の再興

1 新教育の理念と学校音楽

戦後教育改革のはじまり

音楽の大衆化、大衆音楽の復活、音楽運動の復興、楽壇の再編成、音楽民主化論争、といった占領下における音楽文化の民主的な動向にそって、音楽教育もまた、いわゆる戦後教育改革のなかで、転換、変貌しつつあった。

敗戦直後の混乱から、いくらかでもまとまった教育の方針がうちだされてくるのは、一九四五(昭和二〇)年九月一五日の文部省公表の「新日本建設ノ教育方針」からである。それは「新教育ノ方針」「教育ノ体勢」「教科書」「教職員ニ対スル措置」「学徒ニ対スル措置」「科学教育」「社会教育」「青少年団体」「宗教」「体育」「文部省機構ノ改革」の一一項目にわたっている。その前文では、

「文部省デハ戦争終結ニ関スル大詔ノ御趣旨ヲ奉体シテ世界平和ト人類ノ福祉ニ貢献スベキ新日本ノ建設ニ資スルガ為メ従来ノ戦争遂行ノ要請ニ基ク教育施策ヲ一掃シテ文化国家、道義国家建設ノ根基ニ培フ文教諸施策ノ実ニ努メテキル」

とのべ、また同様に、第一項目の「新教育ノ方針」において、今後の教育については、「国体ノ護持ニ

努ムル」と、一面、保守性、妥協性をもちながらも、「軍国的思想及施策ヲ払拭シ平和国家ノ建設ヲ」目指す、という進歩的、平和的傾向が明らかにされていた。

そして、同二九日には、文部次官から全国の師範学校長宛、「発国一九四号」――「新教育方針中央講習会開催ノ件」がだされ、この方針の普及徹底が期されたのである。

しかし、この「教育方針」は、占領下、とくに、アメリカの「対日政策」の一環としての教育政策によって、補強され、具体化されていったようである。いわゆる「四つの覚書」として知られる、教育に関する占領政策の基本となった「指令」がそのことを示している。

その第一は、同二〇年一〇月二二日の「日本教育制度ニ対スル管理政策ニ関スル件」で、この指令には、教育内容、教育者、教科目や教科書などについて重要な内容がもりこまれている。そのなかで、たとえば教育内容についてみると、

（一）軍国主義的及ビ極端ナル国家主義的イデオロギーノ普及ヲ禁止スルコト。軍事教育ノ学科及ビ教練ハ凡テ廃止スルコト。

（二）議会政治、国際平和、個人ノ権威ノ思想及集会言論、信教ノ自由ノ如キ基本的人権ノ思想ニ合致スル諸概念ノ教授及実践ノ確立ヲ奨励スルコト。

として、教育内容の民主化の方向をとるように命じている。

第二は、同三〇日の「教員及教育関係官ノ調査、除外、認可ニ関スル件」で、これには、

（イ）軍国主義的思想、過激ナル国家主義的思想ヲ持ツ者トシテ明カニ知ラレテキル者、連合国軍日本領ノ目的及政策ニ対シテ反対ノ意見ヲ持ツ者トシテ明カニ知ラレテキル者ニシテ現在日本ノ教育機構中ニ職ヲ奉ズル者ハ凡テ直ニ之ヲ解職シ今後日本ノ教育機構ノ中如何ナル職ニモ就カシメザルコト

（ロ）右ノ外ノ者ニシテ日本教育機構中ノ一定ノ職ニ既ニ就イテイル者ハ今後新タナル指令ノアル迄文部大臣ノ裁量ニヨリ現職ニ留マルコト差支ナシ

（ハ）日本ノ軍ニ今日猶アル者或ハ終戦後復員セシ者ニシテ今日日本ノ教育機構中ノ一定ノ職ニ現ニ就イテキナイ者ハ凡テ今後指令アルマデ日本ノ教育機構中ノ如何ナル職ニモ就任セシメザルコト

というように、教育界から軍国主義者や超国家主義者の追放を命じていた。

以下、第三、第四の指令に関しては省略するが、このように、占領初期の教育改革の方向において、かっての「高度国防国家」建設のための軍国主義的・超国家主義的教育は、民主的・平和的国家建設のための教育への転換がはかられたのであった。そして、そうしたなかで、音楽教育のあり方についてもさまざまな論議を呼び起こし、また問題提起もなされていた。音楽学校の改革に関する論議はそのさきがけであろう。

音楽学校の改革論

一九四五（昭和二〇）年一一月一五日、「音和会」(1)は、「教育界の民主々義化は終戦後、着々行われているが、日本唯一の『官立音楽学校』の改革は全楽壇のみならず日本の文化にとって重大な問題である」として、「音楽学校改革論」を提案している。それを要約すると、以下のようである。(2)

一　画一的教育を排す

従来、官公私立の音楽学は画一的な文部省の専門学校令の下に、音楽を知らぬ役人によって指導されて来た。元来音楽学校は美術学校と共に他の専門学校とは全く異なったものであって、芸術のアカデミーとして純正音楽芸術の最高殿堂たるべきである。

二　教授陣の根本的更改

役人あがりの教授が主導を握り、それが前校長の周囲に寄生し、芸術教育機関たる音楽学校をいかに毒していたか、むしろ慄然たるものがあった。現在の全教授は、この際総退陣し、あらたな校長のもとに、残るべきは残し、老朽無能なるは退陣せしめるべきを希望する。

三　興業的学校経営を排撃す

音楽学校は断じて音楽団体ではない。飽くまでも音楽アカデミーでなければならぬ。だが前校長就任以来、同校生徒の出張演奏、同校管弦楽団の興業的活動等、近年は特に目にあまるものがあった。かかる企業性は完全に一掃せねばならぬ。

四　師範学校的組織の廃止

音楽学校本科は断じて音楽教師（中等学校その他の）を養成する機関ではないのはいう迄もない。しかるに事実は師範学校的空気が充満している。しかしそれがために師範科というのが併設されてあるのだから、本科の教育は事情の如何にかかわらずあくまで純正音楽芸術の研鑽に進むべきである。

五　師範科の分離

本科の芸術教育の推進が師範科の同居によって稍もすると濁らされるというのがその実情である。現

在の師範科についていうなら、これはまた音楽教育者養成機関としてはあまりにも貧困にすぎはしまいか。

六　邦楽科併置を排す

元来、音楽学校は洋楽を主体として創立せられたものであったが、所謂日本主義の波に乗って併置せられた。しかし邦楽界の積弊といわれている家元制度の徹底的打破なくしては、これを音楽学校的組織の中に融合させることは不可能である。民主々義達成の上から、邦楽界の封建性は今こそ打破せねばならない。

この際邦楽科の分離乃至は廃止によって、邦楽界改革の緒口としてほしい。

七　結語

一口にいおう。思い切った改革を新校長にのぞむ。（音和会）

この「改革論」は、それまでの音楽学校の制度・内容・行政に対する厳しい批判のうえにたって提案されたものであり、教育改革の方向性を端的に反映している。しかも、「青年音楽家」の組織による「改革論」であるだけに、批判の眼は鋭く、問題の本質を衝いていた。ところが、この「改革論」と同じような問題提起が、ややおくれて、座談会「音楽学校の改新」(3)において、なされていたのである。そこで、つぎに、そのなかから若干とりあげてみよう。

第一に、教授陣については、一面、その組織法について、青砥道雄は「校長の抑圧に会って野心的意見を持っている人は排斥され、校長に追従する人がはびこって、音楽の衰弱を来たしている。今後は校長に専門家を以て当て、そうした教授の団体を生かした新しい制度を拵えなければほんとうの教授陣の刷新は

できない」と指摘し、野村光一は、反面、「あすこに生徒を教える資格のない無用な人達が沢山いると思う。そういう人達は退陣して貰って、もっと有望な新人を加えることのほうが重大なことじゃないか」と教授の質を問題にしていた。

第二は音楽学校の興業化であるが、これについては、清水脩が「音楽学校作曲というのは個人名義の場合はいくら、学校名義ならその倍額で半額は学校の収入になる。額も小学校なら三十円、中等学校なら五十円、専門学校は百円以上とか、ちゃんと額が決っているのです。でき上ったものについては乗杉校長が必ず一度聴き、そこが悪い、ここが悪いということを一言いって直させて発送する」と「東京音楽学校」の名のもとに音楽の「興業化」の実体を暴露したのに対して、野村は「芸術的見地からいって、そんなことは成立たない。絶対に排撃すべきだ」といっていた。

第三は音楽教師の養成の問題である。井上武士は「師範科と本科、いわゆる教師養成機関と芸術家養成の機関の二つをはっきり区別し、教育の方針を全然変えなければいけない」として、それぞれの機関の機能に即した組織上の区別を説いているが、園田誠一は、一応そうした制度上の問題を認めながらも、しかし、むしろ「音楽的雰囲気が低いから生徒はどっちつかずの道を選ぶことになる、（略）まだ準備が足りないとか、歌がよくないとか、ピアノがあまりよくできないから師範科を受けようという人が大部分」である、と音楽的能力の水準の問題として捉えていた。

最後に、邦楽科については、清水の「邦楽科の生徒達は何等の権威も与えられていない。結局家元の出店にすぎない実情です。私は純粋の邦楽研究機関というものにしてしまったほうがいいというふうに考えておりますが」というように、それぞれ異口同音に邦楽科に対しては消極的態度をとっていた。

このように、この座談会での各々の発言は、内容的には、「改革論」と一致する面がかなりみられる。(4)

戦後教育改革の時期における「音楽学校」改革の方向性とその中心的課題があきらかにされていたのであろう。というのも、この中央における座談会で提言された問題については、地方において「一つの反響」(5)があったからである。

森脇憲蔵は、まず、井上の師範科と本科の分離について、「何故強いて師範科と本科と云う風に区別して教育する必要があるのでしょうか、同じ音楽の道に精進する者です。師範科を音楽的な空気に是非とも浸らせなければなりません」と反論し、つぎに、

「学校が興業化することは最も慎むべきことです。然し現在の団体なり、個人なりには興業的な方が実に多いことを私は痛感します。お弟子の月謝もいくら生活の為とは申せ、家賃同様ではありませんか。音楽が一般に普及しない最大の原因です」と、音楽・音楽家の商業主義化を批判し、そしてさらに、「若し中央の皆様が地方を啓発なされるだけの意気込があられるなら問題はないと考えるのです。それは雑誌についても同じで中央ばかりの記事です。何故地方を云々なさる前に、地方を明るい処に出して、指導する事をなさらぬのですか」、と音楽文化の中央中心主義を指摘していた。

これは、もちろん、一つの反響にしかすぎないであろう。しかし、このような傾向が、形態はちがっていても、ますます加速度的にひろがっていく今日の音楽文化の情況にあっては、歴史的に興味深い一つの論評といえよう。

ところで、占領初期における音楽教育における改革は、教育全体の改革の過程からみて、問題提起の段階であるといえよう。それがかなり活発な論議を呼び起こし、具体的な進行がみられるようになるのは、アメリカ教育使節団が来日し、その報告書が出され、また文部省からも「新教育指針」などが公表されてくる、その時期からである。

新教育の出発と芸術観

占領軍総司令部の要請によって、昭和二一（一九四六）年三月五、六日に来日したアメリカ教育使節団は、同じく総司令部の要請によって組織された日本側教育家委員会の協力をえて、戦後の教育事情を調査し、同三〇日には、その報告書を提出し、日本政府に教育改革を勧告した。

この「米国教育使節団報告書」（以下「報告書」）は、「日本の教育の目的及び内容」「国語の改革」「初等及び中等学校の教育行政」「教授法と教師養成教育」「成人教育」「高等教育」の六章からなり、教育の全分野にわたる改革を勧告したものであるが、軍国主義的・超国家主義的教育の清算、教育行政の地方分権化、詰込み主義的・画一主義教育方法の排除、高等教育の自由主義化と解放などを具体的内容とした、一定の民主的・自由主義的傾向をもつものであった。

この「報告書」による勧告後、まもなく、昭和二一年の五月から七月にわたって、文部省は「新教育指針」を発表し、教育の民主化の方向をうちだした。

すなわち、その「はしがき」で、「国民の再教育によって、新しい日本を、民主的な、平和的な、文化国家として建てなおすことは、日本の教育者自身が進んではたすべきつとめである」と、「教育者の手びき」としてつくられた「新教育指針」は述べている。そしてさらに、教育者にとってもっとも関係の深い問題は、教育そのものにおける民主主義のあり方である、として、「教育制度を民主化すること」、「教育の内容に民主主義を取りいれること」、「生徒の人格を平等に尊重し、個性に応ずる教育を行うこと」、「自主的・協同的な生活及び学習を訓練すること」、「教師自身が民主的な修養を積むこと」などの具体的指針をあたえていたのである。

もちろん、「報告書」と「新教育指針」との関連性、「使節団」と「委員会」との関係について、より綿

密な吟味を必要とするが、いずれにしても、両者、民主的・平和的・文化的な国家の建設のために教育の民主化を強調している点で一致していたのである。

こうした、敗戦後の教育の民主化政策のなかで、いわゆる「新教育」は出発するわけであるが、そのなかに、音楽とその教育のあり方を規定する芸術観ないし芸能観についても一定の見解が表明されていた。「報告書」では、健全な文化の再建は民主主義的精神にささえられた民主主義的な生活の仕方にかかわっている、という観点から、

「芸術家はその仕事のよろこびのために仕事をする。そして外部の力からではなく仕事そのものの与える制約から自己を修養するのである。何世紀もの間を通じて日本は、その心髄まで美の感覚にふれた文化を発展させて来たのである」と、むしろ日本の伝統的な芸術ないし芸能にたいする再評価を暗示している。

これをうけたのかどうかは定かではないが、「新教育指針」では、その第一部後編、第六章「芸能文化の振興」において、つぎのような見解がだされている。

まず、戦後の荒廃した環境のなかでも、人々が「芸能に強い要求をもつ」[6]のは、「人生には『ゆとり』と『うるおい』とが必要」であり、「生きるための仕事に、すべての時間と精力とを費さないで、そこにいくらかでも『ゆとり』をつくり、その『ゆとり』を精神的な慰安に用いて、人生にくつろいだ気分、たのしい時間、心のきよめられる生活を持ちたい」からであって、それゆえにこそ、芸能文化の振興は、「新日本教育の重点とせられる」、と芸能復興の必然性を説き、戦時下では戦意高揚のためにほかのすべての文化とともに「芸能文化」も統制されたが、いまや「不当の制限から解放せられた」。

それは本来のあり方にかえって、「道徳や科学の手段でもなく、政治や経済の方便」でもなく、「美」であり、「美」は「精神的に高尚なものであり、人生のあり方、社会のありかたについて、高い理想を、具体的に、

あるいは象徴的に示すものである。人々はこれを享受し鑑賞することによって、日常の多忙な生活に慰安と快楽とをおぼえるだけでなく、日常の多忙にまぎれて思いつかぬような深い人生、豊かな世界を見出し、それによって人間性をのびのびと発展させることができる」と、芸能文化にたいする基本的な考え方をあきらかにしている。

第二に、そうした芸術の本質である美は、「統一と調和」とによって成り立っており、それは、したがって、平和国家の建設に役立つものとならなければならない。

たとえば、音楽についていうならば、「多くの音はそれぞれ固有の高さや強さや長さを保ちながらも、全体がよく統一され調和されて、美しい調子（リズム）と旋律（メロディー）とをあらわす」わけで、このように、全体を構成する個々の要素がそれぞれ個有性を発揮しつつ、全体としての統一と調和をたもって美を表現する芸術は、いってみれば、「民主的な社会において、人々がそれぞれの個性を発揮しながら、秩序と協同とによって結びつき、平和な生活をいとなむことと同じ原理に立っている」という。

また同時に、芸術は「耳目や手にふれることのできる感覚的な表現と、悲しみや喜びや興奮や緊張のような感情的な表現とをもちながら、その中に無形の精神的な意味をふくみ理想を示している」。いいかえれば、「特殊の具体的な事物や場面を描きながら、同時に人間が一般に、かつ永遠に求めてやまぬ貴いものをあらわしている」。

つまり、「感性と理性、特殊と一般」が統一・調和されて、人々の心に平和と満足をもたらす。人々が職業や年齢、あるいは国境をこえて、ともに歌い、ともに楽しみ、融け合うのはこの芸術の本質にねざしており、この意味において、芸術は平和に役立たねばならないとされたわけである。

第三に、平和国家を建設するための芸術は、明朗で健康でそして建設的な性格をもたねばならない、と

いう。すなわち、芸術は多様な現実を対象に種々さまざまな表現をするものではあるが、「暗黒な人生の中にも、いかに美しい人間性が輝いているか、絶望的な不運の底からも、いかに根強く希望の若芽が生い立つか、不平不満をもって反目しあっている人々も、建設への協力によって、いかに奥深い和解の喜びを感ずるか」、といった人生を表現するものでなければ新しい日本の建設のためにはならない、と捉えられていた。

まさに、芸術の捉え方もまた、教育改革の過程において、大きく転換したのである。では、それは、音楽教育改革の具体化の過程では、どのように機能していったのであろうか。

(注)

(1)「音和会」というのは、すでに「楽壇の再編過程とその民主性」においてとりあげた「青年音楽家」の集まりをさしているものと思われる。

(2)『音楽芸術』第四巻第二号。

(3)(2)に同じ。

(4)この座談会は、同年一二月二日、「日本音楽雑誌株式会社」(音楽之友社)においておこなわれており、「音和会」の「改革論」の提案と一ヶ月以上の隔たりがあるところからすれば、おそらく、雑誌編集者の方であらかじめ「改革論」を知り、これに呼応して「座談会」を行なったものであろう。

(5)森脇憲蔵「一つの反響」(『音楽芸術』第四巻第五号)。

(6)ここで使われている「芸能」という概念は現在一般的な用語となっている芸術とほとんど同じと思われる。おそらく、占領初期における、戦時下での用語の名残ではなかろうか。

2　学校音楽の再建

学校音楽の民主化

新教育の標榜する芸術としての音楽の捉え方は、学校音楽のあり方をも転換させることになった。しかしすでに、戦後、学校音楽の改革にとりくんでいた関係者の論調にその端緒がみられる。

戦後、日本教育音楽家協会の会長となった、歌曲『母』でも知られる小松耕輔（一八八四〜一九六六年）は「聖戦下における楽界の動向、音楽者の覚悟[1]」について作曲の面では、「盛り上る愛国的情熱によって国民を奮起せしめ、一億火の玉となって決然国難に赴く精神力を発揮せしむる如き作品を作ってもらいたい」、演奏会の面では、「国民精神の高揚に資し、決戦体制に処すべき逞ましき精神力を奮起せしむるような曲目を加えて欲しい」、と要望する一方、他方、厚生音楽による産業戦士の決戦体制およびレコード界のそれの強化を呼びかけ、さらに、音楽行政について、

「政府は先ず音楽行政の中心機関を設け、其処で一貫した政府としての音楽政策を樹立し、方策を定め、その意見が政務実行機関を通して急速に行われるようになればその成績は大に見るべきものがあるだろう」とその官僚的中央集権主義を標榜していた。

ところが敗戦とともに、「教育音楽」の方向転換を「ポツダム宣言受諾によって明かである通り、平和国家、民主主義国家の樹立の線に沿うて進むべきことは言を俟たない」とし、そして「音楽は再び本来の姿に返り芸術的、平和的、民衆的のものとなることが出来たのである」から、教育音楽関係者は「今後この音楽的目的に向って進むべきである」とよびかけ、つぎのような具体的方針をかかげている。[2]

その第一は、音楽は人間が平和的に、円満に発達するために必要欠くべからざる教科である、というこ

とである。

しかし、過去においては、この元来「人間の情操を豊かにし、純美なる感情の育成につとむべき」はずの音楽の側面が軽視された。そのために、極端な軍国主義の方向をたどってしまった。

そこで、いまこそ、この欠点を是正し、教科としての音楽の充実を、教育体系の全般にわたって、期さねばならないというわけである。

第二は、社会教育における音楽の問題である。この点については、「少なくとも政府は六大都市に於ては芸術的価値ある管絃楽団の設立を計り、その成立によって民衆の音楽的教養に資し、低廉なる入場料をもって高級なる音楽を聴き得るようにし、更に進んでは各地方に専門的或はアマチュアのブラスバンドを作るように指導し、これによって大衆の音楽的趣味を向上せしめなければならぬ」と、音楽行政の民主化をよびかけている。

第三は、青年学校における音楽教育についてであるが、青年は敗戦によって虚脱状態に陥入り、自己の進むべき方向を見失ってしまっているのであるから、民主主義の理論や科学思想を教えるのも必要ではあるが、むしろ健全な娯楽とゆたかな情操がかれらには不可欠であって、したがって、「青年学校に於て先づ彼等に音楽を与えよ。そして青年学校を彼等の楽しき集会所たらしめよ」というのであった。

以下、ソルフェージュや教材の問題についてはあとであらためてとりあげることにするが、このように、小松は教育音楽家協会を代表して、これからの音楽教育のあり方と音楽教師の使命について提言し、学校音楽の民主化の方向を示唆していた(3)。

かつては「音文」の重席にあって「聖戦」遂行のための音楽活動における中心人物の一人であった小松が、戦後、こうした学校音楽の民主化にとりくんだことはきわめて興味深く、学校音楽の主導的機関とし

ての教育音楽家協会の方向性を示したものといえよう。

では、同協会の役割はどのように把握されていたであろうか、理事の林幸光によればこうである。まず、「本会の目的は、学校音楽を通じて、健全な情操陶冶を計」り、「平和日本建設に寄与」する点にあるという。

そして、この目的を達成するためには、会員の福利増進に関する施設、学校音楽関係の講演や講習会、あるいは研究会や出版などの事業はいうまでもないが、問題は地域の教師の積極的な活動にかかわっており、これからの学校音楽の重要性はここにあると、とらえられている点で注目される。

たとえば、具体的に後に問題にするが、「イロハ音名唱法」がいいか、「移動ド階名唱法」がいいかについて世論調査を行ない、その結果にもとづいて唱法についての一定の見解をうちだす、という教育行政のあり方は従来の中央集権的なそれを打破していくための第一歩であり、同協会がそのような調査を試みたのは学校音楽の民主化をめざすうごきの具体的なあらわれであったとみてよかろう。

こうしたなかで、文部省は、占領下、CIE（民間情報教育局）の指導のもとで学校教育の目標・内容・方法等の改革と整備をすすめ、昭和二二（一九四七）年三月二〇日付で、戦後最初の「学習指導要領一般編」（試案）を発表したのであったが、この年は、「教育基本法」や「学校音楽法」の成立とともに、まさに戦後教育改革の基本を定めた年になっている。

学校音楽の理念　―『学習指導要領』の音楽観―

「いまわが国の教育はこれまでとちがった方向にむかって進んでいる。（略）このようなあらわれのうちでいちばんたいせつだと思われることは、これまでとかく上の方からきめて与えられたことを、どこまで

もそのとおりに実行するといった画一的な傾きのあったのが、こんどはむしろ下の方からみんなの力で、いろいろと、作りあげて行くようになって来たということである」と、まず、それは従前の中央集権的な教育行政を批判し、「その地域の社会の特性や、学校の施設の実情や、さらに児童の特性に応じて、それぞれの現場でそれらの事情にぴったりした内容を考え、その方法を工夫してこそよく行く」と教育方法の画一性を排除し、そしてそれは、「これまでの教師用書のように、一つの動かすことのできない道をきめて、それを示そうとするような目的でつくられたものでは」なく、「新しく児童の要求と社会の要求とに応じて生まれた教科課程をどんなふうにして生かして行くか教師自身が自分で研究して行く手びき」であると、教師の自主性を尊重した内容のものであった(4)。

つまり、最初の『学習指導要領』は、教育の民主化の線にそって、きわめて柔軟な考え方をしていたわけである。

『学習指導要領・音楽編』もまた当然、その後のそれと比較して、当時の担当者であった諸井三郎が、「そのときといまの指導要領はずいぶん違うんじゃないですか。ぼくがそのときに一番考えていたことは、コース・オブ・スタディでは、できるだけいろいろのことを、細かく規定しないようにしたいということでした。本質的なことはちゃんとしていなければいけないけれども、その他のことはできるだけフレキシブルにやる、こまかいことまできめるということは、なるべく避けたいというのが基本的な考え方でした(5)」といっているように、あくまでも教育主義の参考に供すべき一つの指針としてつくられたものである。

これは、新教育の基調ともいうべき平和主義、民主主義の観点から、学校音楽の基本をとらえたものであり、戦前・戦中のそれからの解放をめざしたものといえよう。

いいかえれば、「音楽を通じて或る型の人間を作り上げることであったり、或は音楽を通じて政策の遂

行に協力するような人間をつくったりすることであってはならない」のであって、そのためには、「音楽教育の目的は音楽そのものに対する知識や技術を学び、これによって音楽が芸術として持っている美の把握をより深く可能ならしめ、この美の感得或は把握を通じてより高い人間性を展開せしめる」[6]ところになければならない、というのであった。

要するに、音楽教育は天降り式に「型」にはめこむようなものであってはならず、それゆえにこそ、それはより自由な雰囲気のなかで、子どもの音楽要求が満足されるように、そして教師が主体的に取り組めるように、民主的で平和な教育的環境が必要だ、ということである。

しかも、このように、音楽の手段化の否定のうえにたって、「芸術としての音楽」という把握がなされているのである[7]。

すなわち、まず一つには、「音楽は、音を素材とする時間的芸術である」として、音の運動としてとらえられ、その多様な運動のなかに秩序と統一が認識され、そこに一定の形式が生まれるが、それは言語のように具体的な内容をもちえないけれども、「世界ただ一つの普遍語」だという。

そして二つには、そうした音の運動として成立する音楽の特殊性は「音楽の流動性」と「音楽の瞬間性」にあるゆえに、その特性を表現するための特殊な技術が生まれるとする。たとえば、演奏についてみると、声楽の場合の発声にしても、またピアノ演奏におけるタッチ、ペダリングやフレーズィングにしても、音楽の特殊性にもとづく技術以外の何ものでもなく、ここに音楽の教育・訓練の独自性があるというのである。

「音楽美の理解・感得」という音楽教育の基本的目標は、このような、音楽の認識のうえに設定されているといってよい。いま、目標群を列挙すれば、

一　音楽美の理解・感得を行い、これによって高い美的情操と豊かな人間性とを養う。
二　音楽に関する知識及び技術を習得させる。
三　音楽における創造力を養う（旋律や曲を作ること）。
四　音楽における表現力を養う（歌うことと楽器をひくこと）。
五　楽譜を読む力及び書く力を養う。
六　音楽における鑑賞力を養う。

となっているが、全般的に技術の側面が前面におしだされ、強調されている。

しかし、そこには、音楽技術の把握がただちに人間性を高めることになるという点が前提されており、「音楽教育は情操教育である。しかし、音楽は本来芸術であるから、目的であって手段となり得るものではない。そこで音楽教育が情操教育であるという意味は、音楽教育即情操教育ということ」だとして、つまりは、音楽の本質は技術であり、その音楽技術は美であり、そして、その「音楽美」は同時に「情操」であるという、いわば、三段論法的な音楽認識論なのである。

このように、音楽を音の運動としてとらえ、その法則性を技術として認識し、さらにこれを音楽美として教育の内容に位置づけた、音楽と音楽教育の思想と方法―認識論―は、一つには、音楽を音楽たらしめている客観的・物質的基礎を明らかにしたこと、二つには、教育の目標を技術的な側面とレベルにおいてとらえ、それの習得の過程および結果を主観的・精神的な側面としてあきらかにしたこと、において、どのような音の運動がどのようにして音楽として法則的に認識されるのかの点でいまだ観念的であり、また技術と美、美と情操、の関係が曖昧な点で限界をもっていることは否定できないが、しかし、「道徳性ノ

陶冶」とか「国民的情操ノ醇化」といった、手段化された、それまでの音楽観と音楽教育観とは決別し、それを克服する方向をめざしたものである、という意味においても、現時点でなお評価されてしかるべきではなかろうか。

3　教育実践の諸問題

教材について

『学習指導要領』の公表によって、戦後教育――「新教育」――はあらたな路線を歩みはじめる。だが、そのような指針がだされたにしても、この転換期にあって、教育実践の場では何を目安にどう教えたらいいのか、むずかしい状況にあったのではなかろうか。

そこで、つぎは、教育の内容や方法の問題にふれなければならないが、その前提として、つまり新教育の発足以前には、この点に関してはどのような対策が講じられていたか、それ以後と比較する意味において、まず、教材についてとりあげてみよう。というのは、敗戦・占領の過程において、超国家主義・軍国主義の思想、イデオロギーの排除は至上命令であり、事実、文部省は昭和二〇年九月二〇日付でもって、「終戦ニ伴ウ教科用図書取扱方ニ関スル件」(8)という「通達」を発し、つぎのような、現行教科書の削除および取扱上の注意点を指示していたからである。

（イ）国防軍備等ヲ強調セル教材
（ロ）戦意高揚ニ関スル教材

（ハ）国際ノ和親ヲ妨グル虞アル教材
（ニ）戦争終結ニ伴ウ現実ノ事態ト著ク遊離シ又ハ今後ニ於ケル児童生徒ノ生活体験ト甚シク遠ザカリ教材トシテノ価値ヲ減損セル教材
（ホ）其ノ他尚承詔必謹ノ点ニ鑑ミ適当ナラザル教材

では、これをうけて、音楽教育界はどのように対処したのであろうか。ここでは、教育音楽家協会の代表者井上武士の論稿による検討にとどまるほかない。(9)

井上によると、まず、「八月十五日正午、終戦の聖断を仰ぐ瞬間まで、わが国の教育は、戦争という目的の為めに甚だしくゆがめられた方向に向って居ました。今こそ教育は平和新日本建設の為めにその本道に帰らなければなりません。音楽教育は音楽芸本来の使命に立脚して、この新しい教育目的の為めに再出発をしなければならないと思います」と教育の転換をうけとめ、それにのっとって、これからの学校音楽の「真使命」は、子どもの音楽性と音楽的環境—音楽生活に密着したものにし、そして子どものそうした音楽性の育成によって「平和新日本建設」に役立つ人間の形成にある、としていた。

そして、子どもの音楽性、音楽生活を「面白い歌を歌うことを喜び」、「面白い音楽を聴くことを喜ぶ」と規定し、この点からも現行音楽教科書の全面改変が必要であるというのであった。

井上はさきの文部省通達をも考慮にいれ、削除すべき教材を私見によるものとしてあげているが、その一部を以下に掲げてみよう。（次頁）

戦時下の学校音楽がいかに軍国主義的傾向の強いものであったか、いや軍国主義一色で塗潰されていたか、一目瞭然であろう。当然、削除されるべきものとなったのである。

ウタノホン　上（初等科第一学年）
一八　兵タイゴッコ
うたのほん　下（初等科第二学年）
四　軍かん、一五　おもちゃの戦車
一七　兵たいさん、一九　日本
初等科音楽　一（初等科第三学年）
八　軍犬利根、一四　潜水艦
一六　軍旗、二〇　三勇士
初等科音楽　二（初等科第四学年）
一一　靖国神社、一四　入営
一八　広瀬中佐、一九　少年戦車兵
二〇　無言のがいせん
ウタノホン　上（初等科第一学年）
一八　兵タイゴッコ
うたのほん　下（初等科第二学年）
四　軍かん、一五　おもちゃの戦車
一七　兵たいさん、一九　日本
初等科音楽　一（初等科第三学年）
八　軍犬利根、一四　潜水艦

一六　軍旗、二〇　三勇士
初等科音楽　二（初等科第四学年）
一一　靖国神社、一四　入営
一八　広瀬中佐、一九　少年戦車兵
二〇　無言のがいせん
初等科音楽　三（初等科第五学年）
三　忠霊塔、四　赤道超えて、七　戦友
九　大東亜、一二　橘中佐
一五　特別攻撃隊、一九　白衣の勤め
初等科音楽　四（初等科第六学年）
四　日本海海戦、八　満州のひろ野
一一　落下傘部隊、一二　御民われ
一四　船出、一六　少年産業戦士
一八　水師営の会見、二〇　日本刀
高等科音楽　一男子用（高等科第一学年）
一　海ゆかば、二　青年の歌
三　八紘為宇、一〇　空を護る
一二　機械に生きる

唱法について

つぎは、「移動ド階名唱法」がいいか、「イロハ音名唱法」がいいかの問題である。この問題は、後者が戦時下、いわゆる「耳の戦争」のための「音感教育」と密接にむすびついた唱法として、軍部の要請に応じて、採用されたものであっただけに、いいかえれば、音楽教育の実践のうえで、あるいは理論的要求をともなってうちだされてきたものではなかったがゆえに、非常時からの解放と同時にこれに対する批判や反省がなされるにいたったのは自然のなりゆきであった。以下、二、三そうした論調をひろってみよう。(10)

たとえば、作曲家の平井保喜は、「イロハ音名唱法」について、「所謂絶対教育がして見せた最高の個別的認識という抹消的能力が、あたかも旋律の感受性とそれに伴う音楽的発想能力以上に大切なものであるとの錯覚を起さしめた」、として、この唱法はむしろ「児童の音楽的能力と感受性の低下」をもたらした、と批判的見解を表明し、「移動ド唱法」にもどることを認めていた。

中野義見は、「つまり一つの旋律を歌って行く場合でも、或る音から或る音への関係音感で歌うのではなく、個々の絶対音感で歌えるように教育せよと云う」国民学校の行き方は、「一週に僅か二時間、而も家に帰った処で何一つ楽器らしい楽器をもって居らぬ児童、学校の音楽教室以外に何等の環境にも恵まれて居ない児童に、果して六箇年間に之が可能であろうか。……一人のモーツァルトを作る為めに幾十万の児童が無味乾燥な音楽教育を受ける犠牲となってよいものであろうか」とその可能性に対して疑問を提言していた。

また、近藤義次は、この唱法の導入によって、ひとつには、基礎偏重をもたらしたこと、したがってふたつには、音楽の時間を楽しいものでなくしてしまったことを指摘している。

すなわち、第一点については、教師は短期間の講習ののち、「毎日、明けても暮れても『ハホト』『ハヘ

イ』『ロニト』の同じ道を、行きつ戻りつして居る計りで」あったし、第二点についても、そのような「基礎」偏重の結果、「旋律—児童的な、柔かさと美しさとを持つ—を失ってギコチない、委縮したセムシの様な旋律のみを歌わせられるに至った」と当時の模様を分析していたのである。

これらのほか、唱法の問題はかなりの論議をよびおこし、教育音楽家協会では「音名唱法」か「移動ド階名唱法」かをきめる手掛りとして、全国五〇〇名の識者に対し意見聴取を行なったところ、つぎのような結果をえたという。

イロハ音名唱法	三六	固定ド唱法	六七
固定ドを階名と誤った者	二五	移動ド階名唱法	三〇四
其の他	三九	不明	二九

こうして、同協会は文部省にこれにもとづいて左の「上申書」を提出したという。

上申書

国民学校・中等学校・師範学校等に於ける芸能科音楽の歌唱には、従来の音名唱法を廃止して移動ド階名唱法を採用せられたし。

これに対し、文部省は次のように同協会に通達したのである。

発教一〇三号
昭和二十一年八月二十八日　　　文部省教科書局長　有光次郎
階名唱法について
従来の国民学校及び中等学校に於ける音楽指導にあたり、聴覚訓練特に和音訓練の極端なる重視からイロハ音名唱法が採用せられていたが、種々検討の結果自今国民学校及中等学校に於て音楽を指導する場合に原則としてドレミ階名唱法に則ることとした。但し事情により音名唱法（イロハ音名唱法及び固定ド唱法）を継続して実施するも妨げない。
尚、音名は従来通り日本音名を使用すること。
右の趣旨を改めて貴管下国民学校及び中等学校に通達せられ、指導を遺憾なきよう特に御配慮を願います。

（注）
（1）小松耕輔「決戦生活と音楽」（『音楽之友』第三巻第七号）。
（2）同「終戦後に於ける教育音楽の諸問題」（『音楽芸術』第四巻第六号）。なお、この論稿は『音楽教育史研究』資料特集「戦後の音楽教育論」に収録されているので、極く簡単にふれておくことにする。
（3）ほぼ同じ内容の論稿が、戦後の『教育音楽』創刊号に、「教育音楽家の重責」（小松耕輔）というタイトルで掲載されている。
（4）「学習指導要領一般編」（試案）序論の一部—傍点筆者。
（5）「学習指導要領音楽編」の作成過程については入手できず、担当者の論稿や著者、または後日談によるほかはない。そのなかでも、比較的詳しく、問題の核心にふれ、しかも新しいものとしては、諸井三郎・本誌《対談》「戦後音楽教育の出発点を探る」（『音楽教育研究』第一四巻第八号）があげ

られよう（傍点筆者）。
（6）諸井三郎著「音楽教育論」（昭和二二年一月）
（7）文部省「学習指導要領音楽編」（試案）昭和二二年六月二五日刊
（8）文部省「終戦教育事務処理提要」一（昭和二〇年）
（9）井上武士「国民学校音楽教材のあつかひ方」（『音楽知識』第三巻第三号）。なお、この論稿は、学校音楽関係のものとしては、戦後初期のもののひとつであり、占領下の教育動向のなかでいちばんはやく対処したもののようである。したがって、ここでは、論述の順序は前後していることになる。
（10）平井保喜「音楽教育の出発点」（『教育音楽』第一巻第一号）

4　新音楽教科書の出現

教材や唱法などの教育実践における暫定的な措置の時期を経て、戦後学校音楽行政の基本的な作業は「新教育」の方針・理念にもとづく学習指導要領・音楽編の作成と、もうひとつには新しい音楽教科書の作成であった。

文部省は、昭和二〇（一九四五）年一〇月一三日、勅令第五一七号をもって、教科書局をおくための「文部省官制」の一部改正を裁可し、教科用図書の編集、発行、調査、検定に関する作業をすすめることとなった。しかし、教科書局ではすぐに新しい教科書の作成にとりかかったのではなく、すでにのべたように、暫定的な措置を講じ、同二一年一月二五日の教科書局長からの地方長官、学校長への通達[1]で、「終戦後ノ新事態ニ即応スベキ各学校用新教科書ニ関シテハ本年中ニ新編纂ノ上二十二年度ヨリ之ヲ使用セシムル予定ヲ以テ目下之ガ準備中ナリ」といっているように、それは、実際には、昭和二二年度を目

指してすすめられていたわけである。

したがって、同二一年度使用の教科書はまだ「暫定教科書[2]」であった。この事情について、当時、教科書局の庶務課長であった近藤唯一は、

「戦争及敗戦のいたでの一つとして、用紙事情のひっぱくに妨げられて、教科書は大部分、分冊の薄っぺらな、折本のままのものが発行され、しかも全部の需要をみたすこともできなかった。事情やむを得なかったとはいえ、まことにみじめなことであった。」（『文部時報』第八四四号）といっているのはこの間の実情を端的にいいあらわしているように思われる。

つまり、国民学校の教科書のなかから軍国主義的、超国家主義的な傾向をもった教材を取り除いたものをつかっていたことになる。では、その新しい音楽教科書はどのような観点にたってつくられ、どんな特徴をもっていたのであろうか。

ここでは、「教科用図書委員会[3]」での討議資料や事務・手続についての資料があるわけではないので、関係者の論稿や報告などによってみていくことにしたい。

教科書局の庶務課長だった近藤唯一によると、「暫定教科書」にはかなりの日時、手数を要したので、それ以後一年間はそのなかで使えるものは残しつつ、徐々に新しい教科書の体系を確立していこうという方針であったが、学校制度が問題になるにおよんで、これに即応した教科書の作成が要請された[4]、という。

そして、それまでの教科書は一部の関係者の経験や考え方にもとづいたもので、教科書として体裁は整っているが、子どもの実態に即しておらず、客観性に乏しいものとなっていた、という反省と批判のうえにたって、調査や実験をもふまえて、編集にあたっては「児童青年の生活の実態を考え、その心理的特質に即応するように心がけ[5]」たと同時に、教育は社会的機能であるという観点から、社会の要請にこたえるべ

く、その面での検討もなされたという。

この点に関して、「文部省官制」の改正によってうまれた社会教育局の視覚官となった諸井三郎は、「学校教育はむしろ社会教育の地盤の上に展開せらるべきで、学校はすでに一つの立派な社会である。」（「音楽教育論」）として、今後の音楽教育もまた児童中心の方向とともに他面、「学校というものは社会の一つの要素でありまして、その要素をバランスのとれたものとして児童に与えることが大切なのであります。」（「教育音楽」第二巻第二号）とその社会的側面を強調している。

これをうけて、小学校の場合は「児童に興味をもって、生活や遊びを通して学びとらせることを主眼とした」[6]という。それは、つぎに示すように、題材や歌詞の内容の面に端的にあらわれている。

第一学年
四月　①　みんないいこ　②　はな
五月　③　ちょうちょ　④　むすんでひらいて
六月　⑤　わたしのひつじ　⑥　ぶんぶんぶん
七月　⑦　きんぎょ　⑧　かたつむり

第二学年
四月　①　春　②　しーそー
五月　③　くつがなる　④　さんぽ
六月　⑤　とけいのうた　⑥　かぼちゃの花
七月　⑦　よあけ　⑧　花び

第三学年
四月　①　春の小川　②　なかよし小よし
五月　③　雲と風　④　池のあめ
六月　⑤　からす　⑥　かい
七月　⑦　池のこい　⑧　ぼんおどり

第四学年
四月　①　かすみか雲か　②　春
五月　③　すみれ　④　なわとび
六月　⑤　田植　⑥　わか葉
七月　⑦　ほたる　⑧　かえるの合唱（四輪）

第五学年
四月　①　春（二合）　②　楽しいこきょう
五月　③　こいのぼり　④　朝の月（二合）
六月　⑤　雨だれ　⑥　夏は来ぬ

七月　⑦　元気で行こう（二輪）　⑧　ゆめ
第六学年
四月　①　春の訪れ　②　おぼろ月夜（二合）
五月　③　五月の歌（二合）　④　ひばり（三合）
六月　⑤　麦かり　⑥　あかつきの景色（二輪）
七月　⑦　遠き山川　⑧　歌をわすれたカナリヤ

ここには、一学期の教材だけをとりあげたが、全体を概観して、音楽面でいえる点は、新教材にしても国民学校の教科書からうけつがれた教材の方がむしろ多いこと、外国曲が圧倒的に多いこと、しかも、一つの指標として音階で区別してみると、長音階がほとんどであることなどであろう。

しかし、合唱と輪唱がかなり重視されている点が注目される。なかでも、「かえるの合唱」は特異な存在である（譜例）。

これは編集委員の一人であった岡本敏明（当時、国立音楽大学教授）の選によるという。岡本教授によると、編成委員会で、「何かいい輪唱曲はないか」ということが話題になった際、この輪唱曲を提示したところ、同じく委員の一人であった小林つやえが勤務校の東京高等師範学校付属小学校で子どもたちに歌わせて反応をみることになったが、子どもたちはこれを授業が終っても、廊下を歩きながら歌い、大へんな受けようであった、という（筆者聞き取り）。従来の教育観を大きくかえる一つの契機となったと思われる。

蛙の合唱
Froschgesang
（4声）
♩= 88
岡本敏明作詞
ドイツ曲
かえるの　うたが
gan-ze Som-mer — nach-te lang,
きこえて　くるよ
hö-ren wir den Frosch-ge-sang;
クワッ クワッ クワッ クワッ
quak quak quak quak
ケケ ケケ ケケケケ クワッ クワッ クワッ
kä-kä kä-kä kä-kä kä-kä quak quak quak

中等学校の場合は、「今後の音楽教科書は如何にあるべきか」、という基本問題について編纂委員のほか音楽評論家、

作曲家、音楽教師、文部省監修官、C・I・E、放送局音楽関係者などの意見開陳をみる一方、実践的問題について、つぎのような調査を行ない、与論の支持を得た教科書の作成に努力したという。(7)

一、生徒用教科書に伴奏はいるか
二、音感教育の取扱い方は如何にすべきか
三、日本旋法は、全教材に対し如何なる割合に取入れるべきか
四、男女別、学年別に優良歌曲教材三曲づつを「題目、作詞者、作曲者、所載書名」記入せられたい。

この調査は全国の中学校、女学校、師範学校、国民学校などにむけ千五百通を発送し、そのうち五百通の回答があり、その結果、第一については全部「伴奏を附けるが可」、第二については「絶対音感教育の要なし、和音訓練、聴覚訓練等は重要されたし」が九〇パーセント、絶対音感教育の主張者二パーセント、その他八パーセント、第三問は「日本旋法は、全体の二パーセント位が可」という回答が九九パーセントをしめ、第四問に対してはかなりまちまちで教材についての現場教師の考え方、見方の相違が浮き彫りにされた、という。

こうした検討や手続をへて、まず中学校の教科書の原案がつくられた。原案と実際に出版されたものとには大きなちがいはないが、ここには、参考までに原案の一部を揚げておこう。(次頁)

このようにしてつくられた戦後はじめての高等教科書には、さらにいくつかの特徴が持たされていたのである。当時、教科書局第二編集課で教科書編集にたずさわっていた近森一重の論稿から要約してみよう。(8)

まず第一にあげられるのは、写真あるいは挿絵がはいっている点である。楽器や合奏の写真、オーケス

トラの編成と、各楽器の配置図、作曲家の肖像等がそうである。

第一学年
①　春が来た　②　霞む夕日
③　かっこう　④　雲の色
⑤　めえめえ子羊　⑥　真珠
⑦　眠りの精　⑧　虹
⑨　漁業の歌　⑩　浜千鳥

第二学年
①　岸の桜　②　朝だ元気だ
③　サンタ・ルチア　④　五月の丘
⑤　この道　⑥　露
⑦　都会の歌　⑧　ほととぎす
⑨　その月　⑩　運動会

第三学年
①　花　②　おおひばり
③　いずこえいく　④　野ばら（シューベルト）
⑤　からたちの花　⑥　姉妹
⑦　浜べの歌　⑧　山登り
⑨　浦のあけくれ　⑩　湖上の月

これらを手がかりに子どもたちに音楽鑑賞や器楽への関心をもたせたり、実際に楽器を見たり手にとったりできない子どもたちにその代理経験させるために一定の効果が期待されているわけである。

第二は、伴奏がつけられた点である。これは、音楽学習が旋律を歌う段階にとどまるのではなく、よりすすんだ段階では旋律の背景を、たとえハーモニーの知識がなくても、感じとらせることが芸術的に高めていくために必要であり、そのための一つの方法として伴奏譜をよりどころにする、という考えによるものである。そして、そこからさらに、器楽学習への方向もひらかれる、というわけであろう。

第三には、音楽理論が位置づけられたことである。小学校においては楽譜を読んだり、書いたりするうえで必要な音楽についての知識を歌唱学習等のなかで習得させるもので、従来「楽典」とよばれてきているものに当り、中学校においては小学校段階のものを発展させ体系化するためのものであり、楽典のうえ

に音楽史、楽式、和声等をとりあつかうようになっている。

第四点は音階の取り扱い方であるが、これは音組織に対する感覚が明確になっていない段階では単なる知識としての音階の学習は意味がないので、たとえば、小学校低学年では思い切って、「明るい」長音階だけにしたという。

なお、小学校低学年では「音楽絵画」をくわえ、旋律の高低や長短を視覚的にとらえさせる工夫もされている。

こうしてみると、これらの特徴は現在ではごく当りまえのように受け取られようが、「国民学校」時代の「ウタノホン」や「初等科音楽」にくらべると相当の方向転換がはかられていることが明白である。それでは、このような音楽教科書を教育実践の場ではどのようにうけとっていたであろうか。まず教師の報告のうちから若干とりあげよう(9)。まず積極的に評価される点としては、

○新音楽教科書の歌曲は全体的に垢抜けしたよい曲がある。外国の名曲、馴染み　深い童謡、馴染み深い前教科書の歌曲、軽快な新曲、当校のよろず屋教師は、皆満足して音楽指導に当たって居る。

○輪唱は児童に喜ばれている。

○伴奏はやさしいので、よろず屋教師にとっては喜びである。

○楽典事項が児童に考えさせるように、発問形式で歌唱教材と関連して出て居り、児童にも教師にもしっくりしてよい。

○音楽化された挿絵は素晴しい。

○合唱曲、輪唱曲が多くなったのは有難い。

○小学校高学年の曲や中学校の曲の中に、名曲が数多く取入れられたのはよい。
○教科書には教師用、児童用の別のなくなったことは非常に結構である。
　などの諸点があげられる。しかし、反面、批判や要望もみられる。すなわち、
○新教科書は歌曲全般から考えても児童の生活に、しっくりしたものが無いと感じられる。相当童謡を加味して作られているが、それは大人の童謡であって真に童心に喰込むまで至っていない。今後は児童の作詞・作曲になるものを多分に採用し、児童の血の通った教科書にしたらよいと思う。
○歌曲が受けるところの夢の絵とか、詩から来る情景の絵とかを盛り、もっと童化した教科書にすれば児童に親しまれ喜ばれる楽しいおんがくの本になると思う。
○作曲も教師が強いるものではない。そこで一つの歌曲を歌唱することから自然創作意欲を起し得る様な、即ち暗示を与える様な歌唱教材が欲しいと思う。
○器楽指導に於ける演奏曲（参考曲）が欲しい。児童に見易い曲で、而も基礎的内容も含むものを教科書にのせ、児童が自発的に演奏出来るようにしたい。
○低学年であるから短い曲の方がよいと考えることも出来るが、一年生の子供でも「みんないいこ」や「あさのうみ」「まりなげ」等は短かすぎると見えて、先生たったこれだけですか、もっと長いうたを教えて下さいという児童がある。一考してみてはどうだろう。
○歌詞とリズムや旋律との関係についてのことだが、四年生の音楽にある「かき」はどうも歌いにくい。
　戦時中は正道でない音楽教育が実施されたため、曲よりも歌詞第一で歌詞に重点がおかれたため、曲が

おろそかにされ勝であった。それが敗戦を契機として正道に向うべき音楽教育が提唱され、歌詞よりも曲に重点が置かれたことは正しいと言える。しかし何も歌詞を無視することではないのだから、出来るだけ歌いやすいように歌詞をつけていただきたいものである。

などはその一部である。ここには、子どもの歌、音楽とはどうなければならないか、子どもの要求にそった、メロディと歌詞の関係が十分考慮された、しかも基礎的な要素が確実におさえられた、そしてつぎへの展開がスムーズな、いってみれば典型教材の必要が示唆されているのではなかろうか。

次に、子どもたちの側ではどのような反応がみられたであろうか。以下は、小・中学生の座談会からの一部である。(10)

○「こいのぼり」はあまり好きでありません。「あまだれ」は雨が降っている時の感じがよく出ていて好きです。「夏は来ぬ」も好きです。「元気で行こう」は学校へ行くときや遠足に行くとき楽しい気持にしてくれると思います。「まきばの朝」も「故郷の人々」もいいです。「秋の山」は秋の山の姿が思い出せるいい音楽だし、「冬景色」は冬の景色が自分の心に流れるように思える気がします。「野ばら」はとてもいいと思います。ゆっくりした、何というか、とてもいい気持になって来ます。

○「荒城の月」「ローレライ」、憂鬱の時に楽しむ、「かっこうワルツ」「冬の星座」、そんなものが好きです。むしゃくしゃするという時にそんな音楽を聴くと希望を見出すという感じがするのです。だから一年になれば、教養を高めるという意味でもっと世界の名曲を入れて欲しいと思います。

○「オールド・ブラック・ジョウ」みたいのがいいと思います。この曲は作曲家の気持がよくわかると思

います。
○中学の例をとっていえば、一年ですけれども、もう少し名曲を入れ、楽器の名前などを多く。
○やさしい音楽劇を入れて貰いたい。

このように、きわめてかぎられた範囲であるが、子どもたちの反応は、一定の積極性を示していたことがうかがえる。これは、やはり教科書の内容によると同時に、従来そうであったように、あらかじめ決められたものをその通りに教える、という教材の形式主義的な取り扱い方があらためられたことによるのではなかろうか。(11) だが、その前提条件はなんといっても内容であろう。

木村信之（当時、東京学芸大学教授）はその内容について分析しているが、(12) とりわけ、

(一)　軍国主義、国家主義、神道などに関する教材が削除された。
(二)　「尋常小学唱歌」以来姿を消していた外国の曲が多数とり入れられた。また邦人の手になる新しい曲も入った。全般的に、国民学校教科書の教材よりはるかに明るい。

この二点の指摘は重要であろう。戦後学校音楽行政の転換の具体的なあらわれがここにもとめられるからである。

（注）

（1）文部省『終戦教育事務処理提要』二。

（2）同前掲資料。

（3）昭和二一年一月九日、勅令第四号によって「教科用図書委員会官制」が公布され、「文部大臣ノ監督ニ属シ其ノ諮問ニ応ジテ教科用図書ノ編纂及改訂ニ関スル事項ヲ調査審議ス」る機関として発足している。

（4）『文部時報』第八四四号。

（5）木宮乾峰「実験学校の指定とその研究事項について」（『文部時報』第八四二号）。なお、調査や実験の結果については不明。資料は五年毎に処分されるという。

（6）近森一重「新音楽教科書とその取扱い」（『教育音楽』第二巻第二号）。

（7）青山幹雄「音楽教科書編纂について」（『教育音楽』第二巻第二号）。

（8）近森一重「音楽教科書について」（『文部時報』第八四七号）。

（9）青木悦子（「当時市川市真間小学校」勤務）「音楽教科書の反省」、および久保貞雄（当時滋賀県視学）「音楽教科書を教えての感想」からの抜粋（『教育音楽』第三巻第三号）。

（10）「小・中学生の語る私たちの音楽」（『教育音楽』第三巻第三号）。

（11）木田宏（当時、教科書局文部事務官）「教科書制度の動向」（『文部時報』第八五一号）

（12）木村信之「音楽教育における『戦前』と『戦後』」（『音楽教育研究』第一四巻第八号）。

5　単元学習の導入

教科書が新しくつくられるとともに、「新教育」の展開には単元学習の方法があらたに導入された。

しかし、この単元という語は、一世紀以上もまえの、ヘルバルト教育学をうけついだツィラー（Ziller Tuiskon　一八一七〜一八八二年）の「方法的単元」（Methodische Einheit）に由来するもので、けっして新し

い用語でないことは周知の事実である。

ただ、もともと一連の研究活動—学習—を意味した単元の概念は、その後、教材の一分節と解されるようになり、本来の意味は失われたが、前世紀の末、アメリカにおいて、ヘルバルト派のド・ガーモやマクマリー兄弟により、単元（Einheit）はユニット（Unit）と英訳され、教育用語として用いられるようになった。また、デューイの教育学説の影響とも相俟って、単元の考え方に変化が起るにいたり、さらにモリソンのプロジェクト法へと発展、ついで新教育運動のなかでそれにそった教育方法が案出され、一九三〇年代にはいって、カリフォルニア案やバージニア案の出現をよび、経験単元ないし生活単元の基をひらいた、という歴史性をもっている概念である。それが戦後の新教育運動においても受けつがれることになったのである。

したがって、新教育でいう単元学習は、教材の一分節をさすのではなく、子どもの欲求とか必要をその出発点として、つまり子どもの生活を中心にすえるというものであった。

すなわち、子どもたちは日常生活においていろいろな仕事や遊びをやっているわけであるが、そのプロセスのなかで必要な知識や技術を習得させるようにして、それをいくつかの活動にまとめたものが単元になるのである。

音楽の場合でいえば、読譜だけを教えるとか、楽典だけを教えるというのではなくて、たとえば、音楽会をやるといったある目的のもとに歌う曲目を選び、練習する、その過程で必要になってくる音楽についての知識や技術を教えるのであるが、その一連の学習活動が単元にあたるのである。

いいかえれば、それは、音楽についての知識、技術のできあがった成果をその体系にそって教える、いわゆる実質陶冶ではなく、あくまでも子どもの日常生活における仕事や遊びのなかでうまれてくる音楽的

な要求や必要を基盤にして、子どもたちが自主的にプログラムを組み、それを学習し、そして音楽文化とその創造の過程に対する一定の見方や考え方を身につけていくという、いってみれば形式陶冶の方法原理にたっているといってよい。

それは、「新教育」のめざすところは子どもの個性を尊重し、これを十分にのばすことにあるのだから、「重点を児童の生活活動においた方法が、工夫せられなければならない」し、そのためには、「児童の生活に即して、教材も選択せられ、取扱い方も工夫せられなければならない[1]」という教育観の転換を意味し、さらにそれは、「ほんとうの学習は、すらすら学ぶことのできるように、こしらえあげた事を記憶するようなことからは生まれて来ない。児童や青年は、まず、自分でみずからの目的をもって、そのやり口を計画し、それによって学習をみずからの力で進め、更に、その努力の結果を自分で反省してみるような、実際の経験を持たなくてはならない。だから、ほんとうの知識、ほんとうの技能は、児童や青年が自分でたてた目的から出た要求を満足させようとする活動からでなければ、できて来ないということを知って、そこから指導法を工夫しなくてはならないのである[2]」というように、教育方法の改革を意図したものであった。

では、それは、音楽科において、実際にはどのように導入されていったのであろうか。

近森一重は、「正しい音楽教育とは、音楽の美しさを理解し、心から音楽を楽しめるように、児童や生徒の心理的・生理的発達過程に従って、仕向けて行く教育である」と従前の学校音楽の目的の変更を示唆し、「音楽の美しさを心から分からせるためには、適当な教材を使って音楽の美しさや面白さを十分に味わわせるとともに、音楽についての知識や技能をしっかり身につけさせなければならない」として、音楽学習における形式的側面と実質的側面との統一を意図し、そのための単元をつぎのように設定している[3]。

小学校
①　音楽の要素（リズム・旋律・和声）　②　音楽の形式や構成　③　楽器の音色　④　音楽の解釈

中学校
①　音楽の表現　②　音楽の知的理解　③　音楽の解釈

そして、その設定理由を、「元来、音楽は作曲者のインスピレーションがもとになって、アクティビティーが生まれ、いわゆる楽想が定められて、いろいろな表現をとるものである。表現には、音楽の三要素といわれるリズム・旋律・和声を使い、形式が踏まれ、音色を伴なう。音楽はこのようにして出来上がるが音楽の学習は、この逆のコースをとり、まず、表現を学び、それを通して内容に入っていく。こうして音楽をすっかり分からせようとする」ことにある、としていた。

これであきらかなことは、一つには、音楽学習の過程を音楽創造のそれに対応させて単元の概念を規定している点である。

けれども、単元は、前述のように、研究活動のプロセスを学習活動のそれに適応して案出されたもので、学習のプロセスは研究のそれとは逆の関係として把握されているわけではなく、むしろ類似した、あるいは同一の認識過程をたどるものとみて、そのなかで個々の段階を経て一定の知識や技術が習得され、それにともなって一定の物の見方や洞察力が身につけられていく、そうしたひとまとまりの活動をテーマないし課題の形式にあらかじめ設定したものをさしている。

したがって、音楽の学習過程は音楽創造の過程とは逆の関係になる、と捉えたうえでの単元の設定は、その本来の意味から逸脱しており、むしろまちがっていることになる。

二つには、「新教育」の単元は経験単元ないし生活単元であるのにたいして、教材単元の考え方がうちだされていることである。

たとえば、小学校の場合、音楽の要素とか、形式、楽器の音色などを単元としてとりあげている点にそれがうかがえる。音楽に関する知識、技術の体系を分析した結果えられたものを単元に設定しているからである。

つまり、単元構成にあたって、子どもの要求や興味・関心よりも教師や専門家による計画と組織が先行し、既成の知識・技術の体系の分節がそのまま単元になる、というふうにうけとれるのである。なぜ、このような問題がでてくるのであろうか。それは、基本的には、経験単元ないし生活単元における子どもの欲求・興味と知識・技術の系統的学習との対立、あるいはギャップ、という問題である。

すなわち、子どもの欲求や興味には系統性がうすいのに対して、音楽の学習には知識や技術の体系にそって要求される独自の系統性があるわけで、それらのどちらに力点をおくかによって、教材単元が経験単元か、および音楽創造の「まねごと」（作曲活動＝音楽活動）を出発点にした単元構成にするか、音楽独自の体系にそった表現をさせるべく単元を構成するかのちがいが生ずる、と考えられる。

そこで、経験的ないし生活的側面と知識・技術ないし基礎学習的側面とを統一した単元構成が考案されなければならない。

勝田栄三郎は、「児童の生活経験を正しく指導して民主社会の有用な一員として育てあげるため」の教育計画として、子どもの欲求や興味および社会の要請にもとづいた生活単元を構想している(4)。

それは経験学習の面と基礎学習の面から構成されているが、前者については、一つの生活単元を中心に学習を展開するものとされ、「それはどこまでも児童の実際に経験する事象、生活を理解しようとする学

習活動で従来の教科のよせ集めではない」という。

つまり、それは子どもの生活の指導に重点がおかれている。もちろん、この側面においても音楽の学習がないのではない。ただ、「音楽それ自身の体系的、芸術的な立場に立っての学習指導」ではなく、「どこまでも音楽的に児童の音楽的な芽をはぐくみのばす」点に注意がむけられる。

基礎学習は、音楽の基本を学習する面で、音楽それ自身の系統的な学習が中心となる。「美しく歌い、弾き、作るために基礎的な力がいる。技術の練磨がいる。知識がいる」からである。

つまり、この学習においては、「練習体得が中心となる。しかもその練習に対する必要を知らせ、その結果音楽自体の基礎力を身につけるとともに、経験学習の音楽的学習に於ける歌唱、器楽、創作等に応用発展させる」ように配慮されていなければならないという。そして、このような考えのもとに、次頁の表（一部）のようなカリキュラムがつくられている。従来の教師中心に、教科書にそって、一方的に「授ける」方法とは決別したことになる。いいかえれば、それは子ども中心主義的方法への転換であった。

ところで、この単元学習の方法はコア・カリキュラムにおいてより明確な位置づけと役割をはたすものであった。もともと、個々ばらばらの教科を個々ばらばらに教える伝統的な教育のあり方にたいする批判から、カリキュラムに対する「統合」(Integration) の要求、生活化の要求は、新教育運動において、ドイツの全科教授、ソヴィエトのコンプレックス・システム等を生んだが、コア・カリキュラムもそうしたカリキュラム改造運動の教育史的産物の一つであろう。

それは、さきにふれたようにバージニアプランに端的にみられるのであるが、個々の教科をこえた学習活動のコース、つまりコア・コース (Core Course = 中心課程) とよばれる部分と教科的に組織された部分とから成り、前者は全生徒の必修課程であり、後者は選択課程という構成である。

したがって、民主的人格の形成を標榜する「新教育」においては、このカリキュラム編成の考え方は原理的に一致していたわけである。学校音楽の領域においては、つぎのような導入がみられる。

第一学年

月		4	5	6	7
単元		たのしい学校 ・うれしい入学 ・学校めぐり ・お庭あそび ・たのしいお教室 ・きれいなお教室 ・子供会	じょうぶなからだ ・身体検査 ・春のたねまき うれしい子供の日 ・遠足（多摩川） ・春の運動会 ・むし歯 ・給食	おともだち ・ままごとあそび ・おみまい ・お客さまごっこ ・雨ふり	なつのあそび ・しゃぼん玉あそび ・七夕の子供会 ・水あそび ・夏やすみ
経験学習	歌唱	たのしい学校 こえをそろえて むすんでひらいて	なわとび えんそく たんじょう日	なかよし おにごっこ くつがなる	しゃぼん玉 かくれんぼ 水でっぽう
	歌唱	春風ポルカ	キューピーの観兵式	カッコーワルツ くつがなる変奏曲	ほたるこい うみ おうま
	器楽	むすんでひらいて	ちょうちょう	くつがなる	
	創作	・創作心の啓培 ・即興的創作表現 ・歌の身体的表現 ・楽典 五線 線 間 音階（ハ調）			
基礎学習		・正しい発声 ・リズム ・拍子 ・音程 ・単音唱歌 諸楽器の名と音色 ・器楽演奏（リズム楽器） ・ハ調音階の読譜 ・楽典の初歩			
評価		・発声 ・リズム ・音程 ・歌の記憶 ・歌詞の意味の理解 ・音楽の感じに対する理解 ・リズム楽器の名 ・ハ調音階の読譜 ・楽典の初歩 ・舞踊表現 ・楽器奏法			

たとえば、神谷好は、[5]コア・カリキュラムは、「現実の社会的課題を解決しつつ全人格の総合的発展をなし、個性的な実践力のある民主的社会人たること」を目指すものとし、音楽はそのなかに位置づけられることによって、その学習活動を通して、「豊かに力動的に展開するところの情操的な場、乃至は経験領域を持ち活動をして多彩にしつつ心情を潤いあるものにする」ものとして、その機能を把握している。

これは、民主社会においてはレクリエーションが子どもの生活を大きく占め、その意識と行動を規定する面も大きいがゆえに子どもの音楽生活もレクリエーションのあり方による、という認識であり、それだけに、「コア・カリキュラムの音楽活動がそれに幸福な美的な方向と方法を与えると共に、個人の調和された円満な発達を進めるものとなる」という。

しかし、ここで問題になることは、そのような音楽活動を可能にするにも一定の音楽の技術、知識が習得されていなければならない点である。

とはいえ、コア・カリキュラムにおける音楽活動は生活全体の一側面として民主的な生活様式における音楽の意義を理解させることにあるのだから、それは『全人としての児童』の発達からみて是非これだけの音楽的な経験要素というものを積ませたいという最小限度の必要的立場」にたつ、というのであった。

このように、神谷によれば、[6]コア・カリキュラムにおける音楽学習は伝統的な教科ないし教材中心のカリキュラムにおけるそれとは、ひとつには、前者は生活中心で焦点は子どもにあるのに対し、後者は教科中心、教師中心であること、ふたつには、前者がユニットの中心学習にそってプロジェクト的に展開されるのにたいし、後者は時間割に組まれた教育プログラムにしたがって生活構造が断片的に進められること、において基本的にちがっている。だから、たとえば、伝統的なカリキュラムにおける音楽学習は、

第一時授業

○既習歌曲を歌って雰囲気をつくる
○本時の学習教材「海」
○発声練習をする
○歌詞を読んで内容を理解する
○範唱をしづかにきく
○音符の階名よみ、練習
○＜＞の歌い方、練習
○何小節までを練習する
○レコード鑑賞をして終末活動とする

のように、形式的に固定した形態になりやすい。コア・カリキュラムのそれは反対に、子どもの意識、行動、生活をできるだけ連続的、発展的にとらえるわけであるから、学習の方法や時間、場所にしてもかなり自由に取り扱われることになる。そこで、コア・カリキュラムでは、音楽はそのときどきの必要に応じて道具教科的にあつかうのではないか、という疑問がでてくるのであるが、むしろ反対に、「音楽という人間的愛情の基礎ともなる心情陶冶をするものを、これまで以上に重視しているのであります。

なぜなら、現在の日本の社会現実をみても、卑わいな音楽が流行して童心をむしばんでいるし、また反面に音楽ほど生活にとり入れられ生活化して、人々に愛好され、その心に直観的に訴えるものは他に少いでしょうし、気持をうちとけたものにしたり、美しいものうるおいのあるものにする点においても欠くことの出来ないものである」という。

こうして、音楽はコア・カリキュラムのなかで「心情をねる分野」としてあつかわれ、

一、二年

8：40～10：00　中心学習
10：00～10：30　休養と娯楽
10：30～12：00　中心学習

12：00～12：50　昼食
12：50～1：30　情操又は技術の発展

三、四年

8：40～8：50　打合せ
8：50～10：00　中心学習
10：00～10：30　休養と娯楽
10：30～12：00　中心学習
12：00～12：50　昼食
12：50～1：30　情操
1：30～2：00　技術の発展
2：00～2：30体育

五、六年

8：40～8：50中心学習
8：50～10：00中心学習
10：00～10：30休養と娯楽
10：30～11：30中心学習
11：30～12：00直後の技術
12：00～12：50昼食
12：50～1：30情操
1：30～2：10技術の発展
2：10～2：40体育
2：40～3：20個人の問題解決

のような時間割のもとに、中心学習（コア）の主要な活動の一つとして、あるいは「情操」の時間に、あるいは技術の時間にも学習され、要するに「音楽が中心学習の道具的教科でもなければ、奉仕的従属的教科でもないのであって、それ自体が人間の全体的形成における内的な構成要素である」というのであった。

　けれども、単元学習の実際にあっては、必ずしも以上のような考え方の通りにはいかず、多くの場合、次のような形態をとったもののようである。[7]

〈四年生の音楽指導〉

単元　楽しいひびき

目標　(一)　輪唱、合唱及び合奏のおもしろさを味わわせる。
(二)　楽器の音色の美を味わわせると共に、音色の組み合せによる美しさを理解させる。
(三)　合唱、合奏において協同する気持を養う。
(四)　創作意欲を高める。

計画　約二〇時間
(一)　唱歌にどのような種類があるか調べましょう。(一〇時間)
(二)　楽器の組合せを調べましょう。(八時間)
(三)　音楽会をしましょう。(二時間)

この授業過程についてみると、単元学習の特徴はましてみあたらない。「楽しいひびき」というテーマが単元として設定されているが、それが何をめざし、どんな能力や態度の形成にかかわっているのかはっきりしないだけでなく、全体計画のなかでどんな役割をもっているのかも明確ではない。音楽学習の内容、教材の性格、学習形態のうえで「楽しい」という単元名が構想されているにすぎない。子どもの現実の生活、意識と行動、その方向性と社会の音楽文化の状況との相互関連を分析した結果から構想されたものとはいえない。かえって、音楽の系統学習を基底にすえた、しかし子どもの興味や欲求に一応は見合ったテーマがかかげられているのである。

とくに、コア・カリキュラムのあり方からみるならば、単元名のコアとの関連性、中心学習ないし周辺学習の関係が明確に設定されてはおらず、それよりも基礎学習的側面が前面にだされているとみられよう。とすれば、これは、単元学習、さらにはコア・カリキュラムにまつわる基本問題ということになろう。

くりかえしになるが、それは、中核課程ないし総合学習コースと周辺課程ないし基礎学習コースとの統一、あるいは大単元と小単元との関連、を教育実践―授業においてどのようにとらえるか、という問題性なのである。真篠将（当時、文部省教科調査官）は、この点について、すでに、つぎのように指摘していた。

「完全な音楽学習は、歌唱・演奏・鑑賞・創作・知的な理解の音楽的各活動分野全般にわたってはじめて全きをなすのである。ところが、中心学習に対する奉仕的道具教科としての音楽は、いつも中心学習が要求した時、そして中心学習の要求する面のみが基礎学習としていとなまれるのである」。（略）「音楽教育は始終よい音楽を感覚的に与えていくことによって、すなわちよい音楽的環境や教師の強力な指導によってはじめて児童たちの身につくのであるが、児童や社会の必要や要求に主体性をおくコア学習であれば、いかなる環境いかなる教師のもとにある児童もひとしく深い音楽の世界を感知し、それを愛するところまで導いていけるかどうかは疑問であろう」。したがって、「中心学習の補助課程としての音楽的技能練習のほかに、音楽的要素に富んだコアとしての音楽的単元をできるだけ多くとるような方法でいかなければならない(8)」。

つまり、生活単元、学習、コア・カリキュラムにおける音楽学習はその系統性を埋没させやすい。音楽それ自体の学習、教師の指導性が後退する傾向をもっている。であるがゆえに、音楽学習の独自性が逆にまた問われるということでもある。

だが、このことは、音楽文化の社会性の問題、音楽と人間形成に関する問題がクローズ・アップされてきている今日、あらためて想起されて然るべき問題ではないだろうか。

（注）
（1）文部省『新教育指針』。
（2）文部省『学習指導要領』一般編（試案）昭和二二年度。
（3）近森一重「音楽教育の目標と単元」（『教育音楽』第二巻第四号）。
（4）勝田栄三郎「経験学習における音楽学習の実際」（『教育音楽』第四巻第一二号）なお、勝田は、当時、東京第一師範学校男子部付属小学校教員。
（5）神谷好「コア・カリキュラムにおける音楽教育計画」（『教育音楽』前掲号）なお、神谷は、当時、兵庫師範学校女子部付属小学校教官。
（6）神谷好「コア・カリキュラムの音楽学習と能力表」（『教育音楽』第五巻第四号）。
（7）教材解説小学四年（『教育音楽』第四巻第九号）
（8）真篠将「コア・カリキュラムと音楽学習」（『教育音楽』第四巻第八号）。

6 器楽教育の振興

「新音楽教育」[1]という戦後学校音楽改革のさらにもう一つのあらわれは、器楽教育の振興である。それは「新教育指針」でいう「芸能文化の振興」に端を発している。

すなわち、美術館が公開されて名画を国民大衆にも鑑賞できるようにしたり、すぐれた音楽を安い料金で聴かれるようにしたり、あるいは高い内容の文学を平易な表現形式で大衆にわかりやすくする、といった芸術的文化の大衆化路線は国民大衆の経済と社会生活の民主化と密接に結びついており、したがって芸能文化の振興は民主主義の具体的なあらわれと考えられたのであった。

そして、この立場にたって、芸能文化の振興のため「研究協議題目」のなかには、「生徒に簡単な楽器を作らせ演奏させせよう」という項目が掲げられていた。

もちろんこの項目だけではとくに取り立てるほどのことはない。けれども、それは、教育の民主化の方向をめざし、そのための芸術文化の民主化―大衆化の方向で発想されたものであり、たとえば、「戦時下の青少年が、音楽に携っている者ありとすれば、それは第二の軍楽隊でなければならない」(2)とまでに手段化されていた戦前、戦中の器楽の教育・訓練のあり方とはその位置づけや内容においてまったくちがっているのである。

まず、行政レベルではどのように構想されていたであろうか。ここでは、諸井三郎の『音楽教育論』(昭和二二年)をあげる。同書は、「学校指導要領」が公表されるまえに出版されており、後者の基本的観点と内容が集約されているとみられるからである。

それによると、器楽教育の意義の第一は、器楽の発展史がヒューマニズムの思想にもとづいている、という観点である。

中世のヨーロッパ音楽は声楽中心の宗教音楽がその大半を占め、非世間的、非人間的、没個性的傾向をもつものであったが、ルネッサンスの時期にいたり、人間中心、人間尊重の精神がつよく叫ばれるようになり、人間を解放し個性を自由に発展させる、という思想が音楽のうえにも反映するようになった。器楽が声楽から独立し、その独自の発展をたどるようになったのはまさにこのヒューマニズムの思想にもとづいている、という。

なぜなら、声楽は音高、速度、音色、音量等のうえで限界があるのにたいし、器楽はかなり自由であり、さらに長時間の演奏も可能である。ヒューマニズムの思想が声楽の持っている限界をのりこえ、より豊富な表現能力をもつ器楽の発展を要求するようになったのは当然というわけである。(3)

第二はヨーロッパ近代音楽の基調ともいうべきハーモニーがやはり器楽の発達の大きな原動力になって

おり、それがまたヒューマニズムにむすびついているという観点である。中世のポリフォニーは解放的であるというよりむしろ集中的であり、また遠心的であるより求心的であり、そして情動的であるより儀式的であるのに対し、近代的な音感覚というものはそれぞれちがった数個の音を同時に響かせ、そこに生まれる一種の調和、つまりハーモニーを基調とする。これがヒューマニズムの思想と一致している、というわけである。

このように、「新しい日本がヒューマニズムに基礎を持つ民主主義の方向に進むべき今日、音楽教育において器楽を全面的に取り入れることは正しい方向といわねばならない」というのであった。そして、器楽教育の内容を、

○楽器自体についての知識を持たしめること
○楽器を実際に演奏する教育を施すこと

の二つの部分にわけ、前者を楽器教育、後者を演奏教育、とよんでいる。

「学習指導要領」・音楽編はまさしくこれをうけているとみられる。たとえば、小学校第一学年では、器楽教育の指導目標の第一は、

○楽器によってさまざまな音色が発せられることに興味を持たせる

とあり、これにはつぎのような説明がついている。

〔説明〕楽器に対する児童の興味は本能的なものである。この本能的興味を調整し、次第に音楽的秩序にまで指導して行くことが器楽教育の第一歩である。そして、児童にはいたずらに高度な楽器を与えることをせず、児童の能力に応じた、また手に入れやすい楽器をできるだけ多く与え、楽器に触れる機会を増加するようにつとめるべきである。そして、自然のうちに楽器の持つさまざまな音色に、またその相違に注意させるべきである。

また、第三学年になると、指導目標が

一、楽器の種類・性能・特徴に気づかせる。
二、音楽の持つ三つの要素を一体的にとらえさせる。
三、合奏において各人の秩序ある協力が、いかに必要であるかを理解させる。

となり、第一、二学年では楽器にたいしてまず興味をもたせるためにいろいろな楽器にふれさせ、それぞれの音色のちがいを感じとらせることを主眼として、そして第三学年にいたって楽器の性能とか特徴をつかませ、同時にそれらを通じて音楽の構造把握と合奏における秩序や協力の精神を培う、といった器楽教育の基本的なねらいと学習活動の展開のための方法原理があきらかにされている。

器楽教育のこうしたあり方はいうまでもなく戦前、戦中のそれの転換を示すものである。そこで、次に、それは実践の場ではどのようにうけとめられていたであろうか。器楽教育の推進者の一人である、上田友

亀の見解をとりあげてみよう[4]。

「新教育は、国民学校の聴覚訓練によって歪曲された芸能科音楽を、本当の文化教課たる音楽に引き戻した。それが特に器楽指導を強調している訳ではないが、実際に於いては、器楽を強調し振興することによってそのねらいを間違いなく、又急速に実現し得ることになる」と、まず第一に器楽教育による学校音楽の立て直しの考えをうちだし、「もっと生々と生命の躍動する音楽」、「児童の心を、真の底からゆり動かす音楽」の教育を器楽の指導、なかんずく簡易楽器の指導によって実現しようというのであった。

なぜ、簡易楽器の指導にするのかといえば、それは「児童の本性に根ざす極めて力強い音楽生活」であり、「からから振ったり、豆太鼓を叩いたり、ピーピーの笛を吹いたりすることは、歌を唱うことよりさきに、どの幼児でもすること」だからであって、従来の歌うことを中心にするより簡易楽器をあたえ、これを指導する方が自発的な活動をおこし、楽器を友として、音楽の世界にひたり、「生活としての音楽」にふれることができ、基礎能力の育成にもなるからだという。

というのは、一つには、音楽は聴いたり、歌ったり、弾いたりするその瞬間に音が消えていくので、目で見、手で触れることはできない、ということである。

したがって、子どもには音程やリズムを正しくとらえ、反応することがむずかしいのだが、たとえば木琴とかカスタネットをつかってメロディーやリズムを演奏させてみると自ら正しいものとそうでないものとの区別はできる。つまり楽器を奏することによって、音楽を「形あるもの」として、把握できる、という。いいかえれば、音楽の「姿」を具体的に楽器を通してとらえさせ、音楽のイメージをつかませるのである。そうすることによって、特に音程やリズムの練習をしなくても、歌唱曲を器楽に移すとか、あるいは歌唱といっしょに楽器を奏することで音楽の基本的な力が身につけられる。

なかでも、読譜については、器楽は楽譜の必要を子どもに痛感させ、楽譜と楽器とを必然的に照応させ、他方、楽器を用いることによって音とリズムの観念が明確になり、そこに音のあらわし方やリズムの書き方を導入すれば、こうした活動が相俟って読譜の能力が身につく、という。

二つには、従来、楽典とよばれてきている音楽についての知識を理解し、身につけることが器楽によって容易になるということである。すなわち、歌唱指導においても音楽的知識は必要とするし、その指導も可能である。けれども器楽は歌うことより「確かな体験」によって知識の理解をも深められる。

たとえば三拍子と四拍子のちがいを理解させる場合にしても、歌うことによるよりも、あるいは楽譜の解説によるよりも、太鼓やタンバリンのような打楽器をたたかせれば何ら説明をしなくても、その相違とそれぞれの特徴を捉えることができる、ということである。

いいかえれば、音楽の知識は解説によれば概念的になり、歌唱だけでは主観的な段階からすすまないし、理解しにくいが、楽器を通じての音楽活動はこれを客観化し、したがって主体化する機能をもっている、というのであろう。

三つには、他領域との関連である。鑑賞についてみると、名曲をきかせ、解説をやっても効果はあがらない。かえって音楽から遠ざかり、失望させるものである。

「音楽を生活する態度」ができていないからであるが、この態度を養うには歌唱の段階からさらにリズム、メロディ、ハーモニーを楽しむ段階にまで進まねばならない。それには簡易楽器でもって歌曲のリズムを奏したり、メロディをひいたり、そして合奏することにより、子どもは歌詞をはなれ、これを純音楽的に味わうことができるようになる。

そこから、音楽をそれ自体として聴けるようになるばかりでなく、簡易楽器といっても器楽を奏する体

験が演奏に関する技術上の関心もたとえ若干なりとも養われるから、レコード、ラジオなどによる演奏にたいしても興味をしめすようになる。さらに、創作の方面ではこうした器楽の体験が根底にあってはじめて可能になる。そうでないと音楽の法則性をもとらえられず、ただ無意味に音符をならべるようなことになってしまうという。

器楽の指導、とりわけ簡易楽器の導入は以上のような考え方によっているが、第二に、上田はこのことを学校音楽の民主化の方向としても想定しているのである。それはこうである。(5)

これまでの学校音楽は一部の子どもたちだけを対象に、芸術教育の名のもとに、技術がたかまることをめざし、それについていける子どもだけが優秀で、大半のものはとりのこされ、音楽疎外を起してきている。こうした、いわば特権的な教育は少なくとも義務教育の段階では許されないことであって、国民教育としての音楽教育の立場が貫かれなければならない。でなければ、一部のものだけに音楽文化が所有され、大多数の国民大衆と子どもたちは音楽的水準の低い段階にとどめおかれてしまう。

その結果、音楽文化に高いものと低いもの、少数者のためのものと国民大多数のためのもの、というように階級的な差別が生まれ、国民文化として音楽の創造と発展はなくなる。ゆえに、学校における音楽教育にたずさわるものは国民大衆とその子どもたちの音楽文化の水準を高めることに努力しなければならない。そしてとくに、すべての子どもたちの音楽的能力の発達を促進するよう心がけねばならないのである。

このような立場と観点にたつならば、簡易楽器はけっして軽々にとりあつかってはならない。むしろ簡易であるがゆえに誰でも気軽にとりくみ、たやすく操作できる。そして、そこを出発点に音楽にたいする興味がうまれ、基礎能力が育成され、音楽的に高まっていくことができる。

したがって、たとえ、音楽的には不完全な楽器であっても、子どもたちがいつでも手にすることができ、

比較的容易に操作でき、さらに合奏もやれる、という条件は学校音楽における器楽指導には不可欠である。さらにいえば、音楽指導のあらゆる機会、場面に取り入れるべきである。

というわけで、簡易楽器は学校音楽の最低線を守る重要な「道具」であるといってよい。それは器楽と開き直って呼ぶほどのものではない。

楽器をとりいれた歌唱指導といった方が妥当であろうが、しかしそれが器楽指導の出発点であり、第一義的なあり方ではないか。

とすれば、器楽、ことに簡易楽器の指導はすべての子どもたちにむけられた、すべての子どもたちのための音楽指導であり、つまり学校音楽の民主化にもっとも直接的につながっている領域であって、ここに器楽教育のあらたな意義が見い出されるといえよう。

以上、上田の所論はそれまでの器楽教育の批判のうえにたち、「新音楽教育」の考え方の方向で、実践をみちびく論理の展開を試みたものである。その意味において、器楽教育界に一定の影響を与えたのではなかろうか。では、他面、器楽関係の専門家はどのような見解を表明していただろうか。小森宗太郎（当時、NHK交響楽団員、国立音楽大学教授）の論稿から要約してみよう。(6)

小森によると、敗戦前の音楽教育は、たとえば歌唱指導においては旋律偏重の傾向があり、「音楽美の持つ本質や合唱の持つ総合性」を感得させることを等閑にしたり、音感訓練では「人間の聴覚に限度があることもわきまえず絶対ならざる絶対音感」を主張して混乱させた。

したがって、その批判から、「新音楽教育」の方針に基づいて器楽教育が実施されることは、いわば「児童の手足をもぎとっていた非文化的な過去の音楽教育に文化の手足があたえられた」ようなものであるという。

そこで、器楽教育において、子どもたちにあたえる必要のあるものは器物や楽器ではなく、まず手や足をつかった音楽学習でなければならない。

「時間的に峻厳なリズムの体得を一年生になって手拍子、足拍子よろしく、チィチィパッパッの音楽でもよい。朗かに（健康的）歌い乍ら足並み揃えて合奏（社会生活）するのが真の器楽教育の意義であり目的である」という。

器楽教育は子どもたちそれぞれの個性と能力に応じた「器物」の選択が可能であるし、そういう条件をととのえれば子どもたちは自らの能力を判別してそれぞれにとりくむことによって音楽美にふれる。同時に、いろいろな楽器の特色や性能を認識し、それらの操作を学習するなかでそれぞれが協同しながら合奏する、という社会性の形成の側面も重要である。つまり個々の欲求と能力にみあった楽器の操作および学習と、合奏という一つの集団のなかでの相互の協力の過程のうちに器楽教育の今後の発展性がある。

ここに、器楽教育の本来的なあり方がもとめられるのであるが、とくに、「器物をあたえてする演奏や合奏にはいたいけな幼児や、児童ですらが自己の表現力再現には心身を集中して生活する天性があるので、幼少から器物を与えることは生活と音との結びつきを器物や楽器を以て体技を生活として楽しく朗らかに科学し、愉快に体得して行く」、という点にその特質があるといってよい。

こうして、器楽教育、なかでも器楽合奏は、「音楽美を理解し、体得せしめて、高い美的情操と豊かな人間性を培う」うえで、寄与する側面は大きかったであろう。

もっとも、小森の見解は、一種独特の用語と論理の展開のために判断しにくい部分があり、ここにその意図を十分にとりあげきれないが、おおむね以上のような論旨であり、当時、専門的な立場からの積極的な提案として捉える必要があったともわれる。

ところで、小森宗太郎は戦時下（昭和一三年）、沢木理一との共著『鼓笛隊指導書並に教則本』を出版している。その「創案趣旨」は、鼓笛隊は学校を始め集団を組織して「平易な合奏音楽の指導、訓練に適していること」、したがって「団結と協和の実を揚げしめ、統一ある精神の発揚に資させること」は、「非常時の折から、殊更に重性がある。」（傍点筆者）と述べていた。戦時下の器楽教育のあり方と戦後再び取り組んだ器楽教育の方向との基本的な違いが自らで明らかである。

というのも、ここで興味深いことに、前掲書出版から敗戦を経て一〇年後の一九四八（昭和二三）年一〇月、文部省が当時の音楽学校教授、交響楽団理事、作曲家、小中学校教員等の協力のもとに、『合奏の本』を編集し刊行しているのである。その概要を紹介する余裕はない。ただ、「まえがき」において器楽教育の意義を以下のように述べていることが注目される。ただし、引用文は簡潔にするために、部分的に変えていることをあらかじめ断っておきたい。

「リズム合奏は初等教育の実状と能力にとって、すぐれた器楽教育の方法である。いろいろな楽器を協力して演奏することは、小さいながらも協同社会の反映である。このような秩序は合奏におけるリズムによって保持されるのであり、演奏の生命力となるものである。」（傍点筆者）

小森宗太郎は、本書でも協力者として参画しているところから、器楽教育の意義と役割について、戦時下の「共著」をも省みて、改めて言及したのではないかと想定される。

というのも、前掲書においては、鼓笛隊の合奏音楽が「団結と協和の美」を形成し、非常時の国民の精神統一に寄与するとしていたのに対して、敗戦後の本書では、合奏音楽をリズム合奏に変えて、それが協

同社会の形成に寄与するというのである。

この変更が殊に注目される。つまり器楽教育の本質と意義についての戦中と戦後の連続と不連続の点である。

文部省『合奏の本』の刊行から三年後、一九五一（昭和二六）年九月、校條武雄著『器楽教育の実際』が出版されている。本書は諸井三郎が指導・助言をしているとみられ、序文を書いている。それは、現在の器楽教育の問題は「程度の低いものをどうして引上げるか」にあり、本書はこの課題に十分応える内容であって、「大きな価値を認める。」、という主旨である。そして本書は体系的にきちんとまとめられた著作である。

さて、きわめて限られた範囲内で器楽教育について問題にしてきたが、すくなくとも、「新音楽教育」という学校音楽の新しい方向において、器楽教育の領域がいかにクローズ・アップされ、積極的にとりくまれようとしていたかは明らかである。しかし、現実には、指導方法および施設・装備などにおいて種々さまざまな問題がだされていた。ことに、後者の関係ではそうであった。たとえば、

「問　簡易楽器指導をしたいのですが私の村では楽器を買う費用をいただけません。このような場合簡易楽器とてどんなものを使用したらよいでしょうか。（山形県　鈴木志人）」という質問にたいして、

「答　簡易楽器の合奏は音楽教育のリズムから育てる作業でしょう。その為めにピアノやオルガンと合せて音楽的な打楽器（リズム楽器）を先生方の指導下に実施されるわけで指導者の工夫創案こそ貴いのではないでしょうか。簡易楽器的教科書にこだわらないで、何人もうなずける合奏団をつくり上げて下さい。一例を挙げれば笛は御地方の女竹で音調を整えて作れるし、空缶をたたいてピアノの音では、どの音にするか水を入れてみて、たたいてみるのもよろしい。（略）（広岡九一）」

とこたえ、[7] また、

「問　器楽教育のために、どんな楽器から、そろえたらよいか御教示下さい。なお現在ハンドカスタが二十ばかりあります。（香川県　石井生）」に対しては、

「答　あなたの学校は、多分小学校でしょうね。それにしても予算が不明ですから具体的には申し上げられませんが、大体次のような考えで、予算とにらみ合わせながら順次に充実させていくとよいでしょう。

（一）歌いながらリズムを打つ楽器をなるべく多く買う（例　ハンドカスタ）

（二）拍子を打つ楽器を加える（例　太鼓、予算のつごうでタンバリンでもよい）

（三）音色の変ったリズムの楽器を加える（例　トライアングル、シンバル）

（四）擬音楽器や同じ材料で作った種類の違う楽器を加える（例　タンバリンのほかに小太鼓、ハンドカスタのほかに柄のついたカスタネット）（略）（近森一重）」[8]

としか答えられないような行政的力量の状態であったようである。

それにしても、楽器の需給の面では、諸井によって、「いまの生産力の状態では早急に解決することは困難でしょう。そこである程度簡単な楽器、つまり、玩具の少し発達したような程度のものでも、子供自身が作るようなことをして器楽的な芽をつくって行きたいと考えております[9]」と当初から表明されていたことではある。いわゆる、「理念倒れ」の感なきにしもあらずであった。

（注）

（1）「新教育」の理念にもとづく学校音楽の新しい方向やあり方を当時は「新音楽教育」といういいかたで表現している。たとえば、学校音楽の機関紙ともいうべき「教育音楽」は昭和二一年一二月に戦後創刊号を出しているが、同二二年六月号では「新音楽教育の出発」を特集しているし、その後もこの言い方はしばしば見受けられる。ここでも、それに従ったまでである。

（2）春日嘉藤治「軍楽に通ずる青少年の音楽」（『音楽之友』第三巻九号）。

（3）諸井は同じ主旨の器楽教育論を「若き音楽人のために」（昭和二五年四月）と「音楽と社会」（創元音楽講座四、昭和二八年）の「音楽教育」の項において、また「音楽教育ノート」（日本楽器刊、昭和三六年）の座談会「器楽教育一〇年を語る」において、述べておられるが、楽器企業と楽器教育界との関係、ミリタリズムの復活と吹奏楽の隆盛との関連性等が話題にのぼる今日、いま一度検討されてみる必要があるように思われる。

（4）上田友亀「新音楽教育を動かす楽器指導」（『教育音楽』第二巻第四号）。上田は元東京市音楽指導員であり、その後舟橋高校講師になり、現在は株式会社白桜社取締役社長である。なお、引用文はできるだけ少なくし、筆者が大胆に整理して紹介していることを断っておきたい。

（5）同「器楽指導の在り方」（『教育音楽』第五巻第二号）。

（6）小森宗太郎「器楽教育の死命を制する編成」（『教育音楽』第三巻第一一号）。

（7）「質問の頁」（『教育音楽』第三巻第九号）。

（8）「質問の頁」（『教育音楽』第五巻第九号）。

（9）座談会「『新音楽教育』を語る」（『教育音楽』第二巻第三号）。

7　学校音楽論

学校音楽の転換にはこれを方向づけるための理論的根拠が必要であった。このころ、諸井三郎の学校音楽に関する理論がリベラルな立場から展開されているのは、当時の民主的、平和的な社会の建設をめざす国民の政治的課題の遂行のための一翼としての民主教育―新教育―の推進、したがってその理念にもとづいた「新音楽教育」の実践のための理論の構築を意図したものであった。すでにたびたび引用した、諸井の『音楽教育論』（一九四七年）はその先駆であった、といってよい。それは近代ヒューマニズムの立場にたった、「音楽的社会」の形成を基本課題とする音楽教育の提唱であり、そのあり方と方向を示したものであった。戦後最初の『学習指導要領・音楽編（試案）』のその基本はこの考え方をふまえていた。たとえば、目標の第一、「音楽美の理解・感得を行い、これによって高い美的情操と豊かな人間性とを養う。」は同書において表明され、その基調ともなっているのである。あらためて、同書の紹介・引用はしないが、ついで、これをふまえ、『学習指導要領』にもとづいてかかれた『音楽科の指導はこうして』[1]をとりあげておきたい。

本書の構成は、「はしがき、一　序、二　単元及びその発展、三　指導計画（一）、四　指導計画（二）、五　教材、六　各音楽活動の具体的指導法（一）、七　各音楽活動の具体的指導法（二）」の七章からなり、新しい学校音楽実践の手引書といってよい。

まず序において、音楽社会の形成と音楽芸術家の養成の両側面に通ずる教育が学校音楽であるとして、学校における音楽教育をそのもっとも基本的かつ本質的なものとして位置づける。そして学校で教えられ

る音楽は本来芸術であって、音楽教育の目標を「音楽美の理解・感得」におくのはこのためである、という。それゆえに「芸術としての音楽は美という価値を追求し、人間にとっては目的であって手段ではない。」という戦前・戦中の情操教育の手段としての音楽教育からの解放と自立が強調され、音楽教育者の音楽美学に対する理解とともに音楽理論・音楽史の知識を身につけること、音楽技術の不断の習得を示唆していた。

しかし、つぎの単元の概念については、「教科の内容を作る中心核のようなもの」で、「あるまとまり」を意味するものとして把握されているにすぎない。したがって、これを音楽学習に適応するならば、音楽のもつ内容と表現の二つの側面に応じてそれぞれの単元が構成されるわけであるが、表現の面では、

一、音楽の要素に対する理解と表現

二、音楽の形式及び構成に対する理解

三、楽器の音色に対する理解

となり、内容の面では音楽の解釈という単元がたてられている。これは小学校の場合であるが、中学校の場合も同じ考え方によって、一、音楽の表現　二、音楽に対する知的理解　三、音楽の解釈、といった単元構成であり、これらは、すでに「単元学習の導入」においてとりあげたように、教材単元のたて方に近いものである。それは、生活単元、経験単元という「新教育」の単元観にたつ単元設定ではない。この点については、単元の概念についての検討が不十分であったと考えられる。

表１

学校別	単元	活動の場			
小学校	要素	歌唱	器楽	鑑賞	創作
	形式・構成	歌唱	器楽	鑑賞	創作
	音色		器楽	鑑賞	（創作）
	解釈	歌唱	器楽	鑑賞	
中学校	表現	歌唱	器楽	（鑑賞）	創作
	知的理解	歌唱	器楽	鑑賞	創作
	解釈	歌唱	器楽	鑑賞	

つぎに、音楽学習の指導計画についてみると、教育活動の場を歌唱・器楽・

表２

学年／活動	一年	二年	三年	四年	五年六年	学年／活動	七年～九年	
歌唱	70%	70% A 60% B	35% A 45% B	30% A 30% B	30% A 25% B	演奏	35% A 40% B 40% C	〔註〕A・Bは二つの考え方の成立つもの A・B・Cは三つの考え方の成立つもの
器楽	15%	15% 25%	35% 25%	30% 30%	30% 25%	鑑賞	35% 40% 35%	
鑑賞	15%	15% 15%	20% 20%	25% 25%	20% 25%	創作	30% 20% 25%	
創作			10% 10%	15% 20%	20% 25%			

鑑賞・創作の四つの面とし、これらを各単元に関連させる、という手順をふんでいる。表1はその例である。

この表によってあきらかなように、要素の理解には歌唱・器楽・鑑賞・創作の四つの活動の場面がそれぞれ異なった角度から関連し、学習を多面的かつ総合的に設定されている。同じように、音色の単元では器楽と鑑賞の学習活動が対応し、解釈では、三つの活動において単元を展開するというふうに、音楽の要素のまとまりと音楽活動の形態の関連する面で演繹的にひきだされる論理（形式的）を学習内容のまとまり、つまり単元に想定しているのである。そして、表2に示されているように、各学習活動の、学年別の段階に対応したパーセンテージを、一応の目安として示し、発達段階と学習活動との関係をあきらかにし、実践のすじみちを示唆している。

もちろん、これをさらに具体化しなければ、実際の指導をおしすすめるための技術にはならない。そこで、それぞれの単元をさらに細分化し、それらをどういう場面でどのように提示するか、それらの相互関連の範囲や程度はどうか、そしてそれらを提示する場合の前後関係と発達のすじみちとの関連はどのようになっているか、といった、指導上の配慮が当然なされねばならない。そうでないと、単元の構成にしても、またそれを授業過程に位置づけるにしても、その場の思いつきになってしまうからである。表3はそうした点を考慮してつくられた指導計画の一つの案である。

表3

単元	単元の内容	歌唱 70%	器楽 15%	鑑賞 15%
要素	リズム リズム感の心身的把握 アクセントと非アクセントとの秩序的交替の感得 節奏の把握 拍子の特徴の把握 テンポの修得 旋律 音程の把握 線の運動形態の修得 リズムの感得 和声 和音感の養成 伴奏への注意 カデンツの感覚的把握	要素に対しては歌唱70%を全部あてる	要素に対しては器楽10%をあてる	○
音色	音色に対する興味の喚起 主な音色の相違の識別		音色に対しては器楽5%をあてる	音色に対しては鑑賞5%をあてる
解釈	音楽を心から楽しみ、その楽しみのうちに音そのものの美しさを感得する。	○	○	解釈に対しては鑑賞10%をあてる

これは小学校第一学年の指導計画であるが、教材単元の構成法にもとづいていることが明らかである。教材の音楽的要素をそのできあがったすじみちとそのひろがりにそって区切りを設け、それらを歌う場面、弾く場面、聴く場面での習得させるべき内容として抽出しているからである。しかし、これでは教材の形式的側面を単元学習の方法原理によって分節し、そこに論理的系統性をもとめているにすぎない。教材の内容的側面、すなわち要素、音色などにわけられている音楽の構成がどのような認識ないしイメージを媒介しているのかという、教材の本質やねらいにかかわる問題にたいする追求がここではまったく欠落しているように思われる。では、教材についてはどのような考え方が基本になっているのであろうか。教材の本質について直接に論理が展開されているわけではないので、教材選択の基準についての観方をとりあげてみよう。

たとえば、指導計画のなかで単元が音楽の要素

のリズムを歌唱活動において取り扱う場合の教材選択の基準についてみると、

①児童の鼓動が成人より速いことを考慮し、軽快な、律動的な曲を選ぶ。
②リズム感の心身的把握が容易な単純な曲を選ぶ。
③アクセントと非アクセントとの交替が直ちにとらえられるようリズム型及拍子の単純なものを選ぶ。
④節奏は四分音符と八分音符とを主体にし、これに付点四分音符と二分音符とを　混合する程度に止める。
⑤付点音符の使用を多くしない。これの増加は漸進的とする。
⑥一曲の内に様々な種類の音符が混合することをさけ、最大限を三種類までとする。
⑦拍子は四分之二拍子を主体とし、これに少数の四分之四拍子及び四分之三拍子を漸進的にまぜていく。
⑧第四項に挙げた各種類の節奏をこれらの各拍子に於て組み合わせ、拍子の特徴をとらえ易い単純なリズム型から漸次幾分複雑なリズム型に移るように配置し、これに出来るだけ合致するような曲を選ぶ。次に参考までにリズム型をいくつか挙げる。
⑨テンポの幾分早目な曲を選ぶ。
⑩テンポ上の変化（漸急・漸緩）をあたえないでもよいような曲を選ぶ。
⑪出来るだけ発音し易く且つ曲のリズムとよく一致している歌詞を持った曲を選ぶ。

というように、指導計画の単元の内容をさらに細かくわけ、単純なものから複雑なものへ、やさしいものからむずかしいものへ、という系統性にたいする認識のもとに、教材を選択し、編成する際の「基準」

が設けられている。それは音楽に関する知識・技術の体系にそった基準であり、学習主体の音楽的認識の過程、音楽へ要求をふまえたものとはいいがたい。ただ、芸術主義の立場にたつ音楽教育論の一つの特徴とみなければなるまい。

ところで、同じころ、学校音楽の基礎理論に関する文献も出版されている。それは、諸井の『音楽教育論』をうけて公刊された『音楽文庫教育編』全一五巻（河出書房刊）であるが、その後、諸井の監修のもとに『音楽教育講座』全三巻（基礎編、学習指導編、器楽と創作編）としてまとめられ刊行されている。(2)

第一巻は音楽と音響、児童の音楽心理学、音楽学習指導法、音楽と児童生活、総合的音感教育の五項目を含む基礎的な問題について、第二巻は児童の発声指導、リズムの指導、楽譜の指導、合唱及び合奏の指導、これからの音楽鑑賞教育の五項目を含む学習指導の問題について、第三巻は簡易楽器の作り方と指導法、ピアノ・オルガンの解説、簡易楽曲の作曲及び編曲法、児童作曲の手引の四項目を含む指導法の問題について、とりあつかっている。ここでは、このなかから、児童の音楽心理学と音楽学習指導法の二項目について若干の論評をしておきたい。

まず、前項は二部からなり、第一部は民主教育における児童観の確立、児童の精神発達を問題にし、第二部は音楽の要素についての心理学的考察、和音感教育の検討、および児童の音楽性などを問題にしている。なかでも、児童の音楽への嗜好性についての調査研究は当時の実情を知るうえで興味深い。それは地方町村の児童三三三人について、音楽に対する好き嫌いを調べたものである。表4がそのパーセンテージであるが、それにもとづき、つぎのような分析がなされている。

「高学年になるに従って音楽に対する嫌悪が増加している。特に五学年生より急増の傾向がある。」（略）

このように、「青年前期に入る前の時期に既に音楽への興味が冷却しつつある日本の地方児童に対しては

表4

	好き 男	好き 女	好き 計	嫌い 男	嫌い 女	嫌い 計
初一	79	92	85	21	8	15
二	68	93	80	32	7	20
三	76	88	82	24	12	18
四	78	84	81	22	16	19
五	62	80	71	38	20	29
六	51	90	70	49	10	30
高一	60	71	65	40	29	35
二	60	81	70	40	19	30
計	68	87	77	32	13	23

その原因を解明し之が対策を講じなければならない。」そうでなければ、「日本人の音楽水準を向上せしむる事が困難である」という。

そしてさらに、児童の音楽に対する好き嫌いの原因を調査した結果につき、「好きな原因として挙げられたものは、面白い、気持よい、愉快である、朗である。楽しい、気持を柔げる等全学年を通じ同様なものであった。」（略）「之らは総て積極的感情の満足が主なものであって未だより高次な美意識に迄は高められていない。従来の音楽教育の主流が歌えさえすればよいと云った面を強調し、主として鑑賞に依る美意識の発達の面を無視し勝ちだったことを表現している。」として、歌唱中心の従前の学校音楽に対する批判の根拠を見い出している。

反対に、「嫌いな原因として挙げられたものは低学年では、歌うのが恥しい、おかしい、指名されるのが嫌だと云う様な音楽と直接無関係に近いものであり、高学年に進むに従って、声が悪い、声が出ない、音痴である、調子がはずれる、譜が読めない、と云う様な音楽と直接関係の深いものが出て来る」。それゆえ、嫌いな原因のほとんどが歌唱に関係していることが明白であり、この場合もまた、学校音楽の一面性、つまり歌唱偏重と鑑賞軽視が浮き彫りにされる、というのであった。

また、「好む歌」について、学年別、および男女別で調査して、以下のような結果をえたという。（次頁）

これらは、実践の場において、直接子どもたちから聞いたりあるいは歌の題名だけを筆記させて、それらを材料にしてまとめたものではなかろうか。(3) もちろん、そうだとしても、子どもの音楽に対する意識、

好む歌

初一男　僕の弟、はとぽっぽ、兎、お馬の親子、かくれんぼ、朝はどこから、ほたる、汽車と電車。
初一女　海、お人形、ほたる、朝はどこから、お馬の親子、かくれんぼ、兎、金魚、子守唄、ままごとしましょう。
初二男　浦島太郎、白兎、花咲爺い、大江山、運動会のうた、朝はどこから、荒城の月、羽衣、朝の歌、花火、菊の花。
初二女　羽衣、朝の歌、ひなまつり、時計、こんこん小山、菊の花、荒城の月、愛国の花、雨ふり、たなばた様、花火、お舟の三日月、お家忘れた。（略）
初五男　牧場の朝、海、朝はどこから、麦刈、羽衣、故郷。
初五女　母の歌、牧場の朝、麦刈、旅愁、花、野口英世、揺籠の歌、荒城の月、浜千鳥、姉、若葉。
初六男　船出、捕鯨船、箱根山、山の歌、荒城の月、朝はどこから。
初六女　冬景色、野口英世、おぼろ月夜、スキーの歌、姉、四季の雨、船出、ローレライ、サンタルチア、月、浜辺の歌、春のあした、つりがね草の歌、荒城の月、森の子羊、鯉のぼり。
高一男　箱根の山、大空に祈る。
高一女　花、春風、四季の雨、海、おぼろ月夜、荒城の月、揺籠の歌、あわれの少女児島高徳、故郷の廃家、蛍の光、鏡。
高二男　朝はどこから、荒城の月、ひよどり越。
高二女　スキー、水師営、戦友、鏡、庭の千草。

嫌う歌

初一男　お人形、たねまき。
初一女　たねまき、国民学校。
初二男　春が来た、かけっこ、うさぎ、菊の花、雨ふり。
初二女　春が来た、かけっこ。
初五男　海、母の歌、秋の歌。
初五女　ヴォルガの舟歌、海、秋の歌、もみじ。
初六男　おぼろ月夜、姉、四季の雨、われは海の子、スキーの歌。
初六女　秋近し、われは海の子、機械、作業の歌。
高一男　不明。
高一女　夏野、小鳥の歌、ローレライ。
高二男　機械。
高二女　大地を耕す。

イメージ、態度を知るうえに一定の示唆をあたえてくれる。そういう意味において、ここにもとりあげられているものと推察される。

つづいて、後項は、音楽学習指導の目標および指導法一般、音楽学習の単元構成、一般的音楽学習指導法と具体的な音楽学習指導法などを問題にしているが、指導法一般、単元、音楽学習の指導法に関しては諸井氏の前掲書と大同小異であり、むしろ、諸井の所論を敷衍したものとおもわれる。(4)

だが、目標観の面では「凡ての教育活動の根本的な立場は、文化に対するわれわれ人類の自然的な欲求を重んじ、これをすなおに伸ばすことにある点に考え及ぶとき、音楽を愛し、音楽にあこがれる青少年の心を、利用することなくゆがめることなく、真直ぐに伸ばすところに音楽教育の本分が見出される人」という教育観をふまえ、同時に、「音楽の魅力は大きい。音楽は直接われわれの感情を動かし、われわれの内心深く食い入ってくる。この力が、時に道徳教育に利用せられ、あるいは宣伝に、あるいは士気の高揚に用いられて驚くべき効果をあげる。」

それがゆえに、「道徳心が養われ、情操が豊かにされるのは、正しい音楽教育による当然の結果であり、これらを当面の目あてとして音楽教育を行うのではない。音楽教育は、どこまでも、音楽それ自体を対象として、音楽独自の美しさを追求し、どこまでもそれを掘り下げることによって、音楽を正しく且楽しく鑑賞し、生活させることが、音楽教育当面の目的でなければならぬ。」と、歌唱教育とか、器楽教育とか、鑑賞教育というふうに、狭く限定された範囲のものではなく、音楽活動のあらゆる部面にわたる「全体的な音楽教育」のための学習指導の一般的、および具体的な方法を提示していた。

以上、きわめてかぎられた範囲で、しかもごく大ざっぱに、学校音楽の理論的検討をしてきたが、現在、ますます専門・分化し、厳密性を重ずるということから、「あり方の根本」や「めざすところ」と問題に

することを意識的にさけて、もっぱら手続や方法レベルの事柄を細かくとりあつかうような傾向にある音楽研究・音楽教育研究に対して、この戦後民主化時代の音楽のとらえ方や音楽教育へのとりくみ方は、いまなお、示唆するものがあるように思われる。

(注)

(1) この著作は、昭和二三年三月一五日、社団法人・新教育協会から出版されているが、昭和五年、国際新教育連盟の日本支部として結成された協会と同じものかどうか定かではない。なお、本書は小冊子でありながら、「新教育」の現実にもとづく「新音楽教育」のあり方・方向、具体的な指導の方法について言及している。当時の学校音楽の新しい方向を知るうえで貴重である。

(2) 監修者によると、この講座は『音楽教育論』を具体的に展開するために企画されたもので、「新音楽教育を実際的な側面から解明する目的のもとに、斯界の権威者によって執筆せられたものである。その内容としては、新音楽教育を理解し実践する上に必要と思われる全項目を包含し、且各項目につきその最も重要な要点を簡潔に説明した」ものであるという。つまり、それは「新音楽教育」のガイダンスの役割をもち、その全貌を知るための参考書でもあった。

(3) この調査はいつ、どういう地域のどういう場所で、どういう手順をふんでおこなわれたものかあきらかでないばかりか、割合等による数量化もなされていないので、極く大まかな傾向がつかめるにしかすぎない。ただ、大凡ではあるが、当時の子どもたちの歌がどんな種類のどんな特徴をそなえたものであったかは捉えられるわけで、当時このような嗜好反応を示した子どもたちが、二四、二五年たった今日、すでに成人し、社会人となっている現時点から当時をふりかえり、現状と比較してみるならば、そこに一つの興味ある問題が意識されるのではないだろうか。

(4) この項は近森一重が担当している。両者の見解の一致は当然であろう。

8 音楽大学の成立

新教育の制度改革は新制大学の発足によっていちおう達成される。芸術系大学の場合、音楽大学の成立は従前の専門学校としての音楽学校の昇格によってもたらされたものであるが、その過程について若干ふれておきたい。

まず、大学制度の全体については、アメリカ教育使節団（以下、使節団）によって、改革にたいする示唆があたえられている。

すなわち、使節団は、高等教育について、日本の高等教育の過去における制度、公立及び私立の学校施設、高等教育の機構、基準の向上、私立及び公立施設の地位、個人の地位、各種の機会、高等学校及び大学の学科課程、調査研究、技術教育及び職業教育、大学図書館、大学講座の公開、国際関係の一三項目にわたり、新しい大学のあり方について勧告している[1]。

それは、基本的には、「大学は、あらゆる現代教育制度の王座である」から、「自由社会においては、大学は平等の関心を以て」、一つには、知的自由の伝統を超越した財宝として擁護し、思想の自由を鼓舞し、探求の方法を完成し、知識の向上を促進し、科学と学識を培養し、真理への愛を育成し、社会への絶えざる啓蒙の源泉として仕へ」、二つには「あらゆる年代あらゆる民族の最善の思想と最美の向上心を親しく知らしめることに依て、才能ある青年男女を、家庭や社会生活の改善に、産業や政治のより能率的且つ人道的運営に、及び各国民間の理解と善意の養成に指導的立場を占めるように準備するもの」であり、三つには、「社会の変化しつつある要求及び現れつつある要求に常に敏感であるから、選ばれたる若き男女を

新旧両職業において技術的に熟成せしめるよう訓練する」教育機関である、という認識のもとに、従来、「教育は日本においては伝統的に島国的であると共に孤立的な傾向を辿って来た。

日本の国際的交際は国民の意識的な心意乃至目的を反映するよりも寧ろ個々の学者、政治家及び実業家連の不一致精神をより多く反映していた。

学者によって占められている高等教育を受けた者の世界と、それとは同じものとは思われない幾百万の日本国民との間には、余りにも広い間隙が存在していた」として、一部の特権階級に所有され、支配され、国家の政治・思想・文化政策に従属的であった過去の大学のあり方を指摘し、これからの「日本における大学制度は、高等教育に対する如何なる国家計画にも共通する諸要素の上に基礎を置かなければならない。而してその計画の中には、若き人材を絶えず豊富に供給することも要素の一つとして含まれている」のであって、「少数者の特権と特殊な利益が多数者のために釈放されなければならない、というものであった。

つまり、大学の国民大衆への解放を示唆しているのである。

同時にまた、学問の自由について、「学問の自由とは、公私立を問わず全ての大学専門学校の教授団が新しき知識の探索に、器械と同じように思想を実験の具に供することを許される場合に存在するのである。」そして、「学問の自由を保持する一つの確実なる方法は、事学問に関しては教授団自身に権威を付与することである。」というように、それは教師（教授）の研究と教育の自由が保障されなければならない、としていた。

この新しい高等教育のあり方を求める勧告は、旧来の帝国大学および二つの文理科大学、その他の大学はいうにおよばず、専門学校の解放、つまり一般的教養の導入と充実の線にそって、その大衆化をめざしていた。

というのは、いままでの高等教育のカリキュラムは、「その大部分は一般教育に対する機会が余りに少な」く、「余りに早く余りに狭い特殊化、及び職業的乃至専門的教育に余りに力を入れ過ぎて」おり、国民大衆に開かれたものではなかった。

したがって、これからのそれは、「自由思想に対しもっと背景を与え、専門的訓練の基づくより良き基礎を与えるために、もっと広闊なる人文主義的態度が養成さるべきである」と、カリキュラム改造についてふれているからである。

使節団のこうした勧告がすぐに、そのままの形で実施されていったのではもちろんない。使節団の帰米後、使節団に協力した日本側教育家委員会は、昭和二一（一九四六）年八月一〇日付の「教育刷新委員会官制」の公布によって、「教育刷新委員会」（以下、「教刷委」）となったが、これは、

教育刷新委員会は、内閣総理大臣の所轄とし、教育に関する重要事項の調査審義を行う。

委員会は、前項の調査審議の結果を内閣総理大臣に報告し、及び内閣総理大臣の諮問した教育に関する重要事項について答申するものとする。

と位置づけられ、「教刷委」は、文字通り、その後の日本の教育の方向、あり方を決する重要な機関として機能することになる。そして、形式的には、「教刷委」は使節団の「報告書」をうけていることになるのであろうが、(2) それはおおよそ、つぎのような過程である。「教刷委」は、九月七日、第一回総会を開いてから昭和二四年五月一四日の第九六回総会まで、二九回もの建議をおこなっている。

高等教育の制度に関しては、その第一回における「高等学校に続く教育機関について」のほか、第三回

では「現在の高等専門学校における専攻科の併置について」、「新制大学の課程及び転学に関すること」と、制度上の整備が問題にされていたが、第九回では、「大学の地方委譲、自治尊重並びに中央教育行政の民主化について」といった、教育の官僚的統制、中央集権化をさけて、民主化の方向をめざす方針が建議され、第一一回でその具体案がだされていた。さらに、第一六回には「大学の自由及び自治の確立について」という大学の自治、学問の自由に関する建議がなされており、これらは、いちおう、「報告書」をふまえて、建議されたものとみることができよう。

そして、そうした過程をふんで、昭和二三年七月二六日の第二一回にいたっては、「大学の国土計画的配置について」が建議され、高等学校や専門学校の大学への転換も現実的な問題となっていたようだ(3)。

他方、すでに、同年一月一五日には、「大学設置委員会官制」が、「大学設置委員会は、文部大臣の監督に属し、その諮問に応じて大学設置の認可及び博士その他の学位に関する事項を調査審議する」と、性格づけられ発足していた。

したがって、この段階において、大学設立のための請願が各地域からだされているのも当然であった。その一つ一つについての紹介は省略するが、そうした状況のもとで、では、音楽専門学校の昇格についてはどのような提言や提案がなされていたであろうか。

当時、東京高等学校(4)の教授であった岸辺成雄は、「この大学昇格の重要な問題となるのは、邦楽科の去就であることも衆目の一致するところであろう」という基本的観点にたち、昇格した場合の「音楽大学の本領は音楽の理論と技術との両面を通じて考究された音楽の芸術学を探求する所」にある、としながらも、この時点では、過渡的な折衷案として、「日本の音楽芸術と音楽学とを一歩進める手段とし賛成し得る」と、東京音楽学校の大学への昇格について、つぎのような具体案を提示していた(5)。

すなわち、「音楽学校の大学昇格は、現在の技術的水準の向上と同時に、一般智的水準を上げ、又学としての音楽芸術の探求を、殆んど新に始めるのでなければならぬ。」

そして、そのためには、「新しい日本音楽」を建設すべく、「洋楽の進歩に努力すると同時に、最高の発達段階に達した邦楽の水準をおとさぬように保持し」ていくことが大切であって、ゆえに、「音楽大学では洋楽と邦楽とは同等の教授研究が行われるべきである」という。

だが、実際には、洋楽と邦楽の関係は「水と油の状態」であり、洋楽科と邦楽科の併置は邦楽と洋楽の融合、ひいては「融合を基にした新しい音楽の創造」に積極的に貢献するところは少なく、それが「大学から邦楽科を切り離す案の一つの根拠として利用される」から、これをさけるための手段として、大学附属の研究所を設立する案が構想されていたのである。

それは、「過去の邦楽の調査に止まらず、洋楽の研究、邦楽の調査研究及び洋楽邦楽の両面からする新しい日本音楽の総合研究の三者を抱合する、完全な意味の音楽研究所である」が、しかし、「大学に於ける音楽学の講義では洋楽が主となり、邦楽は従となるのに対して、研究所での研究は邦楽を主とし、洋楽を従と」し、「主なる構成員は邦楽畠の学者と芸術家」というものであり、洋楽と邦楽、および新しい日本音楽を、理論研究、歴史研究、伝習及び新音楽の研究と実験の各方面から研究する機関として、位置づけようとするものである。

そして、岸辺は実際の研究テーマとしては、田中正平の、かつての「国民精神文化研究所」における、将来設立されるべく構想されていた国立の音楽研究所案の一部を引いている。それは次の如くである。

日本音楽部
一、古典楽曲の採譜、レコード、トーキーフィルムの整理
一、各流派の特色査定
一、地方古楽、民謡の調査、レコード等の蒐集
一、演技及教育方法の指示事項の調査、研究
一、日本的基本和声方式の樹立、試作、試演
一、楽器の新作、改良、試作、試演
一、日本音楽史の編纂
一、講演会、講習会の開催

西洋音楽部
一、史実探究
一、美学的、心理学的、物理学的、改善方策の立案及研究
一、教育法改善の立案、研究
一、楽器製作の改善研究
隣邦音楽部
一、史実探究
一、音律、探式査定
一、楽器調査
一、演技実習

岸辺は、この三部からなる案を参考にして、研究所を音楽学部、音楽史部、古典音楽部、新音楽部の四部と資料室とから構成されるそれにした案を、一つには、新しい音楽の創造を研究所の目標にする場合には三種類の音楽の比較研究や交流が重要であること、二つには、未分化の状態にある音楽研究を、たとえば、音楽理論、音楽美学、音楽史といったように、研究の進展につれて専門分化する必要があること、の理由から、提示し、研究所の構成人員を以下のように設定している。

教授
所長　一
音楽学部　三（西洋・日本・東洋）

音楽史部　三（西洋・日本・東洋）
古典音楽　七（箏・長唄・能楽・清元・其他）
新音楽研究部　一
資料室　一
助教授若干名
嘱託　若干名

岸辺案は、このように、東京音楽学校の大学への昇格を音楽研究所の設立と結びつけたものであるが、氏自身は、この点については、「研究所を設立させたいばかりに音楽大学を利用しようとするのではない。それは出来上った音楽大学を援助するものであり、大学昇格以後の邦楽科を最も有意義にすることによって、益々大学の重きを加えるものである」と弁明していた。

しかしいずれにしても、「邦楽の正しい保存」と新しい日本音楽の創造がこの案の動機であり、基調でもあることにかわりはない。東京音楽学校の大学への昇格に際しては、邦楽科の位置づけがかなり問題になったことを推測させる。(6)

つぎに、当時、東京音楽学校の校長であった小宮豊隆氏は「国立総合芸術大学案(7)」を提示していた。それは、「美術と音楽との大学だけでなく、国の予算が許すに従って、演劇部・映画部・舞踊部などを含む大学を、行く行く作り上げて行こう」という計画である。

第一に、「いろいろな点で貧弱を極める現状の日本」では、それぞれ独立した芸術系の大学を設立することは到底できないとすれば、「せめて一つの国立総合芸術大学があって、出来るだけ日本の土壌を肥沃

にし、日本の雰囲気を濃厚にする事は、何にもまして急務であるように思われる」と、その動機について、さらに、「今日の芸術で、他の部門の影響や補助を些しも受ける事なしに、純粋に独歩しているものは、割合に少ない。（略）ある見方からすれば、芸術は次第に合金的もしくは総合的になりつつあると言っていいかも知れない。

総合芸術大学は、大きく言えば、新しい合金芸術もしくは総合芸術を創造する坩堝でもありうる」と、その積極的側面について、表明している。

第二はその内容的な面であるが、この「総合芸術大学」では、芸術に理論よりも技術の面を主とするものであっても、これまでのこの種の学校がまさに技術だけを教授して理論的側面をおろそかにしてきたのに対して、「理論にも重きを置き、理論の専攻をも可能にしようとする」もので、いいかえれば、「技術とともに理論が授けられ、技術を基礎づけ技術を指導するものとして、理論は技術との絶えざる関連に於いて置かれる」という。それは、「在来の芸術家にはあまりに理論がなさすぎた」からであり、「理論に浸透された芸術家―自分の芸術の向うべき方向を自覚し、自分の芸術の社会に於ける位置を自覚し、もしくは自分の芸術の領域内に於ける自分の地位を自覚した上で、自分の芸術に精進する、芸術家を作る」ことを目的とするからだ、というのであった。

つまり、「総合芸術大学案」は諸芸術の総合をむしろ基調とし、芸術の理論と技術の統一をめざし、そうした芸術家の養成を目的にすえた一つの専門学校改革案であり、そこを起点にした専門学校の大学への転換をはからんとするものであったといえよう。

だが、こうした芸術の総合をめざす大学案とは別に、大学の段階を青年時代の教育に相当するものとして、前の段階の青少年時代にまでマスターした「技巧に精神を入れる」時代として設定された大学案もあっ

た。城多又兵衛の「音楽大学の構想[8]」がそうである。

城多にすれば、まず幼年時代（六〜一一、一二歳）は音楽の基礎教育の時代にあたり、聴覚の訓練や読譜力の養成、あるいはピアノを学ぶことによって音楽の基本的なことを学習する段階だとされ、つづく青少年時代は音楽の基礎的な技術の能力を養うと同時に、それぞれの専攻をきめ、これに専念してできるだけ高度の技術を身につける段階であり、そして大学はその完成をめざす段階にあてられている。

これは、まさしく音楽エリート養成のヒエラルキーであって、国民大衆にひらかれた音楽大学の構想とはいいがたい。要するに、従来の音楽専門学校の枠の基本ははずさず、これに一般教養を加味する程度の改革による大学への昇格が期されているにすぎなかったようである。それでは、さらには、いよいよ新制大学が発足するという時点ではどのような考え方が表明されていたであろうか。

有馬大五郎（当時、国立音楽大学学長）は、『音楽大学への道[9]』において、つぎのような構想をうちだしていた。第一は大学において教育研究の対象となる音楽のジャンルについてである。それは、「吾々の取扱うものは西洋音楽家と邦楽家とそれからその両者の何れか或は何れにも属しない作曲家とである」と設定されつつも、殊に、西洋音楽の場合、「日本も本家本元の佛・伊・獨のような国の音楽家のように音楽の学問をゆるがせにはできない」という立場にたつ見解であり、大学レベルでの音楽の研究・学習のあり方が示唆されていた。

第二には、邦楽家と洋楽家の協力体制をつくりだす問題である。といっても、その際には、「邦楽家はメソードもないくせに大学教授の椅子を主張することはむりである。また本家、家元、元祖、正調、の土俗学的要素を無意識に大学にもちこむことも遠慮しなければならぬ」と、過去の邦楽の「授受」的なあり方の厳しい批判のうえにたっての協力体制が要請されている一方、他方、洋楽の側においても、「実はそ

の分家、別派である西洋音楽家の方で彼等が日本土着の人であるだけに相当量、因襲的なところを学校内に見せてござるのであって過去のことではあるが音楽学校か『プライヴェート・レッスンの周旋業』と言うことになりかかったことさえある」と、批判的見解がうちだされているのであって、要は、「老人達が為したようなチェルニー三〇番程度の作曲をして邦楽の進歩だなどと子供ッポイことを考えずに、洋楽に対してりん然たる態度をもって一日も早くその学問的な立場を大学内につく」りたい、ということであった[10]。

以上のような課題のために、音楽の技術的側面のほかには、西洋音楽史と民族音楽、および語学を研究の中心にすえる、というカリキュラムの基本構造が提言されていたのである。より積極的で、斬新な音楽大学の構想であった、といえるのではなかろうか。

この提言は、いまなお、音楽大学改革の基本課題として設定されていいように思われる。

(注)

(1) ここでは、マッカーサー司令部公表の『米国教育使節団報告書』(全訳決定版)を使った。英文と照合してみると、適確な翻訳とはけっしていえないが、資料に忠実を期するためそのまま引用することにした。以下「報告書」と略称。傍点―筆者

(2)「教刷委」が使節団の「報告書」のねらいや内容をそのまま受けついだ、という意味ではない。「報告書」がどのようにとりあげられているかが問題なのである。この点については、たとえば、第九二回帝国議会における貴族院での内閣総理大臣吉田茂の施政方針演説(昭和二二年二月一四日)に対する南原繁議員の教育改革の基本方針に関する質問に、総理大臣自ら「…米国教育使節団及び教育刷新委員会の報告を基礎と致しまして…」と答弁し、同時に、高橋誠一郎文部大臣も「…米国教育使節団の有益なる報告書及び教育刷新委員会の報告を尊重致しまして、文政再建の方途を確立

したい…」と答えていることから、この関連はほぼ明らかであろう（『近代教育制度史料』第三二巻）。

（3）この建議では専門学校の大学への昇格は具体的に問題にされていない。しかし、各都道府県に「複合大学」をおき、その地域の文教の中心にすること、この「複合大学」には学芸学部ないし文理学部をおいて教員養成を兼ねさせたり、農学、あるいはその講座、あるいは農学研究所をおいて地方農業の発達を計ること、さらに、「複合大学」には地域の人口に応じて医学部をおき、各地域の保健の中心地とすること、などが新制大学の役割として提示されており、「大学の国土計画的配置」の具体的な方針ともなっているわけで、ここに専門学校などの大学への昇格が問題になっていることは推測に難くないのである。

また、新制大学設置の一般方針について、第二回国会において、（参議院昭・二三・七・五）羽仁五郎議員は、「教育の民主主義化の具体的方針として、教育の地方分権の趣旨が徹底していない憾みがある」として、「すべての国民が高等教育をうける便宜をあたえられるために、各府県に大学が設定せられるのであるが、その際その府県に従来存在した高等程度の諸学校は、積極的にその府県における大学建設に参加すべきである」と、一般方針について質問している。

これに対して、政府は「文部省としては、国立の大学、高等学校、専門学校及び教員養成諸学校等の新制大学切換えに当っては、特別の場合を除いて同一地域の学校はなるべく合併して一大学として一地域一大学の実現を図っている」と答えていたし（『近代教育制度史料』第三三巻）、この段階において、すでに、専門学校の昇格は既成の事実となりつつあったわけである。

（4）昭和二四年、「国立学校設置法」により東京大学に昇格。

（5）岸邊成雄「国立音楽研究所設立私案」—東京音楽学校の大学昇格と邦楽科—（『音楽芸術』第六巻第二號）。

（6）この問題については、第五国会においても、「芸術大学に邦楽科設置の請願に関する報告書」が提出され（衆議院、昭二四・五・三一）、「自国の文化価値を知らずして外国の文化を移入することは、決して真の文化国家の建設にはならない。その意味で邦楽は、大学の正科にとり入れて学問的に、科学的に邦楽の価値の探求と形成に努める必要があるものと認め」、この請願を議決している（前掲「史料」）。

（7）『教育音楽』第三巻第五号。

（8）（7）に同じ。
（9）『音楽芸術』第七巻第五号。
なお、この号は特集テーマの形式で、「芸術大学への抱負と構想」が企画されており、有馬氏所論のほか、城多又兵衛の「芸術大学の抱負と簡単なる構想」および福井直弘の「大学の発足に当って」が掲載されている。
（10）邦楽を大学レベルでの教育研究の対策にとりあげているのはさきの岸辺の「私案」にも通ずるものであろうが、その研究のあり方や教育の方法については厳格な論理性が要求されている点においてかなりちがっていよう。このことは、同じように洋楽界においてもあてはまることではあるが、現時点においてなお意義ある批判ではないだろうか。

9 教員養成の問題　―音楽教員の場合―

高等教育の制度的改革とともに、教員養成のあり方もまた、教育改革の重要な課題の一つであった。それは、使節団の「報告書」、日本側教育委員会の報告書、そして「教刷委」の建議等によくあらわれている。「報告書」は、「四、授業及び教師の教育」において、「授業と教師教育との改革は、教員全般の再建と同じ目標をもつものである」という見地から、「系統的な教育準備のない教員は、全て教える資格を与えられないことにすべきである」、として、教員養成のための要件に、

第一、一般的乃至自由教育、これには語学及び伝達方法の熟達、文学芸術の鑑賞を含む現代文明の理解、現世界に於る科学の位置に就ての或程度の知識、現代国家の公民が当面する経済的及び政治的特殊諸問

題に就ての或程度の理解、が含まれる。

第二、教師の準備は、自分の教えるべき主題に就ての特別な知識を要求する。初等学校の教師の場合には、この教育分野は色々に岐れる。もっと進んだ学校では一段と専門化されたものになる。

第三、教師は自分の仕事の専門的な面の知識を持たなければならない。教師は比較教育史及びその社会学的基礎、彼がその中で教えることになっている教育制度がどんな組織になっているか、また児童を扱った実験と経験を通じて発見された最も効果ある教授法に就て、或る程度の知識を持って居るべきである。この専門的な仕事は、児童や学校の観察及び監督下に教授を行うことを含むべきである。

以上の三項目をかかげ、教師の資質は一般教養的側面という営みの専門性にかかわって陶冶されたものでなければならない、ということを示唆し、そして、白書の「勧告案」にいたっては、「師範学校は、より優秀な専門準備及びより充分な自由教育を提供するために、もっと高度の水準に於て再組織さるべきである。師範学校は教師の準備のために高等学校或は専門学校程度になるべきである。二年間で初等学校教員の資格を与えることは必要ではあろうが、中等程度即ち上級中学校の上に満四年の修業年限が全ての師範学校によって提供されなければならない」と、師範学校の専門学校または大学への昇格を提案していた。同時に、そのカリキュラムについても、「未来の教師を個人並に公民として教育することを企画すべきであるが故に、自然科学、社会研究、人文学及び芸術に於るが如き自由面に重点が置かれることを要する」というように、主体的で社会性に富み、学問、芸術の諸分野に幅広く通暁していることをめざすべく、勧告していたのである。

これに対して、使節団に協力した、いわゆる日本側教育委員会も六項目なる報告書[(1)]を提出しているので

あるが、そのなかで、学校系統の問題をとりあげ、その改革案を提示している。それは、第三項「学校体系に関する意見」において、

上級中学校の教員資格は大学卒業後一定期間専門学科の研究に従事し、国家試験（科目別教員検定）に合格したる者に認めること。

師範学校（現行）は総てこれを改造して、教育大学とし、教育大学への入学資格は他の大学と同様にすること。而して教育大学の卒業生は小学校及び初等中学校の教員となり得ることとするとともに、他の大学の卒業生も一定の試補期間を経たる後これ等の学校の教員たり得ることとすること。」

と、教員養成が大学レベルでおこなわれなければならないことを明らかにするとともに、「師範学校に深く結びついている因襲は一掃すべきであるが義務教育方面に携わる教員を養成するのには各府県に教員大学のあることが望ましい。多数の教員を補充してゆく為にはかかる大学のあることが好都合である。但し教員大学は他の大学と全く同じ立場にあるものであり、その学生は何等特別の特権もなく、又卒業生は小学校、初級中学校の教員となり得る外特別に義務を負うこともないようにすべきである」と、従来の師範学校の閉鎖性の打破を指摘し、さらに、教員養成を主とする大学にしても、その特殊性のゆえに他の大学と区別すべきでないこと、したがって、学生および卒業生も、師範学校の場合がそうであったように、必ず教職につき、身分上も特別扱いをうける、という保守性を払拭しなければならないこと、を明示している。つまり、教員養成の民主的なあり方がうちだされていたわけである。

その後、「教刷委」は、昭和二一（一九四六）年一二月二七日、第七回総会において、「教員養成につい

て」[2]、「教員の養成は、総合大学及単科大学において、教育学科を置いてこれを行うこと」を採択しているが、しかし、この段階では、「ことに教師養成制度については種々異見もあり、どのような形で実施せられるか、予測しがたいものがあります」[3]、という状況であったから、文部省は、教育者自身がそれぞれの場での経験と反省のうえにたって、新しい社会の要請する教育のあり方について協議・検討し、そこにおいて作りあげられたプランをもとにして、つまり、「文部省と全日本の現場人の衆知を集めておおまかながら国としての方針を立て」[4]るべく、実際には、模索していたのである。

それゆえに、教育養成制度に関しては、国会でも議論をよんだ。たとえば、第一回国会において、河野正夫議員の「教員養成施設、師範教育制度等がいかがなことになるかということについては、未だ明瞭になっておらない。これに対する見通しを承りたい」という質問にたいして、森戸辰男文部大臣は、「師範学校のことにつきましては、これは教育刷新委員会で師範学校を学芸大学という形でやろうという建議案もありまして、それを中心にして研究をいたしておるのであります。」と答えていた。

また、米田吉盛議員が「学芸大学という、師範学校に代るべきものをおつくりになるか、それも各府県におつくりになるのか、数府県に一校をおつくりになるのか、あるいは一般の大学の卒業生を採用せられるのか、これらについて関係筋との話合いの解決はどういうふうになっているのでありましょうか。これがきまらぬために、各地方の師範学校からは、学芸大学への昇格運動として国会に請願が殺到しておるのであります」と、教員養成についてただしたのに対して、同文部大臣は、

「教員養成につきましては、教育刷新委員会の答申に基きまして、三つの方法が実はあげられておるのであります。第一は、教員養成を主とする学芸大学を卒業したものであります。第二は、普通の大学の卒業者で、教職的の課程を終えた人々であります。第三は、独学者でありましても、これらの人々に道を開

いて、検定制度を設けるということになっておるのでありまして、将来こういう形で中小学の教師にも大学卒業という高い教養をもった人々をあてたいという考えでおるのであります」と、かなり具体的な改革案を示した。

また同様に、師範学校の大学への昇格問題についても、「全部ではありませんが、数地区の有数なものを四年制の大学に昇格していく、そして、ほかは経過的に三年制の大学とするというふうに、私どもはただいま考えているのであります。青年師範につきましては、学芸大学または単科大学の一部としてこれを併設して、充実していこうというふうに考えておるのであります」として、その具体策を提示することによって、政府の教員養成制度のあり方とその方法についての具体方針をうちだしていたのである（『近代日本教育制度史料』第三二巻）。

そして「教刷委」は、昭和二二年五月九日の第三四回総会において、「教員養成に関すること」を採択し、同一一月六日に建議したのであったが、ここで、たとえば、教員養成を主とする大学を「学芸大学」と呼ぶことにしたのである(5)。

このように、教員養成についても、積極的ではないにはしても、民主的な改革の方向の一端がうかがわれるのであるが、こうした論議および行政の過程において、音楽教師の養成についてはどのような論議がみられたのであろうか。だが、そのまえに音楽学校の段階からみておこう。

当時、音楽教育界の代表者の一人、井上武士によると、音楽学校における本科と師範科との区別の曖昧さを指摘し、「師範科と本科、いわゆる教師養成機関と芸術家養成の機関の二つをはっきり区別し、教育の方針を全然変えなければいけない」と、その組織上の改革を通じて学生の意識変革を問題にしていたが、音楽評論家の野村光一は、音楽教師の教養の幅や程度を問題にして、

「正直にいうと、日本のいわゆる師範科を出た音楽者達の教養の程度の低いということに実は驚いているのですが、もっと音楽的情操というものを教育しなければならん」といい、音楽教師の役割を国民全般に音楽を広めることにあるとみて、そういう音楽教師は「音楽的情操」という教養が身についていなければならない、と強調していた(6)。

一方は音楽芸術家の養成と音楽教師のそれとをはっきり区別することにより、他方は音楽教師に一般教養の不可欠であることを確認することにより、音楽教師の養成のあり方を問題にしているわけであるが、いずれの場合も教員としての資質が問われていることに変わりはなく、改革の必要性が容認されているといってよい。

しかし、共通していえることは、音楽家養成と音楽教師養成とを峻別している点であろう。これに対して、課程をはじめから区別するのではなく、一定の期間はオープンにし、その上に教員としての資質上必要な知識・技術をつみあげていく、といった考え方もあった。

音楽評論家山根銀二は、「師範科というものは、やはり初めから音楽を教えるという狭い目標の下に縛られて行くのでなく、もう少し音楽全般から入って、その上に人に教えるという技術を体得するということが音楽教育としての資格だ。それにはいまの師範科をよして、本科を出た上で師範教育をしたらいいじゃないか(7)」と教員養成の課程と芸術家養成のそれとの峻別に批判的な考え方をだしている。

これは、師範教育の閉鎖性への反省・批判から生まれた、いうならば、二つの課程を統一した、統一案ともいうべきもので、特殊な教員養成の制度・方法を認めない、むしろその廃止をよびかけた考え方であろう。だが、そうはいうものの、山根によれば、それは、「非常に過度的便法」であって、本来的には「非常に優秀な音楽家が、別に教え方は下手かも知れないが、直接教えればいいのだ」といった、教員として

の資質の内容についての具体的な分析・検討を抜きにした、教育の現実と現場を知らない、きわめて粗雑な提案のそしりはまぬがれない。音楽教師の特殊性にたいする認識が欠落しているのである。

音楽学校の芸術大学ないし音楽大学への昇格が具体的に日程にのぼる以前から、このように、師範科と本科のちがい、問題点についての検討がおこなわれていることは当時の教育改革への動向を反映しているといってよいであろう。

いいかえれば、音楽学校の改革へのうごきは同時にそれの音楽大学への昇格の現実化の過程を意味していた。たとえば、小松耕輔は、同じ座談会の席上、「いまの状勢でいくと高等師範、女子高等師範、各地方にある師範学校などは必ず全廃される時期が来る。そうなると、どういう方法で今度教員を養成して行くかという問題になる」。とすれば、なかでも、「今後の教育のうちの音楽教育は一体どうなるか。（略）どうしてもそれをやるには今学芸大学というようなものができるらしいのですが、学芸大学でも各地に拵えて、そのなかに必ず音楽科を独立させて入れる」。

そして、はじめは音楽全般にわたって教育し、しかるのちに、「教員志望のものには教育学なり、そういうものをやらして、教員を養成して行くという方針よりほかに方法はなくなるのです」というように、主体的ではないけれども、学芸大学において音楽科を設置し、そこで音楽全般にわたる課程と教養を身につけるための科目を履修させることによって、音楽家であると同時に教育者である、といった、二つの側面を統一した学士の養成に期待をかけていた。

といっても、それはけっして自主的なものでないことは発言の様相からみて明白であろう。それより、小宮豊隆や諸井三郎の意見に積極性がみとめられる。前者についてみると、

「僕はやはり音楽の先生を拵える事を目的とする大学が別に一つあった方がいいと思う。それは旧制の

師範学校がなる筈の新しい学芸大学のうちのいくつかが、そういうものになるというのも一つの方法です」といい、後者は前者をうけて、

「それをもう少しはっきりした形にすれば、音楽教育大学が考えられるわけなんです。現在学芸大学の中にも音楽はありますが、学芸大学でやる音楽では私達が考える十分な資格を備えた音楽の先生はちょっとむずかしいのじゃないかと思うのです。やはり、僕達は音楽教育大学をいちばんいい考えとしてもっているわけなんです」として、音楽の専門課程を重視し、なおかつ、教育大学という目的をもった大学の構想をもっていたようである。(8)

しかし、これらは具体性に乏しく、また芸術主義の考え方が前面におしだされ、現実に根をおろした改革構想とはいいがたいものであった。では、いよいよ、前記教員養成大学の設置についての考え方がはっきり打ち出されてくる段階においては、音楽教員の養成にたいしてどんな見解があったろうか。二、三とりあげておこう。(9)

長谷川俊彦（当時、東京四谷第六小学校長）は、これまでの音楽教員の養成は、その出身母校からみてもさまざまであり、ゆえにその実力もいろいろであって、高い実力の持主といっても音楽的技術のうえだけで、音楽教員としての教養の広さと深さにおいては不満足な人が多かった、という。

そして、ことに地方にあっては、音楽技術を唯一の生命として歌と楽典を教えるにすぎない音楽教員がおおく、理論は根拠をかいた、いわゆる「実践」第一主義の傾向がつよく、いうならば、それは「小さい滑稽に近い専門家」であるほかはなかった、という批判のもとに、新しい学芸大学での音楽科は「日本の音楽教育を担当するに足る優秀なる教員の養成機関として、其のスタンダードたり得る構成でなければならない」とし、そのためには、文科および理科と並んで芸術科を設置し、そのなかで、共通科目として美

学、芸術学、音楽、文芸、絵画、演劇、舞踊等をおき、音楽科は芸術科の分科として位置づけ、そこでは音楽概論、音楽史、音楽生理学、音楽心理学等が和声学、対位法、楽式論や音楽実技とともに専門科目として設けられる必要がある、というものであった。

しかもそれは、いうまでもなく、高度の演奏家や作曲家の養成をめざすのではなくて、あくまでも「高い見識の豊かな音楽教員を養成するため」であり、教育理論の研究についても他の一般教員と相互にすめていく能力をもった音楽教員の養成を目標にした考え方であった。これは、学芸大学における音楽科についての非常に積極性をもった提案で、現状がこれにかなり近い内容になっていることは大変興味深いが、これとはまたちがった別の角度からの提言もみられる。

堀七蔵（当時、東京女高師付属学校主事）によれば、民主教育のもとでの音楽教育は「生活を明るく豊かにするものでなければならない」、という立場に立ち、音楽教員の養成もその方向でなされねばならないとする。その点では、過去のそれはほど遠いものであったし、そのことが音楽教員養成の基本的な欠陥であった、という。

そこで、これからの教員養成大学における音楽教員の養成は、とりわけ小学校教員養成のコースでは、「誰でも気軽に明るく楽しい音楽を指導し得る能力を養うこと」を目標に編成されなければならないし、大学教育の名のもとに、少数者のための学術的・理論的研究に偏った性格のものとして考えられてはならない、というのであった。

といっても、音楽によって本当に生活を明るく楽しくということになれば、実際には、それ相当の音楽教育上の能力が必要なわけで、小学校教員のように全教科を担当する場合には、この条件をみたすことはなかなかむずかしい。

だから、結局は「音楽技能の程度は多少低くてもよいから小学校、中学校の音楽を担当し得る者を豊富に養成する」方向で現状に対処するほかはない。その点からいえば、「総合芸術大学案」はこうした教員養成の緊急課題に対してはどのようにとりくむのかあきらかでなく、その基本的な構想には賛同しつつも、その「理想」案に一歩前進をうったえていた。

この場合は、音楽教員としての専門性についてよりも、民主的、文化的な国家社会の形成者としての音楽教員という理念が根本にあり、そのための教員養成のあり方を問うているわけで、その点に特色があるといえよう。

最後は、本来の中学校の音楽教育がなぜ不振であったかを分析し、そのうえにたっての音楽教員の養成に対する牛山榮治氏（東京牛込第一中学校校長）の提言である。

すなわち、一つには、変声期にもかかわらず歌唱一辺倒の指導であったこと、二つには、その歌唱において、内容が子どもの生活経験から遊離し発達段階に適したものではなかったこと、三つには、学校のほとんどは家庭および社会に根ざしていなかったこと、そして四つには、学校は情操教育の手段と考えられたり、政治目的に利用されたこと、などが中学校の音楽教育の不振の原因とされ、この問題解決には優秀な音楽教員を豊富に養成し、これを学校におくり込むことによる以外ない、というのである。

ところが、新制の学芸大学にも、また「総合芸術大学」にもそれを期待することはできないという。それは、前者は、「何の教員にでも間にあうような教師の養成をつづけて来た師範学校の雰囲気から、よい音楽教師を生み出すことは至難の業」であり、たとえ実施されたとしても、音楽の専門教師に必要な知識・技術と識見を修得するには、「師範学校の改組された学芸大学」の内容では不十分だからであり、後者の場合はあえて教員養成の課程をおいても第二次的な存在となるからだ、といい、要するに、その可

能性は「芸術部ははっきりと、他の部門から校舎も教師も分離独立したものであることが望ましい」というわけであった。

さて、音楽教員の養成における技術か教養か、実践か理論か、芸術系か教育系かは、音楽の学習ないし認識における技術か理論かの問題にも似て、その歴史のうえで矛盾、対立してきている基本的問題の一つであろう。

そして六〇年代後半の目的大学論争にもこの問題は浮き彫りにされたし、いままた、教員養成のあり方や方向をめぐる論議があらたに起こってきている。一見、ラディカルにみえる一般大学の論争に比して、音楽教員養成関係の大学の学部・学科にあっては非常に地味な様相を呈している。

「レッスン」という一対一の教授形態のもつ閉鎖性、保守性に、その要因は根ざしているのであろうか。教育学科はこうした問題についても究明の必要をせまられている。

音楽教育学にとって、教員養成の問題はもっとも根本的、かつ緊要の課題であろう。

(注)
(1)報告書名は「米国教育使節団に協力すべき日本側教育委員会の報告書」となっており、かなりながいものであるが、
一、教育勅語に関する意見
二、教権確立問題に関する意見
三、学校体系に関する意見
四、教員協会又は教育者連盟に関する意見
五、教育方法問題に関する意見
六、国語国字問題に関する意見
の六項目を含んでいる。なお、この文書は公表されたものではなく、㊙印がしるされ、また印刷の日付も定かでない。
(2)文部省「教育刷新審議会要覧」(昭和二七年六月)。
(3)昭和二二年一月一八日、文部省　学校教育局師範教育課長が全国の師範学校長宛にだした「学科課程案の研究について」(『近代日本教育制度史料』第二四巻)。
(4)(3)に同じ。なお、学科課程案の作成にあたっては協議事項があげられているが、ここでは省略する。
(5)(2)に同じ。この名称については、当時、文部省師範教育課長であった玖村敏雄氏によれば、旧師範教育のうえにたち、よりひろい一般的な教養をも学ぶ大学という意味で、「学芸大学」とよぶことにしたという(『大学基準協会十年史』昭和三二年)。
(6)座談会「音楽学校の革新」(『音楽芸術』第四巻二号)。
(7)座談会「音楽教育上の諸問題」(『教育音楽』第三巻三号)。
(8)座談会『音楽』と『経済』」(『音楽』第三巻第六号)。この座談会は、音楽関係者ばかりでなく、大蔵省等の官僚、また音楽関係者にしても歌劇団のマネージャー、新聞社に席をおく評論家等、各方面からの出席をえて、音楽に関係した種々さまざまな問題について論議しており、興味深い。
(9)「音楽教員の養成」(『教育音楽』第三巻八号)。これは、まあ、特集テーマの形式でとりあつかわれており、いままた教員養成が問題になっている折柄、何らかの参考になるかも知れない。なお、ここに引用した各氏の論稿のテーマは次の通りである。長谷山峻彦「学芸大学と音楽教員の養成」。堀七蔵「音楽教員の養成」。牛山榮治「中学校の音楽と教員養成」。

⑩　日本音楽教育学会の成立

音楽教育の民主化の過程において、音楽教育に関する研究、協議、発表のための学術的な組織としての「日本音楽教育学会」も、一九五〇（昭和二五）年五月二七日、東京芸術大学奏楽堂における創立総会をもって成立している。

しかし、これに先立って、まず、「日本音楽教育連盟」（以下、「音教連」）が結成され、これを母体に学校音楽についての各種の調査がなされたり、各研究団体や組織間の連絡がはかられるなかで、より研究的な組織の必要にせまられ、学会の成立をみるにいたったのであった。では、学会成立の基礎となった「音教連」はどのような性格をもち、どのような役割をはたしたのであろうか。

「音教連」は、一九四八（昭和二三）年六月八日、その結成披露会を催し、全国的な組織として発足しているが、それは、「音楽教育の民主化をめざし輿望を負って誕生した。その性格は飽迄公共的なものである。学校を中心とし、それ等を取巻く家庭に迄教育を滲透しよう」[1]、という立場にたつ運動体としての性格をもつものであった。

もちろん、はじめから全国的な組織として出発したのではなく、最初は「師範音楽連盟結成準備会」（一九四七年一一月一七日）といった教育養成大学の音楽教育のあり方に関する検討、地方の音楽教育連盟結成の調査、東日本における連盟結成の検討と設立大会の準備などが当時の東京師範学校（現・東京学芸大学）の音楽担当の人たちによって推し進められる一方[2]、他方、地方における音楽教育連盟の結成を呼びかけ、そうした手順をふんで全国的な組織をつくりあげていったようである。

鈴木富三（当時、東京学芸大学教授、日本音楽教育学会々長）は「音教連」の常任理事を担当されることになっ

たが、氏によると、「音教連」の結成には呼びかけだけでなく、全国を歩き廻らねばならなかったといわれる。しかし、当時はまだ敗戦後の食糧難の時期であったので、地方での宿泊には米を持参しなければならないばかりか、そのうえ、会費を徴収して活動していたわけではないから、まったく容易なことではなかったろう。

当時の情況がしのばれるとともに、一口に音楽教育の民主化といっても、それは実際には、なまやさしい仕事ではなかったにちがいない。

そして、そうした過程において、「音教連」の役割もまたはっきりしてきた。規約にいうところの「各地方の自主性を重んじ相提携して我国音楽教育の進展を図り文化国家建設に寄与することを目的とする」この連盟は、その目的を達成するために、つぎの事業内容を設定していた。

一　音楽教育についての調査研究及その発表
二　研究会、音楽教育学会の開催
三　講習会の開催
四　教科書、教具の研究
五　機関雑誌及通信紙の発行
六　其他必要と認める事項

これであきらかなように、すでに、この段階で、「音楽教育学会」設立への動きがみられるのであるが、それは、「日本の社会、学校及一般の音楽教育活動の基礎となる学的研究を助長し、文化興隆に寄与する」

ことを目指し、音楽学と音楽教育学の二つの部門を設け、前者には音響物理学、音響生理学、音響心理学、音楽美学、音楽理論（旋律学、和声学、対位法学、作曲楽）、音楽史、音楽社会学、楽器学など、後者には音楽哲学、音楽心理学、音楽教育史、音楽教育学、音楽教授法などが含まれるというもので、かなり学術的傾向をもっていたようである。(3)

「新しい教育は、新しい音楽調査に基盤を置いて、再出発しなければ意味がない。（略）新しい音楽教育は理論的研究と正確な調査を基礎として、その上に教育の実際が、十分発展して行くものでなければならぬ。調査と研究の裏付けのない教育や、教育の実際の伴わない研究は意味がない」という理事長の提言に、(4)「音教連」の推進せんとする音楽と音楽教育の研究・実践の方向がうかがえよう。

しかし、「音教連」の事業は、実際には、連盟としての組織の拡大と充実、他団体ないし組織との連携の問題にとりくんだり、(5)また具体的、実践的な問題としては、器楽教育の振興であった。

ことに、器楽教育については、一つには教育用楽器の審査、二つには器楽教育の研究発表会に協力、推進している。

前者の教育用楽器の審査についてみると、審査委員に「音教連」の理事長が選ばれ、「優秀な教育用楽器の製作を奨励すると共に教育用楽器選択上の便宜を与えるため教育用楽器の審査（評価及び分類）を行い兼ねて教育用楽器に対する調査及び研究を行い」、楽器企業に対しても、この段階では、一定の積極的な態度でもって対処していたように思われる。(6)

後者については、一九四九（昭和二四）年三月二六日、その研究発表会がおこなわれたが、東京都誠之小学校二年生の「かかし」、「えんそく」、「春をまつ」、「くつがなる」などは可憐、千葉師範附属中学校の「むすんでひらいて」、「美しき小川」、「おおスザンナ」、「なつかしき故郷の人々」、「魔弾の射手」などは

優美、岐阜県多治見市養正小学校の「アンダンテ」、「トルコ行進曲」、「ナポリ風の舞踊調と行進曲」、「ソナチネ」などは清潔華麗、でそれぞれの特徴を発揮したし、会場も満員に近いほどで器楽教育に対する関心の度合がしのばれ、もって器楽教育の普及に有意義であったという。(7)

「音教連」は、結成後の一年間、こうした一定の任務をはたし、いっそうの組織の拡大と強化がはかられることになる。とくに、本部の機構を強化する方向がうちだされ、そのために、中央としての東京都の音楽教育関係団体の連携がすすめられていった。(8)「音教連」主催のもとで、まず、東京都の音楽教育研究関係の代表者と「音教連」との個別的な「懇談会」がつぎの会合でもたれた。

第一回（昭和二四年七月五日）
　出席・東京都音楽教育研究会幹部一〇名「音教連」理事、視学官、指導主事
第二回（同七月一四日）
　出席・東京都高等学校音楽研究会幹部一名、「音教連」理事、視学官
第三回（同七月二一日）
　出席・東京都三多摩地区音楽教育研究会幹部七名、「音教連」理事、視学官
第四回（同九月二四日）
　出席・東京都音楽教育研究会幹部、東京都高等学校音楽研究会理事、東京都三多摩地区音楽教育研究会幹部、「音教連」理事

ついでこれに大学関係、日本教育音楽協会理事、音楽教育研究同志会が参画した「総合懇談会」が同

年一〇月六日を第一回に、翌年五月一二日の第一〇回までもたれているが、その第七回（昭和二五年二月一八日）において、「東京音楽教育連合協議会」の第一回総会がひらかれる運びとなり、そして、同年六月三日に結成大会が開催されるにいたったのであった。つまりそれは、結成大会において、

われわれの各団体は、それぞれ独自の伝統と使命とをもって、今日まで音楽教育の分野に活躍してきた。しかし、われわれの各団体が、この際大同団結して、東京の音楽教育全般にはたらきかけることがきわめて必要なことであると痛感するにいたった。それはわれわれの団結によって、その活動を強力にするばかりでなく、この連合体が協力応援することによって、個々の団体の活動をもいっそう強力にすることができるからである。しかもそれは決して各団体の個性ある活動を拘束するものではない。ここにわれわれが東京音楽教育連合協議会を結成した厳粛な意味があるのである。(9)

と宣言しているように、音楽教育関係者とその組織の団結を目的とした連合協議会であり、「定款」の第三条にあきらかなように、「組織された諸団体の緊密な連絡をはかり音楽教育の振興に協力すること」をめざす音楽とその教育の研究・実践の運動体であったわけだが、この組織の活動の進展の過程において「音楽教育学会」創立への気運もまたたかまっていったのである。

つまり、東京都の音楽教育研究関係諸団体の団結によってうまれた「東京音楽教育連合協議会」は、実質上は、「音教連」の本部としての役割をも担うようになって、学会設立の準備をすすめていくことになった。一九四九（昭和二四）年一一月一七日の「音教連」と日本教育音楽協会の代表者による第一回設立準備会を皮切に、翌年五月二三日の第一〇回まで、前記代表者のほか、文部省関係、東京都教育庁関係、音楽

大学関係、東京大学文学部美学研究室関係といった各方面の代表者たちの出席のもとに設立準備のための協議がすすめられていったようである。[10]

協議の内容の詳細はもちろんわかっていない。しかし、この設立準備の会議に出席した人の「音楽教育学会」への提唱にその代表的な見解をみられる。[11] それは以下のようである。

第一は、音楽教育をすすめるうえには科学的なデータを欠くことができない、という点である。

これは音楽教育にかぎったことではなく、教育全般にわたっていえることではあるが、音楽教育の場合はことにその傾向はつよく、科学的研究をむしろ嫌う気風がつよかった、という。

しかし、「新教育」の思想の特色の一つは子どもの心理的・生理的発達過程に着目し、これにもとづいた教育の内容と方法が体系されることを要請しているところにあるわけで、音楽教育の実践を基礎づける研究資料を必要としたことは当然であり、そのために、学校に調査を依頼するとか、協議会をひらくとか、あるいは一般心理学や生理学にデータを得る手掛を求める、というような作業がおこなわれた、というのである。

しかも、そのようなデータは全国的な規模で収集されることがのぞましく、「音楽教育学会」設立の必要の第一点はこうしたところにあったわけである。

第二は、音楽教育関係者、なかんずく音楽教育者の主体性にかかわる点である。

従来、音楽教育者は文部省の見解や指導を仰ぐ傾向がつよく、自己の研究と実践にもとづいて自らの意見を開陳するような積極性はほとんどみられず、それが音楽教育の進展をさまたげてきている、という。

しかも、こうした傾向性は、戦後の民主的で平和的な国家社会の建設を目指す「新教育」の立場にあってもなお払拭しえず、従前に止るような風潮がみられたというのである。その根本原因は、いうまでもな

く、明治以降の中央集権的画一教育に根ざすのであろうが、しかし、新しい音楽教育はこれを打破し、将来の音楽教育を音楽教育者の輿論によってすすめ、発展させていくように、そのあり方を民主的なものにしていかなければならないのである。

それゆえ、音楽教育者の主体性の確立が要請されている、という。そして、音楽教育者の主体性の確立によって、音楽教育者の正しい輿論によって、将来の音楽教育のあり方が問題になるような姿勢が大切なのであるから、音楽教育者が音楽教育の実践と研究に自覚と責任を感じ、主体的にとりくむためには、全国的な組織としての「音楽教育学会」が結成され、これを強力に活動せしめるほかはないというわけで、学会設立を呼びかけていた。

第三には、研究資料が非常に不足している状況にあって、なかにはきわめて熱心で真面目な研究者や実践者がいるわけで、こういう人たちの研究や実践の成果はひろく一般に公表され、音楽教育者全体のものにしていくことが必要である、ということである。

たとえ、どんなに貴重な研究とはいっても、それは日本全体の音楽教育の発展に寄与するようにしなければ、その価値は半減しかねないわけで、この仕事こそまさに学会という組織体の中心的な任務といってよく、ここに「音楽教育学会」設立の意義がみいだされてくる、という。

さらに、そうした研究成果が海外に紹介され、そのことを通じて交流ができるようになれば、わが国の音楽教育のレベル・アップに役立つばかりでなく、組織的な研究の活動が一段と進展するにちがいない。この点もまた学会の重要な目的の一つにあげられる、という。

このように、「音楽教育学会」の設立をめざして、延数一〇回におよぶ懇談会や協議会など設立準備会がひらかれたなかで、設立への気運がたかまり、学会の必要性やそのあり方に対する提言も具体性をもつ

ようになっていったように思われる。

かくして、前記創立総会をもって、「日本音楽教育学会」が成立したのであったが、それは、音楽教育関係の学会としては最初の学会であり、明治以降の音楽教育史のうえでまさしく画期的なできごとであった、といえよう。

それでは、こうした経過をたどって成立した本学会はどんな特色をもち、あるいはこれにたいしてどんな期待がこめられていたであろうか。

たとえば、学会における研究機関の設置に関してみると、「指導法研究といった、小さい範囲でなく学的な研究の機関が本部支部を問わず設置される事」が望ましいとされ、機構のうえでは調査研究部があり、次のブランチがおかれていた(12)。

一　音楽教育に関する各種の調査、研究
二　資料、図書の蒐集、調査
三　内外各種学会及び研究機関との資料交換及び連絡
四　その他

そして、「現在音楽教育を真面目に実行している人々は、必ず多くの悩みを持っている筈だし、また自分の仕事にしっかりとした基礎をほしいと思うであろう。またそうした悩みについて同じ仲間の人々と語り合ったり、又他の学校や他の地方で行なっていることを知りたいと思い、またいろいろの疑問の解決に役立つような参考的或は指導的資料をほしいと思うであろう。そういうことに役立つのが学会なのであ

る」と理事長をして呼びかけさせたのであった。

また同様に、常任理事に選出された小出浩平は、「日本音楽教育学会は、音楽教育に関するあらゆる角度からの研究会である。一般に耳に関する芸術に対しては、理論的な冷静な研究態度が如何にも邪道のように見えて、感情の一方的場面から論じられる傾向が強い。従ってややもすれば、合理的な研究に欠ける嫌がある。学会はこの弊を救って音楽教育に科学的秩序を与えるために努力する。また広く世界に知識を求め、洋の東西を問わず、研究し、世界の福祉に貢献しようと願っている。」（同「会報」No.４）と学会のあり方について、いちおう、自己の見解を表明していた。

そうして、一九五一（昭和二六）年六月二二、二三日の二日間、京都において、「日本音楽教育学会第一回大会」が、「かくれたる研究家の研究発表公式機関は本大会を除いては他にないものである。音楽教育の研究が本大会を契機として大方の批判と討論とにより一段の進展をみる事は期待されてよい。会員諸氏は大会に於て批評、討論、激励の機会をもち、公開研究の推進に寄与されん事を望む[13]」といった格調高い触込で開催されたのであった。そこで、研究発表のテーマについてみれば、[14]

○音符あそびについて
○クラス音楽学習器を使用しての音楽学習の研究
○調号盤の考案について
○これからの音楽教育
○私の合奏指導の歩み
○高等学校音楽課程について

○固定ド唱とその心理的考察について
○幼稚園　小学校　中学校における音楽能力の調査について
○音楽能力の客観的考察
○音楽学について

となっていて、学校音楽における指導法に関するものが大半をしめていることが明らかである。とはいえ、なかには、部分的ではあるが、実証的なものが含まれている。

たとえば、「幼稚園、小学校、中学校における音楽能力の調査について」は、詳しいことはここでは省略せざるをえないが、大学付属の中学三年、小学六年の各一組および幼稚園全員について音楽能力を調査し、その結果を音楽教育全般と大学における教育方法の確立に資するための研究であるが、クリー、ビルロート、マイヤー、ヴント、シーショアなどの音楽性についての考え方をもとに課題を作成し、これによって音楽能力の判定をおこなっている点に難点がある。この種の研究には教育による発達の側面が軽視されがちだからである。

第二回大会は、同年一一月一〇、一一日、熊本でつづいて開催されており、これは、関係者の学会によせた期待がどんなに大きなものであったか、を物語っているのではなかろうか。ちなみに、研究発表のテーマはつぎのごとくである。(15)

○音楽における基礎能力指導の実際　―特に低学年における考察―
○中学生男生徒の歌唱について

○ヴァイオリンの基礎訓練に必要な条件
○創作指導の一断片
○終止形を基礎とする音楽学習指導法
○音楽教室の経営
○新しい音楽教育の方向
○我が校の音楽教育
○香川県における音楽科の標準学力検査にあらわれた傾向について

これらは、最後の「香川県…」をのぞけば、理念、指導法、経営に関する内容であり、研究資料となるようなものではないように思われる。もちろんだからといって、こうした研究発表が無意味だということではけっしてなく、いわゆる指導法の面にかたよった傾向がみうけられる、というにすぎない。

第三回大会は翌年の五月二四、二五日、東京でひらかれている。研究発表のテーマつぎの通り。[16]

○音楽の空間的知覚について　―読譜指導への反省の一資料として―
○創作と児童の音楽性
○音楽必修論の妥当性
○私の合奏指導の歩み
○全校生器楽合奏について　―器楽指導を正課の時間に組み入れた中学校音楽教育の実際―
○「君が代」に関する世論調査について

最後の「君が代」に関する研究発表は、従来論争されてきているだけに、興味深い。発表者は、「君が代」は日本および日本人の象徴であるという立場にたって、「君が代」の字句にとらわれて封建的とか軍国主義的だというのは顕微鏡的言辞であり、日本の繁栄をうたった内容であるがゆえに変える必要はないばかりか、楽曲もまた雅楽の壱越調という立派な東洋的調性をもった日本独特のものである、として、これを国歌として、「新生日本の象徴として」愛唱したい、と提案していたのである。

以上、「日本音楽教育学会」の成立過程のあらまし、および三回開催された大会での研究発表テーマとそのなかのそれぞれ一点につき論評をしてきたが、（この学会は第三回大会以後は活動を停止してしまっている）このことは、とりもなおさず、この学会が日本の音楽と音楽教育の歴史における単なる過去の産物としてではけっしてなく、一定の立場と一定の条件のもとに、その歴史的位置づけを試みたかったからにほかならない。

(注)
(1)『日本音楽教育連盟通信』第一号。
(2)(1)に同じ。
(3)『日本音楽教育連盟通信』第四号。
(4)鳥居忠五郎「日本音楽教育連盟の意義と理想」(『音楽界』第三巻第三号)。
(5)たとえば、「音教連」主催の「座談会—音楽教育当面の諸問題—」(『音楽界』第三巻第七号)は、日本教育音楽協会の代表者、文部省関係者、放送関係者、当時の高等学校や師範学校の関係者など、出席者が各方面にわたっていた。
(6)『日本音楽教育連盟通信』第五号、および第七・八号。
(7)同第一〇号。なお、諸井三郎はこうした器楽教育関係が充実されるにおよんで、「これに伴って音楽教育大学や音楽教育学会の設立が次にこれと関連して起って来る。」(『音楽界』第三巻第三号)、として、器楽教育を「新教育」の理念のもとで拡充、発展させることに、ことのほか注目していたことが明らかである。器楽の音楽文化史における位置と役割、したがって教育上の意義に関して、ヒューマニズムの立場が表明されているからである。
(8)鈴木富三所蔵の「メモ」から略述。
(9)「東京音楽教育連合協議会・結成の宣言・定款・役員氏名」(昭和二五年四月)。
(10)鈴木富三所蔵の「メモ」による。
(11)諸井三郎「音楽教育学会の提唱」(『音楽手帖』第五巻第二号)。なお、この「音楽手帖」は「音教連」の編集であり、その機関誌ともみられるところから、この論稿を一つの代表的なものとみることに無理はなかろう。また、ここでは、かなり大胆に要約しており、原文そのままの引用はできるかぎりさけた。
(12)『日本音楽教育学会会報』No.1。
(13)同No.4。
(14)「日本音楽教育学会第一回大会研究発表要項」。
(15)「同第二回大会研究発表要項」。
(16)研究発表要項は手許にないので、当日のプログラムより掲載。

あとがき　―結語にかえて―

「轟く砲音　飛来る弾丸。荒波洗う　デッキの上に……」（文部省唱歌『尋常小学唱歌』）、「肩をならべて兄さんと　けふも学校へいけるのは　兵隊さんのおかげです……」（童謡『兵隊さんよ、ありがたう』朝日新聞社懸賞募集佳作）、「てっぽうかついだ兵たいさん　足並　そろへて　あるいてる。……兵たいさんは　勇ましい」（『兵たいさん』国民学校『うたの本』下）、「見よ、東海の空明けて　旭日高く輝けば……」（『愛国行進曲』内閣情報部選定）、「海ゆかば　みずくかばね　山行かば　くさ生すかばね　大君の……」（『海ゆかば』）、そして『君が代』といった「国民歌」が大人たちの歌唱、ラジオやレコードで、あるいは出征兵士の見送りと戦死者を迎える際に、必ず聞かされ、また歌わされた国民学校時代。まさに軍歌一色といってもよい時代であった。

一九四五（昭和二〇）年八月一五日、敗戦。「勝った！　勝った！」の報道は実は真っ赤な嘘で、国民を騙し、苦難に陥れたデマゴギーでしかなかった。軍歌はそのデマゴギーの一環として、銃後の国民にとっては、「聖戦」を遂行するための精神のよりどころであった。つまり、「大東亜共栄圏」建設のための東南アジア侵略を合理化し、喧伝するイデオロギーだったのである。

戦後二年目をむかえたある日、「なみきの　かどの　あかい　ポスト　あらしの　よるも　あめのひも……」（『ゆうびん』作詞勝承夫、作曲ドイツ民謡『五年生の音楽』文部省）と、父がオルガンを弾きながら歌っている声が聞こえてきた。軍歌一辺倒の戦中とはまったく違うムードでその歌声を聞きながら、いつの間にか自分も歌っていた。そしてその年の秋に開かれた地域の学校合同の音楽会において、同級生の

歌唱、筆者のオルガンの単音伴奏によるこの『ゆうびん』がプログラムに載ったのであった。これが筆者の音楽への目覚めだったのかもしれない。だが当時は思いつかなかったが、このような経験は、音楽の考え方が戦中と戦後とでは根本的に異なっていたことを物語っている。トップ・ダウンの思想と文化、教育の方向において歌わされ、聞かされた音楽と戦時体制から解放された社会状況のもとでの音楽活動の根本的な相違である。

そしてとりわけ、ここで注目されるべき視点は、戦時下の天皇制教学にもとづく「八紘一宇」の皇国民錬成をめざした、勅令による「国民学校令」の芸能科音楽から一変して民主的人格形成の一環としての新音楽教育への転換、という画期である。

父の戦時下で教えた歌から戦後になって教えた新しい学校の音楽は、この決定的な転機を暗示していた。しかし、そのことに気がつくのは数十年もたってからである。歴史の認識がきわめて曖昧で、頼りないものであるか、後年、思い知らされることになるのである。考えてみれば、まことにおろかな歴史の事実の認識とまずしいイメージのレベルであったと思う。

それでは今日、このような事態にはなりえないといえるのであろうか。たしかに、戦時下とまったく同じ状況は存在しない。歴史はただ単にくり返すわけではない。だがたとえば、いやおうなしに歌わされる『君が代』、「共通教材」、そして『学習指導要領』指導事項の義務づけといった状況は問題にされにくい学校の常態ではなかろうか。

また日常の音楽の授業と、「みんなのコーラス」（NHK）と喧伝され、指導者（教員）のステータスともかかわって推進される「学校音楽コンクール」とのいわば乖離状況はどうであろうか。いいかえれば、普通教育の音楽授業と特殊で特定の力量をめざし競い合う「学校音楽コンクール」との絶対的な格差がいっ

そう増幅されていく事態を否定できないだろう。

こうした事態は、戦後数年を経て、とくに『学習指導要領』の改訂を通して、徐々に生起したのであった。一九五八（昭和三三）年の「改訂」はまさしく天下りで、決定的であったことがいまさらのように想起されるからである。

だが、このような戦後学校音楽の変質過程は今日どれほどに認識されているのであろうか。まことに心許ない。どうしようもない過去のできごとと受け流されているとすれば、ここに歴史認識の根本がある。天下りの教育の政策と行政にパッシブにしか対応できない斯界の体質である。つまり音楽と教育に本来の自由・創造・実験の原理がないがしろにされている現実に対する認識の根本問題である。

過去の歴史をしっかりと捉え、現実を見据えてきたであろうか。戦後の歴史と文化、音楽と教育に密接にかかわる政治と行政に科学的な目でじっくりと取り組んできたであろうか。目の前の状況に対処療法的にしか対峙してこなかったのではないか。

いまだに続く『君が代』斉唱問題や昨今の『教育勅語』復活の動きは、このような音楽と教育をめぐる事態の徴候ではないか。

このような、素朴な自問をモチーフにして、本書は執筆された。読者諸賢のご高評を期待したいと思う。

二〇一九年八月二五日

河口　道朗

索　引

き

く

け

こ

著者紹介

河口道朗 かわぐち・みちろう

1936年熊本生まれ、熊本大学教育学部卒業。国立音楽大学専攻科修了。東京教育大学大学院教育学研究科修士課程修了。博士（教育学）（筑波大学）。東京学芸大学名誉教授。音楽教育史学会代表。日本女子大学教授、上野学園大学音楽学部特任教授を歴任。著作に『音楽教育の理論と歴史』（音楽之友社）『音楽教育の原理』（開成出版）ほか。

音楽文化 戦時・戦後

ナショナリズムとデモクラシーの学校教育

2020年4月6日初版第1刷発行

著 者／河口道朗

発行者／松田健二

発行所／株式会社 社会評論社

〒113-0033 東京都文京区本郷2-3-10 お茶の水ビル

電話 03（3814）3861 FAX 03（3818）2808

印刷製本／倉敷印刷株式会社

JASRAC 出 2002402-001

感想・ご意見お寄せ下さい book@shahyo.com